阿含正義—唯識學探源

第二輯

平實導師 著

ISBN-13:978-986-81358-8-8

此書是「原始」佛法的弘傳者所不敢讀、也不樂讀，卻往往會私底下偷讀的書。不敢讀，是恐怕讀了以後一定會被此書洗腦成功；因爲明知　平實導師的說法一向是依教、循理的正確法義，自己必將無法舉出教證、理證加以反駁，因爲預知是完全符合四阿含經典聖教的，讀後只能確定　平實導師的說法完全正確；但因執著先前已經建立數十年的錯誤見解而不想棄捨，所以就不敢讀。不樂讀的原因是：讀了以後一定會證明印順法師所說的「原始」佛法是誤會解脫道的邪見，確認是玄想、邪見以後，卻又捨不下既有的人間佛教**弘法基礎**，索性逃避現實，依鴕鳥心態而推說未曾閱讀，他人即難以質疑：「您既然說印順的思想沒有錯，爲何放縱蕭平實多年來處處駁斥印順導師？」就可以狡飾說：「不屑與蕭平實論義。」他們往往會私下偷讀的原因，大眾都可臆想而知。但是他們若能摒棄逃避之心態，以此套書配合《識蘊眞義》法義詳實觀行，此世必證聲聞初果，絕無困難；若肯捨下面子與名聞利養，投入正覺同修會學法實修，數年內必可親證萬法根源的實相心如來藏，證知無餘涅槃的本際。若放不下面子與我所的執著，欲取證般若實相之總相智，永不可得。

——正智出版社　編輯部——

必須已經閱讀前面每一輯，並且確實瞭解其內容以後，才不會誤解這一輯書中所說的法義，或讀不懂此輯書中的法義。若直接從這一輯閱讀，有可能誤會這一輯書中所說的義理，而仍然自以為沒有誤會、自以為已經證果；越到後面數輯，越是如此。請您特別注意這個提示。

——正智出版社　敬啓——

目錄

第三輯

第四輯

第六輯

第七輯

自序

本書的義理，僅從四阿含諸經中取材而說，不從大乘諸經中取材而說，如是證明大乘方廣唯識諸經的法義，從來不違四阿含諸經的解脫道法義，證明大乘經典中的法義並非歷經演變而成者，也證明一件事實：原始佛法中解說涅槃時，爲了不墮入斷見外道見中，不得不處處隱語密意說有第八識**本住法**的存在，而第八識法義本是應該留到第二、第三轉法輪時才正式宣說的。所以二乘法其實是以大乘法爲根本而方便宣說的，若離大乘法宗本的如來藏根本心，二乘涅槃將難逃於斷滅見之譏評，本質也將成爲斷滅空，如同印順之所墮。

本書之所以不取材於大乘經典來說者，是因爲印順、昭慧……等人私心之中，認爲大乘經典是部派佛教以後的佛弟子們長期創造演化出來的，不承認大乘經典眞是 釋迦世尊所說，是故此書中原則上都不引證大乘經典法義。又因佛學學術界公認的阿賴耶識權威史密豪森先生（Lambert Schmithausen），依據後出的《瑜伽師地論》爲根據，立論說：阿賴耶識心體是在論中的〈本地分〉才出現的，原始佛法中並未說有阿賴耶識心體；又說意根在論中的〈攝抉擇分—

證明分〉中仍然尚未建立起來，是到後面的〈流轉分〉中才建立起來的，認為在此論出現以前，佛法中是尚未建立意根末那識的；但是他的說法，完全違背佛教法義弘傳的最早文獻記錄中的歷史事實，因為在四阿含教典中，不論是南傳或北傳的阿含部經典，都曾明說或隱說阿賴耶識了，只是史密豪森讀不懂罷了。又因為大乘經典是被印順、昭慧、史密豪森所否定的，他們都不相信大乘經典，都對大乘經典持否定態度，堅稱不是 佛口親說，由此緣故，此書中不舉示大乘經典、論典而說，單取四阿含諸經（印順說為原始佛法）經文證據來說，證明原始佛法中早已說過有意根及阿賴耶識心體的存在，證明印順、昭慧……等人所信受的西方學術研究者說法是全面錯誤的。

復次，本書對四阿含諸經法義的取材，是全面性的，不是像印順、昭慧、證嚴……等人一樣專取四阿含中自己所愛樂的法義來說，也不是像印順、昭慧、證嚴……等人一樣的排斥四阿含中對自己不利的法義而省略不說。印順甚至說**四阿含的經文不完全符合** **佛意**，而主張親聞 佛陀所說的才是完全符合佛意，所以另行建立**根本佛法**（親聞佛口所說之法義）以別於**原始佛法**的四阿含諸經所說。但是，莫說印順今天親自聽聞佛說一遍就能眞解法義，乃至現存四阿含經典，可以讓他再三、再四乃至再十的連續研讀，他尚且一樣嚴重誤會，錯解經文的證據確鑿，何況親聞 世尊演說一遍可以解義？絕無斯理！

由於印順……等人已有否定大乘經，說非佛說，以及別行建立根本佛法等二種**不正當**作法，所以他們對四阿含諸經經義的解說，已經使原意喪失泰半，也使四阿含的眞義廣被埋沒，印順、昭慧、證嚴……等人已將 佛陀的本懷加以嚴重曲解了。但是他所謂的**根本佛法**，在 佛陀入滅以後根本就不可能存在，除了古時當場聽聞者；但在此時是絕無可能的，所以他的主張是毫無意義的。本書則是普遍、廣泛對四阿含經文加以引證廣說，使四阿含諸經的眞實義，可以示現在末法時代廣大學人眼前，也使四阿含諸經所說的解脫道眞義，重現於末法時世的今天，這是本書與印順、昭慧……等人取材阿含法義而說時的最大不同所在。

四阿含諸經所說法義，以二乘菩提爲主；二乘菩提則是解脫道之法義，專述出離分段生死之解脫道法義，不以實證法界萬法實相爲內涵，故與成佛之道的佛菩提道無直接關聯，因爲成佛之道是必須從親證萬法本源的第八識如來藏開始的。第二、三轉法輪之大乘諸經法義，則以成佛之道爲主；大乘成佛之道則以佛菩提智慧爲主，卻又函蓋了二乘菩提之解脫道；是故大乘成佛之道，非唯第二轉法輪之般若系諸經所說實相般若總相智、別相智，亦須再進一步求證一切種智增上慧學。般若既以親證如來藏爲始，依所證如來藏才能現觀如來藏的中道實相義；而一切種智增上慧學，則是第三轉法輪諸經所說如來藏自性妙義，以及如來藏所含藏一切種子等增上慧學爲本；以親證萬法根源如來藏心體中所含藏之一切種子已具足故，名爲圓滿成就一切種智，名爲成佛。

如是，合解脫道智慧、般若總相智、般若別相智，以及一切種智之智慧，方可名爲成佛之道，非如印順單以二乘菩提之解脫道可以名爲成佛之道也！否則，一切阿羅漢應皆已經成佛也！然而現見一切阿羅漢皆非是佛，亦無任何一位阿羅漢敢在 佛入滅後自稱成佛也！故知成佛之道函蓋二乘菩提之解脫道，亦函蓋大乘別教不共二乘之般若總相智、別相智、一切種智等智慧也！具足如是智慧，方名成佛。然而二乘聖人所證解脫道，既不曾證般若總相、別相智慧，更不曾證一切種智，印順焉得單以二乘解脫道小法智慧而稱爲成佛之道？更何況他早已誤會二乘解脫道的涅槃智慧了！然而印順卻敢在死前，同意潘煊把他的傳記以《看見佛陀在人間》爲副書名而出版，這是以凡夫之身僭稱成佛，顯然不懂解脫道及佛菩提道。

由因諸多崇尚二乘小法之聲聞種性法師與居士，盲從日本、歐美一分否定如來藏妙義之佛學學術研究學者，盲從藏密堅持意識是最終心的應成派假中觀邪見者暗指「大乘非佛說」之邪論，極力誹謗第二、三轉法輪諸經所說如來藏正義，謗無如來藏，私下言語中常常無根誹謗：「原始佛教四阿含諸經中不曾說有第七識意根，亦不曾說有第八識如來藏；如來藏即是外道神我思想淨化而成佛教中的一個支派，大乘經中所說如來藏富有外道神我色彩，本是後來大乘崛起之後，方由第六意識心體上細分演變而建立起來的，故實無七、八識。」

由彼等妄謗三乘菩提根本之第八識如來藏，將確實可以親證的第八識心體謗爲實無，導致他們所弘揚的二乘涅槃墮於斷滅空無的本質中，也導致他們所理解的般若成爲**性空唯名**之戲論；然而印順所判「般若爲性空唯名」之說，其實極不如理；此因第七、八識皆是四阿含諸經中本已處處隱覆密意而說之法，特因二乘聖人智慧不足，不能領受之；亦因初時不應即時宣講甚深般若及一切種智妙法，是故　佛設五時三教而說。然而彼等對此事實都無絲毫之信，極力否定大乘經典，謗爲非　佛所說；由是緣故，本書不從大乘經典中舉證如來藏之實有，唯採擷阿含諸經中有關大乘唯識增上慧學之法義，證明四阿含中早已處處隱覆密意而說第八識法，故都只由四阿含諸經中舉證之，令彼等不能不信服，欲令未來佛教正法流傳無礙。

亦因彼等常言：「唯識學專論名相，專說諸法之虛妄相，乃是專為降伏外道而施設之法義論辯學問，與佛法實證無關，故名之為虛妄唯識；唯識學中都只說明虛妄的六識心，又不曾言及佛道之真實義，故亦名為虛妄唯識。」然而第三轉法輪方廣唯識經典所說一切種智極妙勝義，方是真正成佛之道，彼等諸人以無力親證如來藏故，因此完全不懂第三轉法輪之精義，乃不顧此一事實，妄將自己所無法親證之唯識增上慧學所說本識如來藏，謗為外道神我思想。由是緣故，本書不單以阿含基本法義解脫道內涵之解說為主，而同時以菩薩之大乘解脫道證量及大乘般若正理而觀阿含、而說阿含，乃是以菩薩所證得佛菩提道之般若智慧而觀之、而說之，乃是以菩薩所證得道種智之智慧而觀之、而說之，乃是以菩薩雙證解脫道與佛菩提道之現量境界而闡釋之，證明唯識增上慧學實已在四阿含中粗略隱說，證明 釋迦世尊於初轉法輪時期，即已圓滿具足第二轉法輪經中所說之般若智慧，亦已圓滿具足第三轉法輪諸經所說之一切種智，非如別有心機者所說：「在宣說阿含時之釋迦其實尚未成佛。」以此書舉示四阿含中的開示，證明 釋迦不是在宣講方廣唯識系列經典時方才成佛的。是故四阿含諸經所說，非唯具足二乘聖者所知之法，亦已粗略含攝二乘聖者所未知悉之大乘不可思議解脫妙理。說穿了，其實某些阿含部的經典，本質即是二乘聖人在第二轉法輪時期，聽聞 佛說大乘經典以後結集出來而變成阿含部的小乘經典。平實即以如是正義，寫作此書，匡正末法時期已被大法師們誤導之傳法方向與內容。何故如是而爲？其故有九：

一者，聲聞人智慧狹劣，或不信、不解、不證大乘法，故其所結集之經典中，其實雖有許多本是大乘經典，然因聞而不解故，對大乘法義的念心所不能成就，則不可能憶持大乘經典，只能以解脫道之觀點而結集成爲小乘經典，絕不可能兼含隱說之大乘法義而結集之。由是緣故，四阿含諸經結集完成後之所說者，必定偏重於二乘聖人所修證之解脫道，必定因此而昧略二乘聖人所不能修、不能知之大乘菩薩修證之佛菩提道，此乃必然之結果。

有何證據而作是說？有經文爲證，《雜阿含經》卷二十七．第七二七經明載：「如是我聞 一時，佛在力士聚落人間遊行，於拘夷那竭城希連河中間，住於聚落側，告尊者阿難，令四重褺疊，敷世尊鬱多羅僧：「我今背疾，欲小臥息。」尊者阿難即受教敕，四重褺疊，敷鬱多羅僧已，白佛言：「世尊！已四重襞疊，敷鬱多羅僧，唯世尊知時。」爾時世尊厚褺僧伽梨枕頭，右脅而臥；足足相累，繫念明相；正念正智，作起覺想，告尊者阿難：「汝說七覺分。」時尊者阿難即白佛言：「世尊！所謂念覺分，世尊自覺成等正覺；說依遠離、依無欲、依滅，向於捨。擇法、精進、喜、猗、定、捨覺分，世尊自覺成等正覺；說依遠離、依無欲、依滅、向於捨。」】阿難宣說其餘六覺分時亦如是說。

此經中既說精進修習七覺支者，即得親證無上正等正覺——成佛，可見七覺分之修行是函蓋二乘解脫智、般若總相智、別相智及一切種智的，方能依七覺分之修行而成佛道：一**切種智具足圓滿**、**四智圓明**。然而四阿含諸經中的七覺分修習，未嘗言及親證如來藏之方法，唯言如來藏之名；亦未嘗言及如來藏所含藏之一切種子，未嘗教導佛子修學一切種智之方法，又如何可能成就一切種智？一切種智既未能熏習、修學、親證、具足，又如何能成就究竟佛道而得四智圓明？然而卻又明言七覺支之行門可以成就究竟佛道，是故四阿含諸經中，必然本有部分經典是大乘經典，故說修學之者即得成就無上正等正覺。然由二乘聖人結集時，因爲他們對於所聞般若、唯識種智之深妙正理，無法理解；由此緣故即無勝解，則於所聞之佛菩提智內涵，不能成就**念心所**，則無法憶念受持，當知結集之後所成就者，必定單以解脫道而言爲成佛之道也！今此阿含經典明文所載言句即是明證。若不爾者，則諸俱解脫又得三明六通之大阿羅漢等人，既已修學七覺支而證解脫道之極果，豈不都已究竟成佛了？然而卻無一人敢在 佛滅度後自稱成佛、紹繼佛位以弘佛法！也無一人能如 彌勒菩薩一樣被授記爲當來下生之佛，更何況是當時成就佛果？

二**者**，上座部中固然有極少數大乘菩薩僧，然而多屬聲聞聖人與凡夫；彼等既依 佛語而得入於聲聞法中，而聲聞乘中之凡夫，每多不信 佛之境界異於聲聞羅漢；彼等凡夫聲聞人心中猶有大我慢故，每認爲二乘羅漢智慧同於 世尊，是故於 佛宣說法華之時，猶自不信 佛之實相般若境界，何況能信 佛所說之大乘種智妙法？是故不信而公然退席、數有五千者，可以徵之爲眞。

亦如今時台灣地區南傳佛法之多數信受及隨學者，崇尚原始而只具雛型之二乘聲聞阿含部諸經，是故甫聞大乘法之般若正義已，便成爲聞所未聞的生疏佛法，因此心生煩惱而私下破斥之，何肯信受而嘗試理解及修學之？今時聽慧而又資訊發達時之學人如是，古時彼諸聲聞種性之凡夫僧與不迴心之聖僧亦然，何肯信受 佛所宣說之大乘法義？由不信或未證大乘深妙法義故，當知不願、亦無能力結集大乘經典也！故於 佛所專說大乘勝妙之法義，當知皆無可能結集成大乘經，要待其後諸多眞悟菩薩情商不得而親聞大迦葉等聖僧結集完成之後，極不滿意而當場表示將另外結集，然後方才開始結集也，這就是傳說中的大乘經典結集。

三**者**，聲聞人雖聞大乘法，然因尚未證悟如來藏故，聞之不能解義，故其所聞 世尊親口宣說之大乘經，若由聲聞僧眾結集之，結果必成聲聞法解脫道之經典，聲聞人必以二乘解脫道法理而解釋大乘法義故，必以自身所理解之二乘解脫道精神而結集故。即如今時之印順、星雲、聖嚴、證嚴、昭慧、傳道……等人，同以二乘**緣起性**空之不究竟理而解說大乘般若空之究竟理，絕無二致。然而聲聞聖僧結集二乘菩提之解脫道經典時，其中必定有諸大乘法義之身影微存焉，必定可於其中覓得許多大乘法之蛛絲馬跡；此因聲聞解脫道之法義不得稍離大乘般若正法而獨存故，若離大乘如來藏般若正義，則二乘解脫道之證境必定會墮於斷滅見中故；是故聲聞聖僧結集二乘菩提四阿含經典時，不能不留

存 世尊所說大乘法義中之第八識名相法句，以免聲聞解脫道陷於斷滅見中。由四阿含諸經中都有如是不得不保存之大乘法義蛛絲馬跡仍存故，平實今日得據四阿含諸經爲證而成立是說：**世尊確曾宣說大乘法理，第二、三轉法輪諸經所說大乘法理方是眞正的成佛之道**。今於書中處處舉說證據，令台海兩岸乃至南洋諸多崇尚南傳佛法之聲聞心態僧眾，悉皆不能反駁，唯能心裡信受而於口中猶作強辯，以維護面子、名聞與利養。

四者，二乘聖人設使有心，欲結集 佛所宣說大乘法義之經典，然因自身聞之尚不能解義，以無勝解故，則其**念心所**不可能成就，又何能記憶而後結集之？是故二乘聖人雖亦曾在般若期、方廣期聽聞大乘經典，縱欲結集，終不可得。而且第一次結集時之僧團，以大迦葉等二乘聲聞僧爲主；大乘法中之出家菩薩，在僧團中唯是少數，而在家菩薩們本非佛教僧團中之上座、長老，何能率領僧團結集彼等多數僧眾所不能理解、不願結集之大乘經典？是故欲求聲聞羅漢爲主之出家僧團，結集彼等聞而不解、不能記憶受持之大乘法義經典者，斷無可能；是故要待菩薩們與聲聞聖僧溝通而不可得之後，方由大乘行者中人數不多之出家菩薩眾，會合人數眾多之在家菩薩眾，別行倡議醞釀，在後來共同誦出、鑑定而結集之。如是大乘法義之經典結集，必然產生如是曲折，必然產生如是時間上之延宕，乃是因為佛教向來以出家僧團為主故，出家僧團多數是聲聞僧而少菩薩僧故，是故大乘經典之結集及出現於人間，必然後於四阿含諸經之結集，乃是有智之人都可以理解者。

猶如今時平實之深義著作，絕無可能先於諸方質疑之前寫出，或與諸方大師著作同時寫造出來；若非眼見諸多率領當代佛教之出家大師處處說法錯誤，而又無根誹謗余之正法者，絕無可能預先寫作種種顯示大乘深妙法義之書籍，亦將不可能作種種破邪顯正之事，深妙之法義辨正書籍即無可能出版；是故平實辨正深妙法義諸書之出版，必定後於諸方大師之錯誤書籍，不可能同時或先出，要待大師們嚴重誤導眾生而又不肯改正惡行之後，方始為之：逮至彼諸出家大法師皆以聲聞法而解釋大乘般若空已，逮至彼諸出家大師悉皆錯解聲聞菩提已，逮至諸大法師抵制三乘菩提根本如來藏妙法之嚴重破壞佛教惡行出現已，然後始作闡釋聲聞菩提正法之行，然後始作破斥邪說以顯正法之行。猶如弘法十餘年後之今時，方才不得不寫作《阿含正義》一書，證明唯識學部分內容本已隱說於四阿含中的事實。

今時如是，古時亦必如是：要待希望聲聞僧結集大乘法而不可得之後，方有大乘法中諸出家、在家菩薩會合結集之；由是緣故，大乘經之所以後於四阿含諸經而出現於世間者，乃是勢所必然者；然不可因結集出現之時較晚，便言當年 世尊未於宣演阿含之後，繼之以般若、方廣等開示也！何妨 世尊分爲三教弘演，弟子四眾於佛滅後始漸次結集之？若不能然於此者，則四阿含諸經亦將可被援引同一邏輯，誣謗爲 佛滅後之聲聞僧眾「創造」結集者，則亦可謂四阿含諸經非是 佛所親說者；彼理如是，此理亦當如是故。

大乘法之菩薩僧，向來皆以在家菩薩爲多數，出家菩薩極少；十方世界之人間悉皆如是，天界更無出家菩薩而唯有在家菩薩住持大乘佛法。此謂大乘佛教遍於十方世界人間與天界，非獨人間方有大乘佛教勝法流行弘演；然而十方世界之佛教，皆唯在人間時方有出家僧，諸佛所制人間之佛教則皆同以出家僧爲住持佛教之代表，在家菩薩多是佐助之身分。然於十方世界之天界及純一清淨之淨土世界佛教中，則皆無出家菩薩僧也！一切色界天眾生都無家庭繫屬，從無所謂出家或在家可言，而欲界第四天雖有佛法弘傳中，卻也沒有出家菩薩，是故唯有人間方有出家菩薩僧，則人間之大乘佛法在 佛入滅後數百年間，仍當以出家菩薩僧作爲大乘佛教之代表，大乘法後弘於聲聞法故，聲勢尚小故。

不論是在大乘法與小乘法中，人間佛教之住持代表，既然都以出家僧爲主要，則一切人間大乘法之在家菩薩眾，當須先行尊重上座部中出家聖僧，故而長時以待，不以自意而結集之。然而久待之後終不可得，終究被聲聞聖僧將大乘經典結集成解脫道的小乘經典，於是方始邀集在家、出家四眾菩薩而結集之；是故大乘經典後出於四阿含諸經者，乃是可以理解者，亦是勢所必然者，亦是上座部聲聞僧不樂於公開證明者，他們絕對不會將大乘經典的結集記入聲聞律中；故大乘法義之事實存在與弘傳，以及大乘經典之結集，其實都與部派佛教之演變無關。部派佛教之演變者，都只是在事相上及未悟凡夫之弘法表相上顯示之，而且都屬於聲聞人的弘法內容，都與大乘法義之實質無關，世尊本來已傳之法義仍然在大乘眞悟者中繼續弘傳著，只是不被取作考證之資料。

而且根據部派佛教留下的說法資料觀察，部派佛教所弘傳的法義，大部分都已違背 佛之解脫道聖教，現在仍可查稽；所以部派佛教的佛法弘傳演變，其實只是未悟凡夫間的錯誤法義流傳與演變，與經教中的正法無關；經教中的正確佛法仍然不曾改變的繼續弘傳著，雖然一直都是如絲如縷，但卻至今仍然不絕，仍有正覺同修會傳承不斷。吾人不但能舉示此一事實，並且能進一步舉證說明：四阿含諸經中本已有大乘法義隱說於其中，並將在這一套書中舉證出來；故說正法弘傳的史實並不等於部派佛教的弘法歷史，正法弘傳的歷史其實與部派佛教錯悟諸師弘傳之法義前後演變無關。部派佛教法義有許多是未悟般若、未悟解脫道之凡夫所說者，但必定會被當時的眞悟般若、眞悟解脫道者所說正法影響，導致錯悟者前後代的說法必然會有所演變；就如今時一般弘法者所說法義，已經多少被平實所說 世尊正法所改變而多少有所回歸了，當然是會有所演變的，此理殊無二致。然而平實始從出道所弘正理，至今仍然沒有演變，仍然是一貫的如來藏妙義。

五者，聲聞僧中之凡夫本屬多數人，到第二次的七百結集時，已經是絕大多數爲凡夫僧了。聲聞法中的凡夫僧，多數人既不信佛菩提道，不信 佛地之智慧境界不可思議，只信 世尊所說之解脫道而又誤會之；佛世時，他們尚且不肯聽聞 佛所宣說的《法華經》等佛菩提道，何況能結集而流傳之？何況能爲大眾而宣說之？宜其反對大乘法。是故經部師等聲聞法出家僧團，會與大眾部等菩薩僧團在法義弘傳上對立，乃是可以理解者，也是勢所必然者。

然而如是對立的現象，只是表相，看來似有二部對立之意，其實不然：唯是上座部聲聞僧團向大眾部等菩薩僧團對立，大眾部等僧團諸菩薩僧，則不與上座部諸聲聞僧對立也。何故如是說？謂上座部等雖曾親聞 世尊宣說大乘法義諸經，然而多數人聞之不解，是故將 佛第二、三轉法輪本屬大乘法之經旨，結集成小乘解脫道之阿含諸經中典籍，如同《央掘魔羅經》四卷本以外之另二譯本事例無異：極爲簡略而不涉及大乘妙義。如是結集者，本非忠實於 佛意之結集；而後來大乘經典之結集者，則是忠於 佛意之結集，能受當時及今世後世一切證悟菩薩，乃至證得道種智之初地至等覺地菩薩檢驗之，而當時及其後數百年間之阿羅漢們亦不能斥爲僞經；由此證明大乘經典之眞實無僞，卻是一切大阿羅漢所不能稍加理解者，何況能評論之？

如是，二乘聲聞僧自身之法義未能具足完備，而與大眾部等菩薩僧諍辯者，方是諍論者；大乘諸菩薩僧自身之法義眞實無僞，圓滿具足，又已實際證解二乘菩提，爲欲利樂有情故，出世指正聲聞僧對大乘法義之誤解與偏頗者，則非是諍論者，乃是護持眞正佛教者，亦是護持二乘聲聞僧法義，令不墮入斷滅見中；故菩薩僧之說法，乃是指導他人改正法義錯誤者，乃是顯示佛法之眞正本質者，乃是爲令佛法回復原來具足三乘圓滿之妙義故，當知不是諍論。是故大乘經典之結集，指正聲聞人法義之嚴重不足處，絕非諍論之舉，乃是指正、提攜與護持之舉；然而諸聲聞僧必有許多人不能相信、不肯接受，彼等若出而辯解，則有諍論之現象。

猶如今時印順及諸方大師之否定如來藏或誤會如來藏，悉皆同以意識心作爲修證之標的，迥異於平實；平實見彼等諸人同皆誤導眾生，便先隱其名而諫之，以冀彼等之修正，庶免誤導眾生之罪；如是待之數年，而彼等大法師悉皆不肯改之，並且私下不斷抵制與誹謗，平實冀望不得，然後乃出世救之：**指名道姓而明言彼等之謬，亦救廣被誤導之多數眾生**。平實如是所行，本非諍論之舉，以法義正眞故，眞是護持佛教正法故，亦是救護彼諸誤會佛法之大師故，是則顯非諍論之言。然而印順之隨從者及星雲、昭慧、證嚴……等人，則不能忍之，每以錯誤之見解，縱令隨學者於網站及私下大肆否定平實，以種種不如理作意之見解，以言語在私下強言狡辯；如是不如理作意之言，方是諍論。然平實所說法義正眞無訛，皆非彼等所能置辯；若所說正眞者，即非諍論。

是故，法義正眞者，所作種種破邪顯正之說，皆是不與人諍論之說，只是據實而言罷了！只有法義錯誤而強行辯解者所言，方是與人諍論者。是故諸聲聞僧方是與人諍論者，大乘諸菩薩僧則非是與人諍論者。由是緣故，印順、昭慧、傳道……等人都不應言「大乘諸菩薩僧與諸聲聞僧諍論」，應言「諸聲聞僧對大乘諸菩薩僧諍論」。法義正眞者所說法，都非是諍論之言故；法義錯誤者強行狡辯之言，方是諍論之言故。猶如外道之與 佛諍：佛雖廣爲破斥外道邪謬，令諸外道不悅，是故招來外道與 佛諍論；然 佛實不與外道諍也，由所說法理正眞故，亦欲藉摧邪顯正以救外道得證解脫故。

六者，解脫道乃是世俗諦，專在世俗法之蘊、處、界上觀行其虛妄，而蘊處界都是現成可觀之世俗法，因其易於修證故，聲聞聖僧必然成爲佛教中之多數；但法界實相之如來藏心反之，非屬蘊處界世俗法，是蘊處界之根源，故是實相法界，極難親證，故證悟之菩薩永遠都是僧團中之少數人；特別是在出家僧團中，證悟之菩薩更是極少數人；是故初始結集經典時，由於大乘實相般若之法義深妙、難解難證，已經證悟之出家與在家菩薩僧乃是極少數，數量遠不及聲聞聖僧，是故第一次結集時難免皆以聲聞人所共信受之二乘解脫道爲主，則大眾皆無諍論，皆無異議，易於結集；是故初次結集的五百結集時，皆唯是小乘解脫道之經義，乃是勢所必然者；菩薩僧亦共同修證二乘法之解脫道故，非不修學故，亦且皆能眞實證解聲聞解脫道中之大乘密意故。

是故，初次結集四阿含諸經時，其中雖有許多經典本是大乘法之教義，然因聲聞人聞　佛說已，不解其中大乘法之眞義，唯能理解其中之解脫道正義，是故由聲聞人初次結集所得之大乘經典，亦必成爲二乘法解脫道之經典，而將其中之大乘法義加以省略不錄，是亦勢所必然者，菩薩們當然不滿意結集成果，自然會當場表示要另外結集。是故，四阿含諸經中，本有許多是大乘法義之經典，大乘法義則因廣被省略而隱晦不明；然而其中卻隱藏極多大乘法義之總相，非是二乘聲聞聖人所能棄捨者。若必捨之，則二乘聲聞聖僧所證之解脫道，即墮斷滅見中，故諸二乘聖人結集時，不能不將　佛所曾說大乘法之部分義理加以攝入，藉此等大乘法之眞實義理，護持二乘聖者所弘傳、所修證之解脫道，護持所結集之四阿含二乘菩提正理，令常見及斷見外道都不能破壞之。平實如是說法，乃是事實，今猶可於四阿含諸經中檢校，將會舉證於這一套書中，都是歷歷可證之事實故。

七者，既然人間之佛教是以出家僧眾爲主，出家僧眾既然是以上座部等出家聖僧爲代表，而上座部等僧眾則多屬聲聞僧，而少菩薩僧；大乘僧眾則都是菩薩僧，而菩薩僧中之在家人，其數遠多於出家人。然而佛教在人間之表相住持者必是出家僧寶，大眾部之出家菩薩僧乃是少數，遠不及聲聞僧之上座部僧，是故當時佛教自當以出家僧極多之上座部爲首，非以出家菩薩僧較寡之大乘菩薩爲代表；是故當時佛教僧團之聲聞僧數必然極眾，出家菩薩僧數必然極寡，這都緣於大乘妙法本即難修難證之故。

在家賢位菩薩及聖位菩薩僧，復遵 佛語：一向自處於護持僧團之外護地位，雖是證量較爲高深之人，然皆依 佛所命，唯居陪襯護持之地位，非是代表人間佛教住持正法之地位者，則上座部聲聞僧結集經典時，此等菩薩必然難以主張結集方向，導致初次結集偏於小乘所修之解脫道法義，聲聞僧不願、亦無力結集大乘菩薩僧所修證之佛菩提道法義，此是可以逆料者；是故第一次結集之四阿含諸經，皆是以上座部之聲聞僧爲主，因此將 世尊在般若期、方廣期所說之部分大乘經結集成《增一阿含、雜阿含》等二乘解脫道之經典，亦是可以逆料者。

逮至大乘法之修學親證者，見聲聞聖僧所結集之內容偏在解脫道而無成佛之道，乃陳述其親從 佛聞之大乘法義妙理，欲求聲聞聖僧加以結集之；然而結集過程中長時溝通終不可得，久候而不能獲得認同之後，方始自行將親從 佛聞之大乘法義，別行結集成經而弘傳之，亦是可以理解之事。是故《央掘魔羅經》雖由 佛說，然而經由不同之部派結集而成者便有三經，其中二部成爲小乘法，經中所說者爲解脫道之極果；由大乘菩薩所結集者，即成大乘法義之經，所說者爲佛教之極果佛果。雖同屬一經，然而聞者根器有異，所集成之經義便致有異。小乘、大乘諸經之結集，莫不如是，增一部及雜阿含部諸經即由此故，在第一次結集完成時，已被結集爲二乘解脫道的經典，仍歸類在四阿含中。是故大乘出家、在家菩薩，要因商議結集 佛說大乘法義諸經而不被大迦葉等人接受，方於隨後另行結集；不得以其是否爲最先結集者而楷定其是否眞爲 佛說，要在法義之正眞與勝妙，是否符契 佛意爲準，要以是否妙符三乘菩提證量之正義爲準，不問結集之先後。

即如**一切世間樂見離車童子**，待諸大阿羅漢皆不樂護持 世尊正法於最後時世，方始向 佛承諾護持最後時世三乘妙法。亦如今時余之造此書，以疏阿含諸經中所蘊藏、所隱說之大乘法義者，其理殊無二致：久候諸方出家、在家大師造如是書而不可得，然後方始造之。絕不可能先行造立以候，平實從來不以阿含解脫道作爲弘法主軸故。然大眾不應因此而謂：「如是義理，他人豈不能造耶？須待爾平實之始造？惟因阿含諸經所說者，本非大乘法，本是二乘菩提之解脫道，並無大乘法之佛菩提法義隱於其中，是故汝平實居士所造是書者，乃是後出之書；後出之書則大有問題！故汝平實居士之造此義，後於諸方大師，爲是妄論。」然而推究書中所陳述之法義，比對三乘諸經義理，平實所說者其實正是 佛之本懷，反而顯示如是事實：先出書之印順、昭慧、星雲、證嚴……等人所說諸法，大有問題！是故，以先出、後出之表相，作爲經典眞僞之證明者，有大過焉！眞實從事於佛法修學之人，當以經中法義眞僞爲主而作辨正，勿以先出、後出之事相而採信之！

亦如印順、昭慧……等未解 佛陀本懷之人，追隨藏密及日本一分否定第七、八識之佛學研究者，妄以己意而造諸書以說阿含義理，妄謂阿含諸經中不曾說第七、八識；如是錯誤之言論，流傳誤導於中國佛教界者，至今已歷百年；後來依之而廣傳的印順、昭慧等人所說，亦是先於平實而出之言、之書，但皆非阿含之正理，先出又有何用？惟平實久候出家大師出而宣示阿含諸經中隱說之正理，然不可得，方乃出而造作種種法義辨正之書，以阿含諸經所隱說之眞義而證實之：「釋迦世尊確曾在四阿含諸經中隱說大乘法義，非不曾說；佛世尊確曾在四阿含中宣說第七、八識心，非未曾說。唯是彼諸上座部……等二乘聲聞聖人與凡夫僧都不能知之，是故未能結集之，是故要待後時大乘菩薩僧別行結集般若諸經，別行結集唯識系一切種智方廣諸經，方令佛教經典如實顯示釋迦世尊本懷，而成爲三乘經典。」雖是後出之書、之法義，又何妨法義之正眞？今時乃至後世，亦將無人可以推翻平實所言如是事實；唯除四阿含諸經已經湮滅不存，故不能舉證之。

然而今時乃至後世無智之人，聞平實如是語已，讀平實如是著作已，仍將不能解義，仍將以如是語而責平實：「古來諸方大師皆不曾言四阿含中有說七、八識，皆不曾言四阿含中曾說大乘法，汝平實居士之《阿含正義》一書乃是後出者，不可爲憑，當以先出之古時諸方聲聞法中大師所造諸論爲主。」如是等人，悉皆不解　佛世尊於四阿含所說之意旨也，唯能以先出後出之事相而分辨之，不能從四阿含諸經中之法義而分辨之，則是無智之人也。

八者，根據長阿含部《佛泥洹經》的明文記載，四阿含諸經是在大迦葉等人的第一次五百結集時，即已具足了；既然第一次結集時就具足四阿含部之經典，而且阿含部有雜藏與律藏，三藏已經都具足了，顯然第二、三次的經典結集，並非結集阿含部的經典，所以不能說第二、三次的經典結集都是四阿含諸經，因此也不能據此而主張說，大乘經典是部派佛教以後的佛弟子長期創造結集出來的。而且，在聲聞僧大迦葉尊者結集完成四阿含時，菩薩們已經當場提出異議說：「吾等亦欲結集。」顯然是異議後不久就開始結集的，應該是在第二次七百結集之前就結集完成的，因為第二次的七百結集，已是 佛陀入滅一百一十年後的事了，而且只是結集二乘出家眾的聲聞戒律而已，不曾作法義的結集。由此證實大乘經典是在提出異議說要另行結集以後不久，就被結集出來了，可以證明大乘經典真是佛說，不是部派佛教以後才發展出來的，不是由聲聞部的後人長期體驗創造編集的；聲聞人是永遠不知道大乘法義的，連般若總相智都不懂，怎能結集出一切種智的唯識經典？只有菩薩才可能結集大乘經典。所以，印順主張四阿含諸經不是在第一次結集時就全部結集完成的，他這個說法是公然違背長阿含部經典明文記載事實的妄說。而且解脫道只是聲聞眾的修法，菩薩眾不單以解脫道作為修行之標的，而是以佛部的行門為主要標的，由此亦可證明四阿含只是聲聞部、緣覺部所修的解脫道，必然不函蓋佛部的菩薩道，當然在四阿含之後必定會有第二、三轉法輪諸經的結集。

亦有阿含部經文證實聲聞眾只修解脫道而已，不曾實修佛菩提道：【比丘當作是觀：若**聲聞之人**厭患於眼，厭患於色，厭患眼識；若緣眼生苦樂，亦復厭患。亦厭患於耳，厭於聲，厭於耳識；若依耳識生苦樂者，亦復厭患。鼻、舌、身、意、法亦復厭患，若依意生苦樂者亦復厭患；已厭患，便解脫；已解脫，便得解脫之智：生死已盡，梵行已立，所作已辦；更不復受有，如實知之。】（《增壹阿含經》卷十四）這些解脫道法門並不含攝佛部的菩薩道所修法界實相法門，卻是**聲聞之人**唯一必修之法；如是正見，遍在四阿含諸經中處處可尋，而都不細說佛部的菩薩道法界實相般若智慧法門，由此可知解脫道之四大部阿含諸經，即使是聲聞人所曾聽聞的大乘經典，也都被結集成聲聞法解脫道法義，則菩薩另行結集的般若與方廣等大乘經典，當然是 世尊第二、第三轉法輪說法的內涵。若菩薩們所修般若與方廣等經典都不是 世尊在世時親口所說，那麼 世尊說的佛菩提道大乘法義又何在？是否只說於天界而吝說於人間？或是世尊化緣未滿而先取滅度？難道不懂般若與種智的聲聞聖人及後人，單憑對於佛的永恆懷念就能創造出二乘聖人所不懂的般若與種智經典？印順……等人頗能為佛教界及佛學學術界說明其理由否？

九者，台灣與大陸地區之出家法師，每有說是言者：「四阿含諸經，方是真實不二之佛法；大乘佛法若離四阿含諸經，則不能成就；是故大乘法中諸經之法義，都必須依止四阿含經典，以之作為根據，方能成立，所以四阿含諸經勝妙於大乘經典。」然而如是說法者，乃是違於事實與正理之言也！

此謂四阿含諸經所說者，唯是二乘菩提之解脫道，唯是**出離觀**而已，並未說到大乘法的**安隱觀**，只談到大乘安隱觀的名相而已，並未明說、顯說法界萬法體性之實相，亦未曾述說無餘涅槃本際之內涵，亦未曾述說諸阿羅漢修證解脫果成就後，應如何進修方能成就佛地功德之理；亦未曾述說大阿羅漢應進修何種法門及內涵，方能成佛；而大乘安隱觀之名相，佛已在長阿含之中提示過而未曾宣講，所以四阿含只是二乘法義而已，不能函蓋大乘法義之**安隱觀**。要待後時大乘四眾菩薩結集所成方廣唯識諸經中，方始說之。如是結集大乘經典而具足宣說成佛之道以後，方得完成四阿含中 佛所曾言之**安隱觀**，方得圓滿佛道之弘化。世尊出世，必定要圓成佛道之弘化以後，方有可能在人間示現無餘涅槃；如今現見　世尊已經取滅度，必是已經圓成全部佛法之弘化者，當知第二、三轉法輪諸經方是大乘佛法，四阿含中並未細說大乘佛法故。

然而現見四阿含諸經中所說者，唯是**出離觀**等法，尚未說及大乘法之**安隱觀**而只見到**安隱觀**之名相，則已顯示四阿含諸經中所說者，側重於二乘菩提解脫道，唯能出離三界中之分段生死；未曾言及成佛之**安隱**道，未能令人依之修證而成就佛道，故說四阿含諸經中未說大乘妙法**安隱觀**也！既如是，則大乘**安隱觀**妙理，必須別由大乘般若及方廣唯識經典加以廣說，則必定會有第二、三轉法輪之經典宣演；由是正理，故說大乘法中之般若經典眞是佛說，第二轉法輪諸經中已曾說及法界實相般若之總相智與別相智故，第三轉法輪方廣唯識經中亦已宣說成佛所依憑之一切種智故，而大乘法的般若中道與一切種智名相，都已在四阿含中提到過。由是正理，說大乘法方廣唯識系經典眞是佛說，經中已曾說及法界實相般若之**一切種智**故；亦唯有一切種智之進修與證驗具足，方能令人成就究竟佛道故，已顯示成佛後之**安隱**境界故。如是正理，今者四阿含諸經俱在，猶可檢校而證實之，非是平實空口徒言所能片語遮天也！

四阿含諸經所說解脫道**出離觀**正理，若離大乘法義之支持，則將被常見外道所破壞；若離大乘諸經所言之第八識如來藏妙理，若離大乘經所述**如來藏眞實存在**、**眞實可證**之事實，則二乘四阿含解脫道之無餘涅槃證境，必將墮於斷滅見中，成爲斷見外道法。如是之說乃是事實，平實已舉證於《眞實如來藏》一書中；於《楞伽經詳解》十輯中，亦已多所舉證。是故，初期佛教應包括二轉、三轉法輪之大乘經在內，同是佛說故；而根本經典四阿含諸經，其實是依靠大乘如來藏妙法方得建立、方能成就，絕不能離於大乘經典所說之眞義。

事實上，二乘菩提解脫道，乃是以大乘經典如來藏妙義爲其所依靠，方能免於常見外道之破壞與抵制，方能免於斷見外道之合流。由是緣故，說「四阿含諸經，實以大乘諸經**安隱觀**妙理爲依靠、爲根本，方能存在與弘傳。否則，二乘解脫道妙理將被斷見外道混淆，或被常見外道所破，二乘解脫道**出離觀**所言之出離三界生死之涅槃法義，亦將不得成立。」是故，彼諸崇尚南傳佛法之法師及印順等人所言「大乘法依四阿含諸經方得成立」者，乃是妄說、顚倒之說，非是如理作意之說也！

今者平實將四阿含諸經中隱說之大乘唯識法義，於此書中明顯解釋而披露之，則可證知四阿含諸經所說者，其實有部分經典本是宣說大乘法義之經，唯是上座部等二乘聖人所不能理解，是故無力結集、亦不願結集，是故於結集時，便將其中二乘法義部分結集成經，對於自己所不知、不解、不證故不能憶持之大乘法義，便略而不載；唯將其中不能不舉，以免二乘解脫道墮於斷見之極小部分大乘法義名相，略作舉述，以支持二乘解脫道法義，藉此而令二乘聖人所證無餘涅槃，不墮於斷滅見之窘境中。是故上座部中佔了多數的聲聞種性者，絕對不可能結集所曾親聞之大乘法義成爲大乘經典；對於其後不久由菩薩們結集成的大乘經典，也不可能加以承認，更不會記載其結集人物與時地；如是心行，乃是一切證悟菩薩都能理解者。

由上所述正義，可徵大乘經典確爲 佛說，非是後人之杜撰者；若言是後人杜撰，則有大過：一**者**，現見大乘諸經遠勝於四阿含諸經故，若言大乘諸經爲後人所撰者，則已顯示後人智慧更勝於 佛，則有大過。二**者**，四阿含諸經未曾宣說成佛之道，唯在大乘方廣唯識諸經中方始具足說之；若言大乘經非 佛所說，則 佛應於後三、五百年重新示現於人間，進而宣說大乘經法之後，方可取滅度。三**者**，四阿含諸經中固已隱含大乘法義，然皆未曾解說，唯有名相，非如二乘菩提解脫道必有詳細之解說；四阿含中唯有細說世俗諦之**出離觀**，並未略說或細說勝義諦之**安隱觀**故。然而四阿含中 世尊早已宣說佛法有二觀：兼有**出離觀**與**安隱觀**。**安隱觀**則唯於大乘經中方說，四阿含經中唯說其名相，未曾說其內涵，唯有宣說**出離觀**之詳細內涵。如是則已顯示一項事實：四阿含諸經中未曾具足宣說佛法，尚有極大部分佛法，要待後時大乘諸經中方始宣說。

是故佛子四眾不應以先出、後出，來判斷諸經之眞僞，當以先出、後出諸經所說法義有無相悖？當以先結集、後結集之三乘諸經何者爲最究竟？何者爲最了義？何者爲具足圓滿？作爲判斷之原則。更何況印順……等國內外的所有佛學、佛教研究者，都無絲毫證據可以證明大乘經典是在佛滅後數百年，才由聲聞法的部派佛教後人創造編集的。而且，部派佛教屬於聲聞法，他們都不曾證得本識如來藏，如何能創造及編集勝妙的大乘經典？若聲聞法的部派佛教後人，不知不證本識而有此能力，印順在今天資訊更多的有利情況下，更應有此能力，卻都讀不懂，遑論創造？故其所說都是痴人說夢。

如今平實所見前後三轉法輪諸經所說者，唯是三乘菩提之差別，唯是淺深廣狹之差別，絕無前後矛盾之處；然而大乘諸經遠遠勝妙於四阿含諸經；亦須具足前後三轉法輪經典，方能具足圓滿成佛之道，方能圓滿具足一切佛法。由是緣故，平實造此《阿含正義》，以四阿含經典佛語，示三乘菩提眞正義理；並舉《長阿含經》 世尊所說應有**三轉法輪**之金言聖教，以示 世尊**三會說法**之正眞，以示三轉法輪諸經同是 佛口親說者；如是證明大乘諸經本是 世尊金口所說，非是後人之長期創造而結集者。但是續藏收錄之經，以及西藏密教中絕大多數經典及所有續典，都非 世尊金口所說，都與 世尊三轉法輪諸經中之聖教多所牴觸故，並且都與解脫道及佛菩提道背道而馳故。

所以者何？顯見大乘般若及唯識種智諸經所說者，非四阿含諸經所可企及故；亦顯見續藏諸經所說遠不及第三轉法輪諸經故，亦多屬於僞訛之經故，亦多墮於事相及意識心中故；至於密續則屬密宗祖師所創造的僞經、僞論，不値一顧。亦見後世眞悟三乘菩提之弟子聖眾，多已親證解脫果之極果，乃至多人已成爲三明六通之大阿羅漢，而皆未曾有人敢自言已成佛道故。復次，後世弘傳大乘經典法義之菩薩，所說諸法勝妙於四阿含所說，彼諸聲聞法中諸大阿羅漢聞之悉皆茫然而不能解義，然而此諸菩薩卻皆謙稱智慧遠不及 佛；若言後出之大乘方廣諸經係後時之菩薩眾所創造者，則應彼諸菩薩智慧皆勝於 佛，然終無一眞悟之菩薩曾自稱成佛，並皆同樣歸命於 佛，並皆謙稱距 佛猶遙。

由是緣故，說大乘經典非是後世菩薩所創造者，唯是待彼上座部聲聞僧結集不成，方自行結集而弘傳之故。所以唯識增上慧學的本源，其實是第三轉法輪的方廣唯識經典，四阿含諸經縱曾說過唯識學上之名相，終究只是偶說名相而不加以略說、細說，是故唯識增上慧學之本源不是四阿含及阿含部之雜藏經典。

由是緣故，修證南傳佛法之小乘解脫道行者，不論在家或出家，皆莫與人間之大乘四眾菩薩僧諍論，大乘四眾菩薩僧所說者皆無諍論之意故，所說皆正眞故；是故修證南傳佛法解脫道者，應當如實探求大乘般若法義之眞意，莫再以解脫道而解釋成佛之道，更勿猶如印順一般以錯會之解脫道來解釋及取代成佛之道，解脫道唯是二乘法義故，唯能令人出離三界分段生死苦故，不能成就究竟佛道故，不能成就佛菩提之證量故；依之修證而不修大乘諸經所宣佛菩提道者，必將永與成佛法道絕緣故。

復次，凡我佛門法師與居士，萬勿身任惡知識之職；惡知識者，不斷我見而有憍慢心故，不離見取見而堅執己見，以鬥諍之心，非議及誹謗眞善知識正教妙法，死墮惡道；身為弘法之師而竟如是身任惡知識之職，何利於己？又何利於人？有阿含部經中 佛語聖教為證：【世尊告曰：「猶如，婆羅門！月末之月，晝夜周旋但有其損，未有其盈；彼以減損，或復有時而月不現，無有見者。此亦如是，婆羅門！若惡知識經歷晝夜，漸無有信，無有戒，無有聞，無有施，無有智慧；彼以無有信、戒、聞、施、智慧，是時彼惡知識身壞命終，入地獄中。是故婆羅門！我今說是惡知識者，猶如月末之月。」】（《增一阿含經》卷第八）

云何名爲惡知識？謂自身未斷我見，而又不肯依從已斷我見之善知識正法，仍繼續反對之者，皆名惡知識也！皆因我見及見取見未斷，出生憍慢結使故也！譬如增一阿含所言：【阿那律曰：「**吾者是神識也，我者是形體之具也；於中起識，生吾、我者，是名爲憍慢結也。**」】（《增一阿含經》卷第七）意謂我見未斷之弘法者，難免**吾**、**我之執**而生憍慢結使，故意起心造作謗法、謗人惡業；有智之人弘法時當念此聖僧開示而顧念自慮，庶免未來無量世之後報難以承受而又不得不受。

復次，欲令佛門四眾對於 世尊弘揚佛教之過程，能有較爲全面之概念，故本書於第一章中探討唯識學本源之後，隨即在第二章選輯《長阿含經》全文，舉證 世尊自說**阿含是初轉法輪**之聖教，證實大乘般若及方廣唯識經都是第二、第三轉法輪時 佛口親說者；次則舉示識蘊眞實內容之觀行要義，期使讀者眞斷我見與三縛結；三於書中舉示十因緣與十二因緣間之關聯，以助讀者實證因緣觀；四於第十一章選輯《遊行經》所載 佛陀入滅史實於後，然後以第十二章雜說，辨正藏密應成派中觀師印順、昭慧、星雲、證嚴……等人對四阿含之扭曲，顯示四阿含解脫道之原貌，盼對佛門四眾皆有助益；五於書中特別舉說及詳解三果之取證實質，令讀者詳讀以後可以確實印證自己是否已證三果及四果，可以避免大妄語業，或以之自我印證三果、四果的取證；末則繼之以第十三章，特別略論印順《唯識學探源》書中錯誤之鉅大者，期能消弭印順不實考證之流毒，庶能救護南傳佛法學人迴入正理中，得以一世取證解脫果；亦欲令大乘及二乘法義同皆普爲宣流，欲令廣大學人與諸大法師，悉皆了知如是正理，悉皆回歸眞正成佛之道。以如是多種緣故，利用今日起之片片段段空閑時刻，陸續寫作《阿含正義》，期以前後五年而竟其功，用以廣利今時後世行人。即以如是開筆因緣，造如是序，以明此書緣起。

佛子 **平實** 謹序

公元二〇〇二年霜降日 於喧囂居

第二輯：

第四節　五盛陰（第三章）

第一目：五陰的概略內涵

【「諸賢！若內眼處壞者，外色便不為光明所照，則無有念，眼識不得生。諸賢！若內眼處不壞者，外色便為光明所照，而便有念，眼識得生。諸賢！內眼處及色、眼識，知外色，是屬色陰；若有覺，是覺陰；若有想，是想陰；若有思，是思陰；若有識，是識陰。如是觀陰合會。」】（《中阿含經》卷七第 30 經《象跡喻經》）《頻婆娑羅王經》中亦如是說。

語譯如下：【「諸位賢者！假使內眼處（眼的勝義根）毀壞了，身外的色塵便不被光明所照，就不會有想要見色的念頭出現，眼識就不能出生。諸位賢者！若是內眼處（眼的勝義根）不毀壞的狀況下，外色便會被光明所照耀，意根心中就會有想要見到色塵的念頭出現，眼識就能出生了。諸位賢者！內眼處（眼的勝義根）及色、眼識，能夠了知外面的色塵，是屬於色陰；如果因為見到色塵而有了覺受，這就是覺陰（受陰）；如果有了想（對五塵境界的了知性，以及語言文字的思惟、思想），這就是想陰；如果有了決定（思即是決定）而生起了身口意的行爲，這就是思陰或者行陰；如果有了六個了別六塵的識，這就是識陰。要像這樣來觀察五陰的和合聚會。」】

這一段經文中說：眼根是色陰，亦說眼識所見的色塵也是色陰所攝；色陰觸外色塵的因緣而出生了眼識，眼識即是識陰中的第一識；耳、聲相觸生耳識，是識陰中的第二識，鼻香、舌味、身觸，乃至意根、法塵相觸而生意識，是識陰中的第六識。色陰與識陰和合運作而觸色塵時，出生了覺知與了別，即是覺陰；覺陰又名受陰，以有色陰及識陰中之五識直接的苦、樂、捨等三受故。由有五識直接了知而不起語言覺受的覺知故，意識隨即加以了知，如是意識所了知卻尚未生起語言文字上之想法者，謂爲想陰，想即是意識覺知心對五識所觸五塵之了知故，這是最先有的想陰；隨後生起苦、樂、捨受的了知，也是想陰，佛說「想亦是知」故；乃至更進一步生起的意識覺知心中的語言文字想法，亦皆名爲想陰。思陰者，又名行陰；謂六識面對六塵時之思心所繼續存在不斷，已對六塵有了決定性的繼續取或繼續捨離，故名思陰；決定之後就有了心行，故又名心的行陰；乃至進一步有了口行與身行，也都是行陰。如是，由於色、識二陰運作的緣故，即有受陰、想陰、行陰運作不斷。色陰是指十八界法中的五色根與五塵，都是入胎後才漸漸出生的緣生法，未來必定會滅，是故其性不實而虛妄；由色陰爲緣而有人間的識陰六識生起，六識因虛妄性之色陰爲緣而生起，故說識陰六識亦皆虛妄；受陰、想陰、行陰都由虛妄緣起的色陰與識陰而輾轉生起，故亦虛妄不實，是名五陰虛妄不實。如是略說五陰虛妄不實。

五陰無我，並不是說現象界中沒有五陰的存在，而是說五陰皆是緣生法；既是緣生之法，則是依緣而起，是有生之法，故說五陰不是本住法；當未來五陰出生的種種緣開始壞散時，五陰就必定會有滅壞之時，故說五陰是暫住法、有間等法，不是常住法、無間等法，所以五陰都是生滅法。有生有滅之法則是無常，無常即是苦，苦則非我，故說五陰無我，如是略說五陰無常故無我。

但五陰的無常故無我，略說之後，未必能使學人讀之即斷我見，必須再作更詳細的說明，然後讀者可以依之而作正確的觀行，我見方得除滅。五陰云何緣起、生滅、無我？應當細說之，欲令讀者悉斷我見而斷三縛結故，因此能使佛教二乘解脫道的正法久住人間故，得以廣利此世、後世廣大有緣之聲聞弟子故。又：五陰云何名爲五「盛」陰？謂眾生從來極力執著五陰，令五陰極爲熾盛，故名五陰熾盛，名爲五盛陰。五陰熾盛不絕故，導致有情眾生流轉生死而不斷絕，故名五陰爲五盛陰。五陰之內容細相云何？

色陰之定義，謂色陰由四大與空大所構成：【「……諸賢！云何五盛陰苦？謂色盛陰，覺、想、行、識盛陰。諸賢！云何色盛陰？謂有色：彼一切四大及四大造。諸賢！云何四大？謂地界，水、火、風界。諸賢！云何地界？諸賢！謂地界有二：有內地界，有外地界。諸賢！云何內地界？謂內身中，在內所攝堅、堅性，住內之所受。此爲云何？謂髮、毛、爪、齒、麤細皮膚、肌肉、筋、骨、心、腎、肝、肺、脾、腸、胃、糞，如是比，此身中，餘在內所攝堅性，住內之所受；諸賢！是謂內地界。諸賢！外地界者，謂大是，淨是，不憎惡是。諸賢！有時水災，是時滅外地界。諸賢！此外地界極大、極淨、極不憎惡，是無常法、盡法、衰法、變易之法；況復此身暫住，爲愛所受？謂不多聞愚癡凡夫而作此念：『是我、是我所，我是彼所。』多聞聖弟子不作此念：『是我、是我所，我是彼所。』」

「……諸賢！云何水界？諸賢！謂水界有二：有內水界，有外水界。諸賢！云何內水界？謂內身中，在內所攝水、水性潤，內之所受。此爲云何？謂腦、腦根、淚、汗、涕、唾、膿、血、肪、髓、涎、膽、小便，如是比，此身中，餘在內所攝水、水性潤，內之所受：諸賢！是謂內水界。諸賢！外水界者，謂大是、淨是、不憎惡是。諸賢！有時火災，是時滅外水界。諸賢！此外水界極大、極淨、極不憎惡，是無常法、盡法、衰法、變易之法，況復此身暫住，爲愛所受？謂不多聞愚癡凡夫而作此念：『是我、是我所，我是彼所。』多聞聖弟子不作此念：『是我、是我所，我是彼所。』」

「……諸賢！云何火界？諸賢！謂火界有二：有內火界，有外火界。諸賢！云何內火界？謂內身中，在內所攝火、火性熱，內之所受。此爲云何？謂暖身、熱身、煩悶、溫壯、消化飲食，如是比，此身中，餘在內所攝火、火性熱，內之所受：諸賢！是謂內火界。諸賢！外火界者，謂大是、淨是、不憎惡是。諸賢！有時外火界起，起已，燒村邑、城郭、山林、曠野，燒彼已，或至道、至水，無受而滅。諸賢！外火界滅後，人民求火，或鑽木截竹，或以珠燧。諸賢！此外火界極大、極淨、極不憎惡，是無常法、盡法、衰法、變易之法；況復此身暫住，爲愛所受？謂不多聞愚癡凡夫而作此念：『是我、是我所，我是彼所。』多聞聖弟子不作此念：『是我、是我所，我是彼所。』」

「……諸賢！云何風界？諸賢！謂風界有二：有內風界，有外風界。諸賢！云何內風界？謂內身中，在內所攝風、風性動，內之所受。此爲云何？謂上風、下風、腹風、行風、掣縮風、刀風、躋風、非道風、節節行風、息出風、息入風，如是比，此身中，餘在內所攝風、風性動，內之所受。諸賢！是謂內風界。諸賢！外風界者，謂大是、淨是、不憎惡是。諸賢！有時外風界起，風界起時，撥屋、拔樹、崩山，山巖撥已便止，纖毫不動。諸賢！外風界止後，人民求風，或以其扇，或以哆邏葉，或以衣求風。諸賢！此風界極大、極淨、極不憎惡，是無常法、盡法、衰法、變易之法；況復此身暫住，爲愛所受？謂不多聞愚癡凡夫而作此念：『是我、是我所，我是彼所。』多聞聖弟子不作此念：『是我、是我所，我是彼所。』……諸賢！猶如因材木、因泥土、因水草覆裹於空，便生屋名。諸賢！當知此身亦復如是：因筋骨、因皮膚、因肉血纏裹於空，便生身名。」】（《中阿含經》卷七第 30 經《象跡喻經》）

語譯之後即可容易解知經意：【「……各位賢士！如何是五陰熾盛之苦呢？這就是說：色陰熾盛，覺、想、行、識四陰也一樣的熾盛。各位賢士！如何是色陰熾盛？也就是說有了色陰，色陰就是一切地、水、火、風及這四大所造之色身。諸位賢士！如何是四大呢？四大是說地界以及水、火、風界。諸位賢士！如何是地界？諸位賢士！這是說地界有二種：有身內的地界，也有身外的地界。諸位賢士！如何是內地界？是說我們內身之中，在身內所攝持的堅硬及堅硬的體性，住在我們身內，被我們色身所受持的物質。這是說什麼呢？是說髮、毛、爪、齒、粗細皮膚、肌肉、筋、骨、心、腎、肝、肺、脾、腸、胃、糞，如是一類在我們這個色身中其餘所未說到的堅硬性的身體組織，在色身之內所受持的；諸位賢士！這就是說內地界。諸位賢士！外地界是說地大即是，是清淨的地大元素，是不會生起憎惡之心的地大元素。諸位賢士！有時會出現了水災，這時就會毀滅外地界；諸位賢士！這個外地界是很廣大、很清淨、也絕對不會起憎惡心行的，但也都是無常的法、是會滅盡的法、是會衰敗的法、也是會變易的法；何況我們這個色身只是暫時安住於幾十年之中，又是被我們的貪愛所受持的（註）？這意思是說：不曾多聞正法的愚癡凡夫們，心中起了這樣的想法：『色身即是我、外地界即是我所，我也是外地界所依止的。』多聞的聖弟子們就不會生起這個想法：『色身即是我、外地界是我所，我是外地界所依止的。』」（註：只有不起貪愛受持的外四大，譬如山河大地水火風等，才能較長時間存在；凡是有貪愛受持的色身四大，都只能短時間安住存在。）

「……諸位賢士！如何是水界？諸位賢士！這是說水界有二種：有內水界，有外水界。諸位賢士！如何是內水界？內水界是說內身中，在身內所攝的水分與水性所滋潤，爲身內之所受持的水性。這是說什麼呢？是說腦漿、腦根、淚、汗、涕、唾、膿、血、肪、髓、涎、膽、小便，如是一類在我們色身中所持的其餘身內所攝的水分與水性所滋潤，爲身內之所受持的水大一類物質；諸位賢士！這就是說內水界。諸位賢士！外水界是說水大即是、清淨的水本身即是、從來不起憎惡之心的水即是。諸位賢士！有時火災生起時，這時就會毀滅了外面的水界。諸位賢士！這個外水界的水分本身是很廣大的、是很清淨的、是絕對不會生起憎惡之心的，也是無常法、是會滅盡的法、是會衰敗的法、是變易之法，何況這個色身更只是暫時安住，又是被我們的貪愛所受持的？更是無常變易之法。這是說，不曾多聞妙法的愚癡凡夫們，心中生起了這種想法：『身中的水大就是我、水大就是我所有的，我是水大所依止的。』多聞妙法的聖弟子們不會生起這樣的想法：『身中的水大就是我、水大是我所有，我是水大所依止的。』」

「……諸位賢士！如何是火界呢？諸位賢士！這是說，火界有二種：有內火界，有外火界。諸位賢士！如何是內火界？是說我們內身中，在身內所攝持的會生起溫暖的物質以及溫暖的熱性，在身內被我們所受持的都是。這是說什麼呢？是說色身的溫暖、色身的火熱、色身中的煩悶、色身中使人強壯的溫暖能夠消化飲食，如是一類在我們這個色身中所有的溫暖與火性所攝的生熱物質，是我們色身內所受持的火性；諸位賢士！這就是說身內的火界。諸位賢士！外火界是說，火大即是、清淨的火性即是、不生起憎惡心行的火性即是。諸位賢士！有時外火界會生起，火生起之後就會燒掉村邑、城郭、山林、曠野，燒掉那些村邑……以後，或者燒到道路、燒到有水之處，沒有物質可以被燒而滅失。諸位賢士！外火界消滅了以後，人民想求火來使用時，或者鑽木、砍竹而求火，或者以圓珠、方燧來求火。諸位賢士！這個外火界是廣大的、是很清淨的、是從來都不會生起憎惡心的，也是無常法、會滅盡的法、會衰敗的法、會變易的法；更何況我們這個色身只是暫時而安住，是被有情的貪愛所攝受的？這是說，不曾多聞妙法的愚癡凡夫生起這種想法：『火大即是我、即是我所有的，我是火大所依止的。』多聞的聖弟子們不會生起這種想法：『火大就是我、火大是我所有的，我是火大所依止的。』」

「……諸位賢士！如何是風界呢？諸位賢士！這是說，風界有二種：有內風界，有外風界。諸位賢士！如何是內風界？是說在我們內身中，在身內所攝持的空氣、以及動轉的體性，身內所受持的空氣及能動轉的體性。這是說什麼呢？是說上行的動轉功能，以及向下動轉、腹中動轉、身體的動轉、向內收縮的動轉行爲、猛利傷害身體的體內動轉力量、向上阻塞的動力、不屬於食道腸道血脈的動力、每一個肢節的動轉力、呼息出去的風、吸氣入內的風，如是一類在此身中，其餘在內所攝的空氣、空間及行來去止的動轉等活動，在色身中所受持的都是；諸位賢士！這是說內風界。諸位賢士！外風界是說空氣即是、清淨而無染污的飄動性即是、從來不生起憎惡心而使人攝取以後就能動轉的能量即是。諸位賢士！有時身外的風界生起時，會撥倒房屋、拔掉樹木、崩毀山巖，山巖撥崩以後就停止了，風大又纖毫不動了。諸位賢士！外風界停止以後，人民假使想要求風的時候，或者以他們手中的扇子，或者以哆邏葉裁成扇子，或者以衣服等，搖動而求風。諸位賢士！這個風大法界很廣大、自性很清淨、從來不會生起憎惡之心行，也是無常法、會滅盡的法、會衰敗的法、會變易的法；何況我們這個色身只是短暫的安住，又是被貪愛所受持而不能長時間的安住？這是說，不曾多聞妙法的愚癡凡夫心中生起這個想法：『風大就是我、風大是我所有的，我是風大所依止的。』多聞的聖弟子都不會這樣想：『風大就是我、風大是我所有的，我是風大所依止的。』……諸位賢士！猶如因為有木材、有泥土、有水草三種物質，覆蔽包裹了一部分的虛空，便出生了房屋這個名詞。諸位賢士！我們應當知道這個色身也是如此：因為有筋骨、有皮膚、有肉血纏裹了一部分的虛空，便出生了色身這個名詞。」】

此段經文主要意思是說：色陰是由地、水、火、風、空，以及動轉的能量所組成的。而這些組成色身的物質，並不是只有在色身中才有，在身外也是同樣存在的。並且，色身中的組成元素是不能持久的，因為色身中的四大、空大、動能等法，都是被有情所執著貪愛著的，所以無法長時間的保持同一模樣而存在著；只有身外的五大才能長時間的存在著，因為它們沒有被有情的貪愛所聚集，而呈現一種自然存在（四大極微）的狀況，所以能長時間的存在著。由此可知，色身是由本識攝取外四大及空大與動能組合而成的，並不是自然就有，也不是由能識別六塵萬法的意識或由處處作主的意根自己生成的，所以是緣生法；既是緣起性的有生之法，當然未來一定會壞滅，所以說色身、色陰無常。有情眾生因爲不知這個眞理，對色身有了不正確的認識，所以執著色身而不能斷除身見，就被繫縛而常住於欲界及色界中，不能解脫於欲界及色界；因爲色身有這種遮障，如同黑雲遮障眾生看不見太陽的光明，所以就說內色身是色陰、就說外色法是色陰。陰是遮蓋的意思，遮蓋眾生出離生死的智慧光明。五陰又名五蘊，蘊是聚集的意思，這意思是說，五蘊是五種由他法聚集而成的假合之法，所以五蘊的意思就已經顯示五蘊身的人類是虛假的，不是眞實法。

又五塵也屬於五陰，因爲人類都是具足十八界法的，十八界法合成五陰身，使五陰各有功能差別，故亦名爲五陰身；五陰因爲有功能差別而能令人一一返觀其功能的界限與差別，每一陰都各有不同的作用，分明可見，故名爲身；合五種陰的作用就名爲五陰身，表示五陰中的一一陰都不是無作用法。但五陰不能漏掉十八界的任何一界而不含攝，應當同時含攝六塵，故將相分五塵含攝在五陰的色陰之中，故五塵也攝歸色陰。若是對於比較深入二乘佛法的聖者，就又爲他說明：色法之中另有法處所攝色，故五塵上所顯的法塵也是色法所攝，仍歸屬色陰。所以色陰不但有五色根的扶塵根與勝義根，也函蓋內相分的五塵及法處所攝色。這樣的分類，也因爲六塵相分是識陰所識別的對象故，六塵是相對於識陰而存在、也是識陰所依緣之故。是故，唯有在說及十八界法的細相時，才會另外列舉六塵相分；然而六塵相分各有內、外相分之差別，內相分五塵及內相分五塵上顯現的法處所攝色，都屬於色陰所含攝的法，所以說十八界都攝入五陰之中，所以五陰是含攝六塵相的；這是四阿含中已曾隱說及明說的，猶如本章的第二節中所說，此處不再重說。

然而有情的內色陰（身體）是由誰來製造出來的？是一神教的天神嗎？或是大梵天？或是父母呢？或是冥性、四大……等法製造出我們的色身呢？都不是！因爲一神教的天神是否存在，早就成爲西方哲學所質疑的大問題了！是無法被證實是確實存在的，哲學界早已提出質問：**上帝在哪裡？誰能找到祂？**哲學界已經認定：**上帝只是人類想像創造出來的**。所以近代早就有一種說法流行了：**人造上帝**。上帝的靈也是無法被信徒們實證的，不像 佛陀親在人間教導的有情本體如來藏—創造有情色身的本識—可以一再的被佛子實證，自古至今都是如此；而一神教「聖經」記載的上帝意識智慧，也只能達到欲界天，並且對欲界天的瞭解也是很有限的；上帝的境界尚不能到達色界境界，何況能證得出三界的解脫智慧？何況能知曉法界的實相？而古今禪宗祖師證悟之後，也都證實人類的色身及其餘四陰，都是由有情各自的如來藏阿賴耶識製造出來的；上帝（假設眞的有上帝）的意識既然不具有大種性自性，不能接觸物質，又如何能製造吾人色身？而上帝至今仍不知他自己的如來藏何在，連他自己在欲界天中的色身是如何產生出來的，他都還不知道，何況能製造出我們的色身？

再觀察初禪天的大梵天主，祂也只是依其行善及具足修得初禪而往生的果報，祂也是在三界中受報而被動性的被出生者，當然也沒有能力來製造出我們的色身。冥性則只是外道想像出來的意識心中的一種觀念而已，他們所說的冥性也是無法實證的；而他們說的冥性製造出吾人色身及覺知心的前後次第及內容，也是不符合現象界眞理與法界眞理的，當然也不可能是製造吾人色身的法。那麼是四大極微嗎？也不是！因爲四大只是被用來製造吾人色身的材料，四大既不是心，也不是有情，自身不能運作任何行爲，當然是無法主動製造吾人色身。看來似乎只有父母能製造吾人的色身了！但是仍然不對！因爲現見所有的父母，都不曾每天觀想來製造胎兒的頭手眼鼻……等；也不曾施以種種工作來完成胎兒的五臟六腑、頭手四肢。或許有人會說：「那是入胎以後自然就會有四大來製造吾人的色身，不必神我、梵我或父母來勞心、勞力的；出生吾人的色身者，只是自然性而已。」這個人其實是無因外道、自然外道。

色陰是如何形成的？且先不舉證大乘經典的說法，我們仍然遵循四阿含諸經中的說法來爲南傳佛法解脫道的修行者說明。佛說：【「阿難！『緣**識**有名色』，此爲何義？若**識**不入母胎者，有名色不？」答曰：「無也！」「若**識**入胎不出者，有名色不？」答曰：「無也！」「若**識**出胎，嬰孩壞敗，名色得增長不？」答曰：「無也！」「阿難！**若無識者，有名色不**？」答曰：「無也！」「阿難！我以是緣，知**名色由識**，緣識有名色。我所說者，義在於此。」

「阿難！『緣名色有**識**』，此爲何義？若**識**不住名色，則**識無住處**。若無住處，寧有生老病死憂悲苦惱不？」答曰：「無也！」「阿難！若無名色，寧有**識**不？」答曰：「無也！」「阿難！我以此緣，知**識由名色**，緣名色有識。我所說者，義在於此。」】（《長阿含經》卷十）

恐生誤解，**語譯**如下：【「阿難！我說『緣於**入胎識**而有**名**（受想行識）與**色蘊**（五色根及五塵）』，這是什麼道理呢？如果這個**識不進入母胎中**的話，會有名與色的形成嗎？」阿難尊者答說：「不會有名色出生的！」「如果這個識入胎以後就永遠都不出胎的話，會有這一世的名色嗎？」阿難尊者答說：「不會有的！」「如果這個識出胎以後，嬰孩的色身被毀壞而腐敗了，嬰孩的名色能夠增長否？」阿難尊者答說：「不可能增長！」「阿難！假使沒有這個入胎識的話，會有名色嗎？」阿難尊者答覆說：「沒有名色了！」「阿難！我釋迦牟尼就是以這個緣故，知道名與色都是由這個入胎識出生，都是因爲緣於這個入胎識而有名色的。我所說的『緣識有名色』這一句話，道理就在這裡。」

「阿難！『緣於名色才會有入胎識』，這是什麼道理？如果入胎識不住於名中或名色之中，那麼入胎識在三界中就沒有可以安住的地方了。假使三界中沒有能讓祂安住的名或名色處所，難道還會有生老病死憂悲苦惱嗎？」阿難尊者答覆說：「沒有生老病死憂悲苦惱了！」「阿難！如果沒有出生了的名或名色，難道三界中還會顯示出有入胎識存在嗎？」阿難尊者答覆說：「三界中就看不到入胎識了！」「阿難！我釋迦牟尼正是因爲這個緣故，知道入胎識是由於有了名、色，才會在三界中出現；由於眾生緣於名、色的緣故，所以三界中才會有入胎識顯現。我所說的『緣名色有識』，道理就在這裡。」】

這就是阿含部經典所說的「緣識有名色、緣名色有識」，前句是說名（含意識）及色陰從入胎識出生，是由入胎識出生名色等五陰；後句是說眾生如同大乘菩薩所說的**恆內執入胎識爲我**，於是入胎識就不斷的受生而駐在三界中，使這個本識一直在三界中出現，不能獨住於無餘涅槃中。這也就是有時　佛陀所簡說的「識緣名色、名色緣識」互相攀緣的意思。由此可知，色陰的五色根及五塵等法，都是因爲入胎識（入胎識不是意識，意識不能入胎，在入胎時就消失了；也不是意根，意根雖能入胎，但沒有大種性自性，所以無法攝取四大來製造色身）進入母胎以後，這個入胎識憑藉祂獨有的，不共前七識的大種性自性，才能執取受精卵物質而安住於母胎之中；再攝取母體所供應的血液中的四大來聚合，才能依照業種而製造出吾人此世的色身，所以色陰是入胎識製造出來的，不是一神教的天神、大梵天、冥性、自然性、上帝的覺知心或吾人的意識、意根製造出來的。假使入胎識因爲實現往世所造惡業種的緣故而中途離開了，胎身就開始毀壞，成爲死胎而流產；或者胎身受到外力破壞而毀壞了，入胎識就無法再執受胎身，就不得不離開母胎，胎身只能流產而毀壞，就不可能會有此世的吾人色身及五塵相分、法處所攝色的出現。這就是此段經文中　佛陀開示的眞理，證明五陰是由入胎識如來藏藉父母、四大等緣出生的。

反過來說，假使入胎識不依靠受想行識等四種名作爲所緣，也不依靠色身作爲所緣，祂就只能單獨存在於無餘涅槃的無境界中，不能在三界法中顯現、存在及運作。所以在大乘經中如此記載：阿羅漢入了無餘涅槃以後，佛說即使是究竟佛的諸佛大智慧、大威德力，也都不可能再找得到阿羅漢的入胎識所在了！因爲祂無形無色，又不再顯現任何的界（任何的功能性）了，所以當然無法再找得到入了無餘涅槃後的阿羅漢們的入胎識了！三界中從此以後再也不會有這個聖人的入胎識存在了，所以這一段經文才會說「緣**名色**有識」。只有緣於**名**與**色**而駐留於三界中時，才有可能找得到阿羅漢們的入胎識；一切有情也是如此，都必須入胎識駐留於三界中，並且有意識分明的運作，才能由意識找到入胎識，這個入胎識當然不是意根，也不是意識，當然是與意識、意根同時同處的另一個識，那當然就是第八識，正是大乘經典中及南傳阿含經中所說的阿賴耶識，也是北傳阿含經中所說的如來藏。若停止了意識心的作用而不理會諸法相，或暫斷了意識而入無想定、滅盡定中，或者入了無餘涅槃，不在三界中現行了，就都無法找到自己的入胎識了，所以 佛在阿含中說「緣**名色**有識」：緣於名與色，才會有入胎識在三界中示現；若離名與色，就永遠找不到入胎識了。佛所說的「緣**識**有**名色**、緣**名色**有**識**」的道理，就是如此。

由此阿含中佛陀開示的道理，可知吾人的色身、五塵，以及識陰和受想行等**名**，都是**由入胎識出生**的。這個**入胎識**，正是初轉法輪的阿含部經典所說的**識**、如、眞如、入胎識、如來藏、涅槃實際、涅槃本際，正是古今阿含學者所說而不能實證的**本識**、**不可說我**；也就是第二轉法輪的般若系經典，譬如《大品般若經、小品般若經、金剛經、心經》中所說的**心**、無住心、不念心、非心心、無心相心了；當然就是第三轉法輪諸經所說的如來藏、阿賴耶識、心、所知依、無始時來界、異熟識、無垢識、阿陀那識，也就是中國禪宗祖師所悟證的本地風光、本來面目、佛法大意、吹毛劍、祖師西來意。由於有第八識的入胎，才會有色陰所攝的五色根及五塵，也因爲有意根的存在而有了法處所攝色，就能由入胎識藉著祂自己出生的色陰來出生識陰六識；有了色陰與識陰，才會有**名**中三陰的受、想、行出生與運行；如是，五陰就具足了！有了五陰，所以老病死憂悲苦惱就都跟著存在，使得眾生受諸苦惱。

若滅了五陰的每一陰，一一滅盡以後就沒有五陰了，從此就不會再有生死中的種種苦，就是實證無餘涅槃了！無餘涅槃中沒有十八界法中的任何一界繼續存在，也沒五陰中的任何一陰多分或少分的存在，是滅盡十八界、滅盡五陰的。這種解脫道的正理，與諸凡夫大法師、大居士的想法完全背道而馳，所以佛才會說出**佛法背俗**的開示：「**佛之明法**，與俗相背；俗之所珍，道之所賤。清、濁異流，明、愚異趣；忠、佞相仇，**邪常嫉正**。」（《羅云忍辱經》卷一）

一般學佛人初學佛時，或是久學而被未悟的大法師誤導了，知見如同世俗人一樣的執著意識覺知心自我，對於**入涅槃就是滅盡十八界自我**這個眞實義，當然無法接受，當然會大加反對；怪不得平實出版了《邪見與佛法》，在書中詳細揭示解脫道的眞實道理以後，一直得不到諸大法師、諸大居士的信受與認同；甚至當年大陸還有大法師向徒眾說平實的說法是邪見，是邪魔化身爲平實來破壞佛法的，所以指使徒眾收集了不少《邪見與佛法》去燒掉，可見那些大法師們都是**連我見都斷不了**的凡夫，所以受不了**把自己滅掉而入無餘涅槃**的正見。但是後來平實已在論中找到大菩薩們同樣開示的證據，如今平實再於此處舉證 佛陀在四阿含中的開示，確實的、如理作意的語譯以後，已經足以說明 佛陀的解脫道本懷了！證明當年平實依照自己親證的大乘般若與二乘解脫智現觀境界而說出來的解脫道法理，是完全正確的；如今再以阿含聖教量來證明平實當年在《邪見與佛法》書中所說的佛法才是正見，間接的證明那些想要以離念靈知心（意識）進入無餘涅槃中安住的大法師及大居士們，都是不肯斷除我見的人，證實他們**想以意識覺知心進入無餘涅槃中**的說法，都是誤會阿含解脫道的邪說，都是未斷我見、未斷三縛結的凡夫。

有智慧的南傳佛法學人與法師們，如今都該清醒了！不該再妄想意識覺知心可以進住於無餘涅槃中了！因爲覺知心意識，不論是有念靈知或是離念靈知，不論是清修梵行的意識或密宗喇嘛貪愛淫樂的意識，不論是粗心、細心、極細心，都永遠是意識心；一切粗細意識都是緣生緣滅的生滅法，是依靠意根與色身五根及六塵爲緣才可能在人間生起的；意識生起後必須依靠所緣、所依的意根、法塵才能存在，然而意根及意識所依的身根及六塵，尚且都是依緣而生的，入涅槃時也都必須滅盡，何況是依意根等法才能生起的意識？何況是識陰所攝的依他起性的緣生法、常斷法的意識？在意根與諸根、六塵滅除時如何能單獨存在呢？如何能捨棄所緣法而單獨住於無餘涅槃呢？所以，有智慧的南傳佛法法師與學人們，現在都該清醒了！不要再於意識覺知心上廣作文章了！是到了應該在五陰中觀行意識、意根虛妄的時候了。若能依照平實書中的教導，確實而如理作意的將每一陰的緣生性質如實觀行以後，不久的將來一定可以取證聲聞初果的；到那時，自己可以確認是否已斷身見，可以自己確認是否已斷三縛結而證初果了；平實若得聞知您的斷結證智，可眞要額手稱慶了！未來二乘菩提的弘傳，就可以無憂了，未來南傳佛法學人可就有福了！

到這時，我見的斷除是否已經全面具足而能引生我執的斷除呢？當然必須再作其他更深入、更全面觀行的。今已了知色陰的定義及色陰的生起，接著是該了知識陰與受想行陰的時候了，否則是無法斷我見的。佛陀如是開示：

【當於爾時，諸神妙尊天，七日之中皆來聽法；爾時世尊與數千萬眾前後圍遶而爲說法，說**五盛陰苦**：「云何爲五？所謂色、痛、想、行、識。云何爲**色陰**？所謂此四大身，是四大所造色，是謂名爲色陰也。彼云何名爲**痛**（受）**陰**？所謂苦痛、樂痛、不苦不樂痛，是謂名爲痛（受）陰。彼云何名**想陰**？所謂三世共會，是謂名爲想陰。彼云何名爲**行陰**？所謂身行、口行、意行，此名行陰。彼云何名爲**識陰**？所謂眼、耳、鼻、口、身、意（六識），此名識陰。彼云何名爲色？所謂色者：寒亦是色，熱亦是色，飢亦是色，渴亦是色。云何名爲痛（受）？所謂痛（受）者，痛（受）者名覺；爲覺何物？覺苦、覺樂、覺不苦不樂，故名爲覺也。云何名爲**想**？所謂**想**者：**想亦是知**，知青、黃、白、黑，知苦、樂，故名爲**知**。云何名爲行？所謂行者：能有所成，故名爲行；爲成何等？或成惡行、或成善行，故名爲行。云何名爲識？所謂識：識別是非，亦識諸味，此名爲識也。諸天子！當知此五盛陰，知三惡道、天道、人道。**此五盛陰滅，便知有涅槃之道**。」】（《增一阿含經》卷二十八第5經）

語譯如下：【就在這時，各種天界的神妙尊天，七日之中都來聽聞世尊說法；那時世尊與數千、萬眾前後圍遶而爲大眾說法，宣說五盛陰的苦惱：「如何是**五盛陰**？就是我所說的色、痛、想、行、識。如何是**色陰**？就是我所說這個四大所成的色身，這是藉著地水火風四大所製造出來的色身，這就是我所說的**色陰**。如何名爲**痛**（受）**陰**？所謂苦痛、樂痛、不苦不樂痛，就是所謂的**痛**（受）**陰**。如何名爲**想陰**？所謂三世共同都有的了知與名言，就是我說的**想陰**。如何名爲**行陰**？就是我所說的身行、口行、意行，這就名爲**行陰**。如何名爲**識陰**？就是我所說的眼、耳、鼻、舌、身、意識（等六識），這六識名爲**識陰**。色陰乃至識陰中的**色**、**受**、**想**、**行**、**識**是什麼意思呢？所謂的色：寒冷也是色，火熱也是色，飢餓也是色，口渴也是色。如何名爲**痛**（受）？所謂痛（受）的意思，痛（受）的意思又名爲覺；究竟是覺知什麼物事呢？就是覺知苦、覺知快樂、覺知不苦不樂，所以名之爲覺。如何而名之爲想呢？我所說的想：**想也就是了知**，想就是了知青、黃、白、黑，了知苦、樂，所以想也名之爲**知**。云何名爲行？所謂**行**的意思是：由於能夠有所成就，所以名之爲**行**；這個**行**是能夠成就哪些法相呢？是說**行**這個法，或者能成就惡行、或者能成就善行，所以名之爲**行**。如何名爲**識**？所謂**識**的意思是：能**識別是非**，也能**識別種種法味**，這就名之爲**識**。諸天子！你們都應當知這個五盛陰，也應知道三惡道及天道、人道。**確定自己五盛陰能滅盡時，就會知道確實有能使人親證涅槃的方法。**」】

在此段經文中，佛解說了五陰的內容以後，又一一舉例而說明五陰中的每一陰的定義，所以說明了色陰之「色」是包括寒熱飢渴等觸塵的，說一切內六入的六塵色法亦皆是色陰所攝的。又說明了受陰（痛陰）的內涵，包括覺知苦、樂、捨受的覺知與分別，都是受陰。又說明：想陰的想其實就是了知，由前五識所觸知的苦、樂、捨受之中，再於意識覺知心中生起苦、樂受的了知，都是想陰的想；所以了知苦樂受而尚未生起語言文字妄想時的離念靈知，已經是屬於想陰了！這是更進一步說明：眼見色時尚未生起苦樂受的**了知性**，即是**想陰**

的**想**。同理，身觸苦痛時的了知性，那時心中還沒有生起瞋怒或語言文字，已經是想陰了；所以前五識的了知色聲香味觸等法，直接生起與苦樂捨受同時存在的覺知性，仍然是想陰所攝，只是識陰六識的心所法；不必等到意識依據五識而對五塵生起苦樂捨受的了知時才說是想陰，而是五識及意識在了知六塵而尚未生起苦樂受之時，就已經是想陰了，所以佛說：「**想亦是知，知青、黃、白、黑，知苦、樂，故名為知。**」了知苦、樂但還沒有對苦樂加以覺受時的了知，正是欲界最微細的想陰；對苦樂加以領受時的離念靈知，已經是受陰了！若是因為苦樂受而在心中生起語言文字妄想時，已經是極粗糙的想陰了。

至於識陰中的識，佛特別指明說：「所謂**識**：**識別是非，亦識諸味，此名識也！**」也就是說，專心一志而離語言文字時，仍然能了別苦樂是非的覺知心、能了別種種法味的覺知心，或如藏密能領受雙身法中的樂觸而無語言文字妄想時的覺知心，都是識陰所攝的識；離念靈知心正是如此，正是意識。離念靈知既可存在於清淨梵行的靜坐中，也能存在於離五塵的二禪等至位中，故藏密雙身法貪淫之行的淫樂中，當然是更低層次的意識。這些都只是粗細意識的差別，同樣是離念靈知，卻有清淨與不淨、粗與細的差別。由此可以證實一件事：

離念靈知心正是識陰所攝的識，意識雖離語言文字，仍能以其心所法來了別苦樂及是非，都不出於識陰六識之外。這當然不可能是常住不滅而離苦樂的眞實心、實相心，絕不可能存在於離六塵的涅槃境界中；也因爲識陰所攝的六識心，不論是有念或離念，都是意、法爲緣而從如來藏中出生的緣故。假使有人繼續執著離念靈知心是常住心、不生滅心，這個人定是未斷我見的凡夫。

世俗人及未悟菩提的修行者，同樣存有**五陰實有不滅**的我見，最常見的是存有識陰常住不滅的我見，卻都會自以爲已斷我見了。但是這個我見極爲難斷的原因，都是由於不善了知識陰的內涵所致；不善了知識陰內涵的原因，則是由於不懂得如何選擇善知識。不能善選眞正善知識的原因，則有別因：或因情執難斷，是故明知所隨之師是假名善知識，卻寧可繼續信受與追隨；或因智慧不夠，無法檢查所隨善知識的說法是否正確；或因封閉心態，不想進一步了知眞善知識與假善知識的差別；或因過慢、增上慢，自認爲修證高超，對任何善知識都不服氣；或因爲顧慮名聞、利養、眷屬，誠恐修正原有邪見以後，將使徒眾了知自己先前所謂的悟都是錯悟，導致名聞、利養、眷屬的流失；或因愛樂面子，一切以維持面子爲重，所以明知自法有誤時，仍然不肯改變，不樂重新觀行而無法斷我見。由此種種緣故，拒絕接受後出的眞善知識開示的正法，繼續落入識陰、想陰之中，難可出離。

五陰常住的見解就是我見，這是一切佛門修行人都想斷除的；雖然口中及心中都想斷除我見，然而等到眞善知識說出正確的道理時，心中卻不樂於接受，仍然認定識陰中的意識變相境界或想陰了知性就是常住法，不肯確定這些都是緣生之法，不願接受爲生滅法，只願接受色陰及有語言文字妄想時的意識心是生滅法，另外建立離言意識爲不生滅法，而不知道自己仍然落在意識中，當今的南、北傳佛門大師少有能外於此者。所以，斷除我見的最困難處，其實正是對意識心的境界相不具足知，這是我見中最難斷除的部分。若能具足了知意識心的種種變相，就有希望斷除我見，所以對意識內容的深入理解，正是當前修證二乘菩提解脫道的佛弟子們，最應該正視及觀行的地方。

確實觀行而證明意識的虛妄性以後，有的人可能證取初果，但有些人卻只能證得初果向；這都是因爲仍然執著想陰的緣故，若能對想陰也有深入的理解與現觀，實際證明而了知 佛陀所說的「想亦是知」，就可以斷除想陰常住的我見，三縛結就一定可以斷除。但是我見最難斷的地方正是識陰及想陰，這二陰都是**名**所含攝的六識**心**與**心所**法；以此緣故，斷了色陰常住的「身」見以後，當然必須深入理解名中四陰的內涵，才能具足斷除身見：識陰身、受陰身、想陰身、行陰身。

最難了知的想陰，佛如是說明：**眼見色時尚未生起苦樂受的了知性即是想陰的想**，所以前五識的了知色聲香味觸等法也是想陰所攝，不必等到意識依據五識的了知而對五塵生起苦樂捨受才說是想陰，而是五識及意識在了知六塵而未生起苦、樂、捨受時，就已經是想陰了，所以 佛說：「**想亦是知，知青、黃、白、黑，知苦、樂，故名爲知。**」不知想陰的內容，就直接參禪，往往落入想陰中而不自知，這是古今習學禪宗法門而參禪的人們，常常落入的錯悟境界。今時一切大法師所謂的開悟境界，都難自外於想陰，這正是離念靈知的境界相。離念靈知其實正是獨頭意識或五俱意識的心所法：住於離念境界而對內、外六塵了了分明。當年頗有名氣的元音上師及徐恆志如是，台灣近年來極有名的惟覺法師也如是，更早就有名氣的聖嚴法師亦復如是，都不離想陰；至於星雲與證嚴，就已經是等而下之的落入意識心中了，談不上離念靈知的想陰了！所以說，**想陰我見**才是學人最難斷除的我見。

識陰中的識，佛特別指明說：「**所謂識：識別是非，亦識諸味，此名識也！**」也就是說，能了別苦樂、是非的覺知心，能了別種種食物味道及藝術韻味、佛法義理的覺知心，都是識陰所攝的識，而離念靈知心也是如此的心：正當心無雜念而專心聽法時，心中都無一言一語，遠離一切妄念，卻已能分別法味，並無言語。這正是**識諸味**：與諸法味完全相應。正是意識心，正是識陰中的識。正當專心聽聞大法師說世間法時，他的觀念有時說錯了；此時離念靈知心中雖然並無語言生起，但仍然能識別大法師說錯了：是非倒置了！這正是**識別是非**的識陰所攝的識。所以離念靈知心正是意識，正是識陰所攝的虛妄法。

由此可以證實一件事：離念靈知心是識陰所攝的識，不出於六識之外；而意識覺知心修成的離念靈知性，能離語言妄念而了知五塵，正是意識心的想陰所攝（佛說「想亦是知」），正好屬於意識心的心所法；正當吾人離念而對外境六塵了了分明時，不論離念境界的時間有多麼長久，仍然可以了了辨認六塵境界，不會因爲離念就失去了了知性，所以動中定力修得很好的人（譬如無相念佛、看話頭者），在路上行走時雖然一直都離念而無任何妄想，或者一直保持無相念佛的憶佛淨念相繼不斷，或一直看住話頭，但仍然可以了知路上的狀況，絕不會失去了知性，絕不會全無分別的跌入水溝或撞上路燈、車子，了知之時即已分別完成故。既然已經如此現觀而證實了，當然知道離念靈知心及離念時的知覺性，都不可能是常住不滅的眞實心、實相心，阿含聖教中已經說這是識陰及想陰所攝的緣故：離念靈知心是識陰，離念靈知性是識陰的心所法。

而且，識陰所攝的六識心自體與六識心的自性，都是**意、法爲緣**而從入胎識如來藏中出生的緣故，屬於所生法；若是所生法，當然不可能是常住性的眞實心、性。假使有人繼續執著離念靈知心或離念的知覺性，堅持爲常住心、不生滅心，這個人就是未斷**我見**、未斷**我所見**的凡夫。若想眞斷**我見**、**我所見**而預入聲聞聖流中，當然應該趕快實際觀行而確認祂的緣生性、可滅性、必滅性；進而現觀離念的知覺性即是識陰的自性，屬於識陰的心所法，是依附於識陰而存在的我所：若離識陰即無可能存在，若離色陰即無可能生起。由此認定的緣故，當然**我見**、**我所見**也就斷除了。

五陰實有不滅的我見，最難斷的地方是識陰及受想行陰，這些都是**名色**的**名**所含攝的心與心所法；以此緣故，當然必須先深入理解名中四陰的內涵。若想要瞭解名中四陰的內涵，當然應該先瞭解五陰的緣生相及次第生起之過程，才能實際理解名中四陰的眞實內涵，我見及我所見就可以如理作意的滅除，正式成爲預入聖流的初果人，隨後才能進入解脫道的修道位中，來修除我所的貪愛與執著，並且進一步修除對於自我的執著，漸漸邁向四果的慧解脫境界。

第二目：五陰的緣起

以內色法的五根及外色法、意根、無明爲緣，加上本識—入胎識—如來藏爲因，就出生了識陰等六識，一切凡夫都是如此；識陰出生了，就依色陰及識陰而出生了受、想、行三陰。阿含部經典如是說：【「諸賢！世尊亦如是說：『**若見緣起，便見法；若見法，便見緣起**。』所以者何？諸賢！世尊說：『五盛陰從因緣生：色盛陰，覺、想、行、識盛陰。』諸賢！若內耳、鼻、舌、身、意處壞者，外法便不爲光明所照，則無有念，**意識不得生**。諸賢！若內意處不壞者，外法便爲光明所照而便有念，**意識得生**。諸賢！內意處及法、意識，知外色法，是屬色陰；若有覺，是覺陰；若有想，是想陰；若有思，是思陰；若有識，是識陰。如是觀陰合會。諸賢！世尊亦如是說：『**若見緣起，便見法；若見法，便見緣起**。』所以者何？諸賢！世尊說：『五盛陰從因緣生：色盛陰，覺、想、行、識盛陰。』彼厭此過去、未來、現在五盛陰，厭已，便無欲；無欲已，便解脫；解脫已，便知解脫：生已盡，梵行已立，所作已辦，不更受有，知如眞。諸賢！是謂比丘一切大學。」尊者舍梨子所說如是，彼諸比丘聞尊者舍梨子所說，歡喜奉行。】（《中阿含經》卷七第 30 經《象跡喻經》）

語譯如下：【「諸位賢士！世尊也曾經這樣說過：『**如果確實看見了五陰是如何和合眾緣而生起的，就看見了法性；如果看見了法性，就看見了緣起法的真義。**』爲什麼這樣說呢？諸位賢士！世尊說：『熾盛的五陰是從因緣中出生的：所以有了色盛陰，以及受、想、行、識盛陰。』諸位賢士！假使身內的耳、鼻、舌、身、意等五根（註）毀壞了，身外的聲、香、味、觸、法等五塵便不會被心法的光明所照觸，意處（意根）就不會作意想要了知這五塵，**意識覺知心就不能出生**。諸位賢士！假使身內的意處（意根）不毀壞的話，外面的五塵就會被意處的光明所照觸，意根就會生起想要了知這五塵的意念，**意識覺知心就可以出生**了。諸位賢士！身內的意根法塵及意識所了知的身外色塵諸法，是屬於色陰所攝的；假使因此而出生了五塵上的覺受，那就是受陰；假使因此而隨著出生了覺知心對五塵的了知，那就是想陰；假使有了六識心共同了知的心行繼續存在著，那就是行陰、思陰；假使因爲想要了知五塵而有了眼識乃至意識等六識，那就是識陰。應該像這樣子來觀察五陰是如何和合而聚集在一起的。諸位賢士！世尊也是這樣說的：『**如果確實看見了五陰是如何和合眾緣而生起的，就看見了法性；如果看見了法性，就看見了緣起法的眞義。**』爲何這樣子說呢？諸位賢士！世尊說：『五盛陰是從因與緣的和合而出生的；所以才有色盛陰，受、想、行、識盛陰。』聖弟子們因爲這樣子現觀五陰和合生起的緣故，現觀五陰的虛妄了，所以就厭惡這個過去、未來、現在所有的五盛陰；厭惡了五盛陰以後，心中就對五陰沒有想要永遠保有的欲求了；沒有這種欲求以後，便獲得解脫的功德；獲得解脫功德以後，便知道如何才是眞正解脫的境界：這時是後有的出生已經斷盡，此世應修的梵行已經建立完畢，於解脫道中所應作的事情都已經辦成了，不會再接受後有了，也對此親證的事實知道得很眞實。諸位賢士！這就是我所說的一切比丘們都應受學的大道理。」尊者舍梨子所說如是，彼諸比丘聽聞尊者舍梨子所說，歡喜奉行。】（註：眼根與眼識已在此段經文之前說過了，故此段經文中只說所餘的五根與五識。）

想要看見眞實的緣起，是很困難的；因爲二乘聖人也只能看得見部分的緣起，不能具足看見緣起法的眞相。何以故？此謂二乘聖人只看見緣起法的表相：識陰所攝的六識，都是因爲有五色根、意處與法塵爲緣，才能夠在人間生起；而這六識心全部，也都必須有五色根、意處與法塵作爲運作時的所依緣，必須有五色根、意處及法塵同時運轉，識陰六識才能夠運作。所以二乘聖人因爲這種現觀而斷我見乃至斷除我執，不再執著識陰六識爲常住不壞的眞我。可是：五根與意處爲何能夠存在？內六入的六塵（含定境法塵）又爲何能夠生起及存在？五根、意處與內六入的內六塵又是從何處而生起的？意處與法塵爲緣而生的意識，在依五根、意根與法塵二法爲緣而出生時，意識自身又是從哪裡出生的？是由誰藉意處與法塵而出生了意識？這都不是二乘聖人所能觀見的，他們看不見這個很深入的緣起，他們只看見表相上的意法爲緣生意識的**緣起**，所以智慧是不很好的，所以他們所見的緣起法，只是緣起法的表相；也因此故，阿難尊者迴入大乘以前，尚在初轉法輪的小乘法時期，有一天思惟了十二緣起法以後，去向 佛稟告：十二緣起很淺，很容易了知。因此就被 佛當面訶責：十二緣起法甚深、極甚深，不是你所能知道的（詳623頁）。講的就是這個道理。所以，「**若見緣起，便見法；若見法，便見緣起**」，同樣的聽到這一段 佛的開示時，菩薩因這一段提示而看見的緣起法，是從如來藏法的功德上面來現觀：如來藏本識出生了五色根，然後再依意、法爲緣而再出生意識等識陰，因此而有十二因緣法的流轉生死。所以菩薩看見的緣起法，是從如來藏眞義來看十二緣起的。但是聲聞、緣覺則只能從**意處與法塵爲緣而出生識陰六識**的**事相**上面來現觀的，他們都看不見**理相**：不能看見識陰六識是如何從如來藏中藉著意處與法塵爲緣而出生的。所以，同樣的一句佛語：「若見緣起便見法，若見法便見緣起。」菩薩與聲聞、緣覺聽了之後所看見的緣起的法，在領會與現觀上面是絕對不同的；所以聲聞聖人對這一句佛語中的**法**字，都會解釋成爲**世俗諦**的**緣起法**，但是菩薩們卻一定會將這個**法**字解釋爲**勝義諦**的**如來藏**；世尊演說十因緣與十二因緣觀的關聯，用意就在於此；這也是大乘法中《維摩詰不可思議解脫經》所說的「**佛以一音演說法，眾生隨類各得解**」的具體代表，這也是大乘經典被聲聞羅漢結集以後就變成二乘解脫道經典的原因所在。證得如來藏之後，也了知解脫道了，才會懂得平實這樣子說法的眞正意趣；懂了以後，對於平實所說的：「**大乘法義被小乘人聽聞以後可以證得阿羅漢果位，但是被大乘證悟者聽了以後卻可以證得無生法忍而入諸地；二乘聖人將他們所聽到的**

大乘法義結集以後，由於對經中的大乘法沒有生起勝解及念心所的功德，一定會結集成爲二乘解脫道的經典；但是大乘菩薩將他們所聽到的大乘法義結集以後，一定會保持大乘法原有的法味而成爲大乘經典。」

眞悟的菩薩們聽了平實這一段話，都會認同的。因爲緣起法絕對不是**無因唯緣**而生起的，必定有因、有緣才能生起的。萬法生起的根本因(註)即是因，其他的助緣(譬如山河大地、四大物質、無明)以及外緣的父精母血，全都只是緣；而助緣或外緣也都是先已從自、他有情的第一因中出生了，然後成爲助緣而間接或輾轉出生其餘諸法，所以一切緣也都是從第一因中出生的。世間萬法，若無第一因的本識而只須助緣就能出生，那麼世間因果將產生錯亂的情況，將不會符合因果律的；所以主張**唯緣無因**而能出生萬法的應成派中觀，都是**無因論**的**心外求法**外道。(註：認定上帝爲諸法第一因，是一神教信徒的臆想，眞正第一因是本識如來藏。)

一切法的生起，都必須有因、有緣才能生起，獨因而無緣，或者獨緣而無因，則不能生起任何一法。但**緣**是生滅有爲的虛妄法性，**因**才是從來無生、後亦不滅的眞實法性。這裡講的因，不是講因緣法中的所緣因；因緣法中的緣因，是將前一法作爲後一法出生的助因：緣於前一法才會有後一法的出生，所以後法緣於前法而生起，前法是後法所緣的因，簡稱爲緣因，其實仍屬於緣法；但因爲是後法出生的緣，所以前法成爲後法的所緣因。譬如因生而有老病死，生即是老病死的所緣因；以前若無生，則今便無老病死。因無明而有身口意行，前世若無無明，則不會入胎，則不會有此世的身口意行；由是故說無明爲行的緣因，但無明只是三行的緣，以無明爲緣因而有此世的三行；但身口意三行其實仍以能出生身口意的入胎識爲根本因、第一因，無明只是三行從入胎識出生的藉緣。然而若無無明，就不會有三行的出生，三行的出生仍以無明爲緣因；雖爲緣因，但仍只是前後相因的助緣而已，並非眞正的因。

萬法出生的根源，才是萬法出生的眞正因；但若只有因——入胎識——而無其他的助緣（所緣因及所依緣），萬法也無法具足出生。這樣說明，可能仍然有些人無法理解眞義；譬如人們三行的出生，必須以緣因（無明）爲緣，也必須有助緣、所依緣（山河大地、父母、有情、物資等）爲緣，才可能有人們的三行出現；但是若缺了眞實因（萬法的第一因、根本因）的入胎識進入母胎中製造了色身，尚且不可能有此世的胎身，何況能有此世的識陰六識等？何況能有此世的離念靈知心、性？更何況能有三行的存在與運作？故說因緣並不是眞實因，只是助緣，所以稱爲緣因，或稱爲因緣（後法所緣的因）。只有能使眾生出生的法，只有能藉眾緣而出生離念靈知心、出生識陰六識（含意識）的心，才能說是萬法的因。

萬法的因，必定是永住法、常住法、不間斷法、不生滅法、無間等法；若不是永住法而是生滅法，當這個因有時斷滅、有時間斷而非無間等法，正當暫時斷滅時即無心可以持種、亦無心能持種種法，則所有法應當都將滅盡無餘，則不該仍會有眠熟之後醒來而能繼續執持前一日所造業種、所熏諸法種子的功能，應該昨日所造一切善惡業種，所熏習的一切善不善法種、一切有漏有爲法種、一切無漏有爲法種，全都失去無餘。譬如離念靈知心，祂若是持種者，當祂夜晚眠熟而告斷滅之後，祂所執持的一切法種，都將因爲祂的斷滅不在而告喪失無餘，或者被遺失而由尚在清醒位中的他人意識心所執持。然而現見祂斷滅之後，第二天重新出生之時，昨天熏習及造作的業種並未被他人所持有；原來所認識的家人也仍然認識，沒有因爲眠熟斷滅之後而失去原有的記憶種子，顯然一切法種都仍然存在而沒有滅失或遺失。既然離念靈知心是夜夜都會眠熟而中斷的，而祂熏習造作的一切種子又都仍可在祂明天出生時繼續保有，可見必定另有一心執持所熏諸法的法種及所造的善惡業種；那個能執持一切種子的心，當然必定是常住性、永住性而永遠不曾刹那間斷過的心。只有從來不曾間斷過的無間等心，才會是永遠不曾出生的心；永遠不曾出生的心，才會是以後永遠不會暫斷、斷滅的心。也只有這種心，才可能出生萬法而讓人觀察到萬法的緣起。如此觀察緣起法的人，才是能如實看見眞實法性的人。

當您有智慧能看見萬法必定是從一個從來無生，而以後永遠不會斷滅的眞心中生起的時候，您才是眞正看見緣起法的人。若不知這個道理，根本就不可能看得見緣起法的眞義，他就是沒有看見眞實法性的人。二乘人只能看見緣因而不能看見萬法之根本因，所以從大乘法的實相般若來說，他們只能方便說是懂得緣起法的人；因此，當阿難尊者尚在小乘法中（尚在阿含期）時，有一天思惟過十二因緣觀以後，心中覺得自己已經完全瞭解緣起法了，就去向 世尊說：我覺得緣起法是容易懂的，不像 世尊您說的難知、極難知的法。 世尊就當場責備他，說緣起法甚深、極甚深，不是他所能理解的。眞知緣起法的人，都必須親證萬法緣起的正因——入胎識，才是眞正親見緣起法性的人。要能現觀萬法如何從入胎識中直接、間接、輾轉出生，這是只有菩薩才能現觀的，不是二乘聖人所能現觀的，所以二乘聖人不懂般若、也不懂唯識增上慧學。

由此緣故，二乘聽聞了大乘法義的經典以後，若結集經典時，一定會結集成二乘解脫道的經典；雖然他們已實證解脫的功德了，但仍只能方便說是已經見法的人，因爲諸法是從何處生起的？他們仍未實證而只是信受 佛說由本識中出生的聖教。菩薩實見一切法的緣起：一切法都是從入胎識中直接、間接、輾轉出生的。所以菩薩才是眞實親見緣起的人，若無常住的眞實法永住不易其性，就不可能會有種種法藉緣而起；現觀此一事實時，就可以說他是眞實親證法性的人；所以 世尊才會說：「**若見緣起，便見法；若見法，便見緣起。**」

第三目：識陰不能去到後世

實證涅槃，是當代一切學佛人高懸爲未來無量世的目標，也常常是某些未斷我見的大法師、大居士們自稱已證的境界。但是涅槃的證得，是以什麼作爲它的境界相呢？這卻是學佛人及當代自謂已證有餘涅槃、自謂已得阿羅漢道的大法師、大居士們所應該知道的，否則恐皆難免大妄語罪。所謂有餘依涅槃：五陰之執著已滅盡者，方能證得有餘依涅槃；若有一陰之常見未斷盡者，皆是未見道之凡夫，尚且不是斷我見的初果人，何況是阿羅漢果？（有餘及無餘涅槃，經中有另一種不同的解釋，容後另論）若有一陰未滅盡者，即不得進入無餘依涅槃中。這說法當然是有根據的，留待後面第九章中講到涅槃時再舉證與說明，此時且先來探究五陰的內容，因爲五陰的內容，正是想要斷我見而入聲聞見道位的人必須先瞭解的；然後再舉證 世尊開示「五盛陰不能去到後世」的聖教，才能實斷我見而取證初果解脫功德；所以必須先了知五陰的內容，並且信受 世尊所說**五陰是生滅法**的開示，先斷了我見及三縛結以後，才有可能漸次修滅我執而取證無餘涅槃。三果及四果的取證，留待第七章慧解脫中再作說明。

滅五陰者名爲無餘涅槃，先知此理以後，才能具備正知見而斷我見。欲得無餘涅槃者，另有一法：當滅想陰，莫墮於想陰中。若能滅除想陰之執著，即能滅除識陰六識而得解脫，經中有云：

【我聞如是 一時，佛遊舍衛國，在勝林給孤獨園。爾時世尊告諸比丘：「優陀羅羅摩子，彼在眾中，數如是說：『於此生中，觀此、覺此，不知癰本，然後具知癰本。』優陀羅羅摩子，無一切知，自稱一切知；實無所覺，自稱有覺。優陀羅羅摩子如是見、如是說：『有者，是病、是癰、是刺；設無想者，是愚癡也！若有所覺，是止息、是最妙，謂乃至非有想非無想處。』彼自樂身，自受於身；自著身已，修習乃至非有想非無想處，身壞命終，生非有想非無想天中。彼壽盡已，復來此間，生於狸中。」

「此比丘正說者：『於此生中，觀此、覺此，不知癰本，然後具知癰本。』云何比丘正觀耶？比丘者：知六更觸、知習、知滅、知味、知患、知出要，以慧知如眞，是謂比丘正觀也。云何比丘覺？比丘者：知三覺（三受）、知習、知滅、知味、知患、知出要，以慧知如眞，是謂比丘覺。云何比丘不知癰本，然後具知癰本？比丘者：知有愛滅，拔其根本，至竟不復生，是謂『比丘不知癰本，然後具知癰本』。癰者，謂此身也；色麤四大，從父母生；飲食長養，衣被、按摩、澡浴、強忍，是無常法、壞法、散法，是謂癰也。癰本者謂三愛也：欲愛、色愛、無色愛，是謂癰本。癰一切漏者，謂六更觸處也：眼漏視色、耳漏聞聲、鼻漏嗅香、舌漏嘗味、身漏覺觸、意漏知諸法，是謂癰一切漏。比丘！我已爲汝說癰、說癰本；如尊師所爲弟子起大慈哀、憐念愍傷，求義及饒益、求安隱快樂者，我今已作。汝等亦當復自作：至無事處山林樹下、空安靜處，燕坐思惟，勿得放逸；勤加精進，莫令後悔。此是我之教敕，是我訓誨。」佛說如是，彼諸比丘聞佛所說，歡喜奉行。】（《中阿含經》卷二十八《優陀羅經》）

語譯如下：【我聞如是　一時，佛遊舍衛國，在勝林給孤獨園。爾時世尊告訴諸比丘：「優陀羅羅摩子，他在大眾中有很多次這樣子說：『於這一生中，若能觀察這個法、覺知這個法，他本來不知道生死癰瘡的根本，這樣觀察然後就具足了知生死癰瘡的根本了。』優陀羅羅摩子，其實沒有了知一切法的智慧，卻自稱已經了知一切法了；他其實對解脫無所覺悟，卻自稱有所覺悟。優陀羅羅摩子這樣的見解、這樣子說：『三界有，就是生死病、是生死的癰瘡、也是解脫者心中的尖刺。假使把了知也滅除，沒有了了知的話（編案：佛在阿含中說「想亦是知」），那個人是愚癡人啊！如果一心不亂而仍然有所覺知，那就是止息煩惱，是最妙之法，這就是說初禪境界乃至非有想非無想處的禪定境界。』優陀羅羅摩子自己愛樂於色身及三想身（了知苦樂捨受的了知心），又自己受持色身及三想身；這樣子自己執著於此等身之後，修習禪定的初禪乃至到達非有想非無想處的禪定，身壞命終以後就往生到非有想非無想天中。將來在非非想天的壽命終盡以後，還會再生來這個人間，那時將出生爲貓狸旁生。」

「我們佛法中比丘正說的道理則是：『於這一生中，觀察這個法、覺悟這個法，原來不知生死癰瘡的根本，觀察以後漸漸具足了知生死癰瘡的根本了。』

如何是我們佛門中比丘們的正觀呢？比丘的正觀就是說：了知六塵是如何被接觸與領受，了知六塵熏習的種子是如何積集的，了知六塵熏習種子滅除的道理，了知六塵中的種種韻味，了知六塵熏習的領受會產生什麼過失而會引發生死中的災患，了知出離六塵熏習、遠離六塵的種種法要，以這些觀察所得的智慧而很眞實的了知，這就是我說的比丘們的正觀啊！如何是比丘們的覺？比丘們所覺的是：了知三覺的內容（三受：苦受覺、樂受覺、捨受覺），了知三受知覺的熏習種子積集的道理，了知三受知覺應該如何滅除的道理，了知三種受覺的韻味，了知眾生對三種受覺的韻味生貪而引生的過患，了知對三種受覺生起貪著的出離法要，以這種觀察智慧而眞實的了知，這就是我說的比丘們的正覺。」

「如何是比丘們原來不知道生死癰瘡的根本，觀察之後就具足了知生死癰瘡的根本？比丘們的證境是這樣的：了知自己對色身、對六識身相應的苦受覺、樂受覺、不苦不樂受覺的貪愛，已經滅除了；已經把對於自身及三受的貪著根本拔除了，確定以後絕對不會再度出生三受覺的貪愛，不會再出生對色身、六識身的貪愛了，這就是我說的『比丘不知生死癰瘡的根本，觀察之後具足了知生死癰瘡的根本』。」

「我所說的癰瘡，是說這個色身；物質之法合成的四大之身，是從父母的助緣而出生的；由飲食來生長養護，也需要有衣被、按摩、澡浴，常常須要強忍種種不可愛的境界觸；這色身是無常法、必壞法，是將來會壞散的體性，這就是我說的生死癰瘡。然而生死癰瘡的根本其實是三種貪愛：對欲界的貪愛、對色界的貪愛、對無色界境界的貪愛，這就是我說的生死癰瘡的根本。我說癰瘡就是一切有漏的意思，是說六種覺受的處所：眼漏就是喜歡看見色塵、耳漏就是喜歡聽聞到聲音、鼻漏是喜歡嗅到香味、舌漏是喜歡品嚐食物的味道、身漏是喜歡身體的種種覺觸、意漏是喜歡保持在不斷了知六塵的了了靈知境界中，這就是我說的生死癰瘡中的一切有漏法。比丘們！我已經爲你說明生死的癰瘡，也解說了生死癰瘡的根本了；如同世間尊師所爲弟子們生起大慈哀、憐念愍傷，尋求法義及饒益，以及尋求安隱快樂的事情，我釋迦牟尼如今已經爲你們作了。你們也應當接著自己去作這件事情：走到沒有事情喧擾的地方，譬如山林中、大樹下、空無別人的安靜處所，自己靜坐而深入的思惟我剛才解說的法義，不可以放逸；要勤快的精進觀行，不可因爲放逸而在未來後悔今天沒有好好的觀行。這就是我給你們的教導與敕令，也是我給你們的訓示與教誨。」

佛所說的法就是這樣子，那些比丘們聽聞佛所說的法義以後，歡喜的奉行。】

由這一段 佛陀對解脫道的開示意思，很清楚的說明了一件事實：假使落入色身實有的邪見中，就是不能遠離生死癰瘡的人；若是落入識陰的六識心中，或是落入了了靈知之中，就是不能遠離生死癰瘡根本的人，因爲他們仍然執著識陰六識的離念靈知心；若是落入識陰六識的自性中，不願遠離對於六塵中的苦、樂、捨受的覺知，這就是落入妄覺中，成爲外道的自性見者，不能遠離生死癰瘡；這些人的修行知見與方法，都是與解脫道的修行正見相違背的。由此證明，平實十餘年來的主張是正確的；處於六塵中的了了靈知，正是識陰六識心；若如以前的上平居士、徐恆志居士，主張六塵中的能見之性、能聞之性、能嗅之性，乃至能覺、能知之性，執爲常住不壞法，其實都是識陰六識的自性，正是落入自性見外道的三種覺中：不離苦、樂、捨等三種覺知。

佛陀在這一段經文中說：色陰及識陰是生死癰瘡，識陰六識在苦、樂、捨受中的所有了知性，則是生死癰瘡的根本，屬於三界愛。若人想要遠離生死癰瘡，應該斷除對於識陰六識的愛著；若人想要斷除生死癰瘡的根本，應該要斷除對於苦、樂、捨覺的執著而遠離三界愛，而離念靈知正是三界一切想陰中的想：**想亦是知**故。而且意識不能去到來世，是生滅法，荼帝比丘正因爲主張意識心可以往生去未來世，認定爲常住心，所以被比丘們訶責；他不信受，所以又被 佛陀喚去質問及訶責；這在第一輯 319 到 323 頁經文中已經詳細解說過了，這裡不再重述。平實期望第一輯所舉證的經文，以及本輯這一段經文的舉證與解說，能讓禪門中所有落入自性見中的離念靈知執著者，斷除對於離念靈知或離念靈知性的執著，斷除我見與生死癰瘡的根本，那麼他就有可能是證悟二乘菩提的初果人了。可是，依據這個道理而實證初果，前提是必須如實的、而且如理作意的觀察與思惟，並不是讀過這一段開示就算證得初果了！

證悟而生起見地，其實有三乘菩提的差別不同，這是自古以來就常有大師不能理解而產生誤會的事情。古今一直都有這種自以爲悟的大師，模仿眞悟者說話，一字不易的轉述悟者所說，用來籠罩諸方學人；但是他們心中的意思卻與眞悟者的證境相反，卻大膽的比擬眞悟者的證量，**自以爲悟**以後反而空腹高心的看不起眞悟者的智慧證量。這一段佛語開示，顯示古時的天竺就已經有這種自性見外道存在了，更何況是末法時期的現在佛門中？所以**未悟**、**錯悟者漫天蓋地**而同說是已悟者，也常常模仿眞悟者的說話，籠罩當代學人，必然是現代末法佛門中的正常現象。所以，眞悟者極爲稀有的情況，不只在正法、像法的時代，當然更是末法時世的現代佛門中的正常現象。

這一段經文爲我們證明：古時已經是如此了。所以，當代包括顯教、密教的所有大師們，個個都自以爲悟，卻異口同聲的反說**只有平實一人是邪魔外道、是錯悟者**。學佛大眾若有常識性的智慧，對於當代佛門這種**百萬將軍一個兵**的現象背景，應該是有能力理解的；也就是說，錯悟的百萬大法師都說平實一個人是邪魔的現象，其實正是末法時期現代佛門必然會出現的正常現象。具有正法時代根器的大師，應該都會認爲：**百萬士兵一將軍**的現象才是末法時期應有的現象，都不會認爲：**末法時期會有多數的大法師都悟了，而只有一個蕭平實悟錯了、成爲邪魔外道**。因爲：不論是正法時代或像法、末法時代，眞悟者永遠都是少數人，永遠是值得保護的「稀有動物」，永遠不會是多數人；當極多的大法師與居士、法王所悟都同，那一定是合於世俗看法的，一定不符世尊所說「俗之所貴，道之所賤」的正理。所以，只有末法大法師們才會有**多數人是眞悟者而只有蕭平實是錯悟者的看法**；若平實在末法時代妄想獲得大法師們認同，可就是愚痴人了，是故 佛說：「**說正法者，少於援助。**」誠哉斯言！

大法師們不能斷除我見的原因，主要有二：第一是不曾親近眞正的善知識，所以不聞正確的佛法而不善於思惟，自然就不能如 佛所說**趣『法、次法』**。第二是自身沒有正確的智慧來讀誦四阿含佛經，所以不能了知五陰的虛妄性，必然會將識陰中的一識，或將識陰的識性誤認爲常住法，當然就斷不了我見，更別說是斷除我執了！在這種少智寡慧的情況下，連阿含解脫道的證悟都不可得，何況是阿羅漢所不能知、不能證的親證如來藏而獲得的大乘眞見道智慧？所以對初果所觀的五陰、對凡夫五盛陰的深入瞭解，是一切學佛人當前首要之務。若能確實斷除我見，不是誤會後的自以爲已斷我見，才有可能在未來親證如來藏，不會誤認識陰的變相爲如來藏，才能獲得大乘眞見道的智慧。我見不斷的人，永遠都是極難親證如來藏的；若有因緣被善知識加庇而在斷我見以前親證如來藏，久後仍會因爲我見尚未確實斷除而回歸識陰中的意識心，再度誤認及返執意識爲不生不滅法，再次生起我見而自以爲已斷我見、道業增上。

由此緣故，一切學佛者，不論是南傳佛法或北傳佛法的二乘阿含解脫道修行者，或是北傳的大乘佛法修行者，都必須先確實理解五陰的內容，並瞭解五陰——特別是意識——不能去到後世，確實是生滅法，我見才有可能確實斷除；這是解脱道的修行人從善知識聞熏正確的解脱道法理以後，必須自己觀行的部分；也是正覺同修會從早期的禪淨班中，一開始就傳授阿含道的五蘊內容課程，一直到現在都仍如此的原因。這裡再舉阿含部經典中 世尊的開示，來證明五陰不能貫通三世、不能去到後世的聖教，促使解脱道的學人再次建立正確聞熏正法的功德，更容易斷除我見：

《雜阿含經》卷十三第 335 經：【爾時世尊告諸比丘：「我今當爲汝等說法，初、中、後善，善義善味純一滿淨，梵行清白。所謂第一義空經。諦聽！善思！當爲汝說。云何爲第一義空經？諸比丘！眼生時，無有來處，滅時無有去處；如是，眼不實而生，生已盡滅，有業報而無作者；此陰滅已，**異陰相續**；除俗數法。耳、鼻、舌、身、意亦如是說，除俗數法。俗數法者，謂此有故彼有，此起故彼起：如無明緣行，行緣識，廣說乃至純大苦聚集起。又復此無故彼無，此滅故彼滅；無明滅故行滅，行滅故識滅；如是廣說乃至純大苦聚滅。比丘！是名第一義空法經。」】

語譯如下：【「我如今應當爲你們說法，所說的法義是初說、中說、後說都很勝妙的，有良善的法義，有良善的法味，是解脱道中純一而無夾雜不淨法的圓滿法義，所說的清淨梵行也是清白無染的，這就是我即將要宣說的《第一義空經》。仔細的聽好！還要善於憶持及思惟！今將爲你們宣說。如何是《第一義空經》呢？諸比丘們！眼根、眼識出生時，沒有一個可以指得出來的出生的處所，消滅時也沒有一個可以指得出來的去處；就像是這個道理，眼根、眼識不眞實而出生了，出生以後也會窮盡而消滅的，所以世間雖然有種種苦樂果報的業報，但是前世造作種種業而使得我們這一世受苦樂報的眼根、眼識其實並不是眞實常住的作業者；都是**這一世造業者五陰壞滅了以後，來世卻有另一個不同的五陰相續而生**，這樣善於觀察以後，就可除掉原來對於世俗法中可以計數的五種流轉的五陰法的貪著了。眼根、眼識如此，同理，耳、鼻、舌、身、意等五根、五識也都是同樣的說法；這樣子如實的觀行以後，就可以除掉對世俗五種可以計數的五陰諸法的貪著了。這個世俗中可以數目計算的法，就是我在因緣法中說的『此有故彼有，此起故彼起』，譬如無明緣行，行緣識，廣說乃至純大苦聚的集起，這五陰中共有十二個流轉中的世俗法。而且，俗數法也是在說五陰之中的『此無故彼無，此滅故彼滅』的還滅法等十二因緣法；說的就是『五陰常住不壞的無明』消滅的緣故，身口意的行支就消滅了；行支消滅

了的緣故，後世的六識就跟著消滅了；就像是這樣子而廣說乃至老病死等大苦聚都消滅了。比丘們！這就是第一義空法的經典。」】

二乘聖人所聽聞而結集出來的《第一義空經》的內容，就是如此：只有世俗法中的可以計數的五陰、十二因緣法，而無第一義空的眞諦。因爲他們聽聞大乘經典時，不懂 佛陀是依涅槃實際而說五陰空、十二因緣法空，所以就將原屬大乘法的《第一義空經》結集成爲這個模樣，成爲二乘法中方便說的《第一義空經》，與原來大乘法所說實相的第一義諦空不同。這只能說是解脫道中所說的第一義空：一切世俗法都是緣起性空，是世俗法中的第一義，說的是蘊處界諸法緣起性空。這顯然是：只能現觀五陰中的一切俗數法，知道蘊處界等俗數法全都虛妄，就能斷我見，但並不曾涉及實相第一義諦。

第四目：五陰與五盛陰之差別——身見相應、有漏相應。

【我聞如是　一時佛遊舍衛國，在勝林給孤獨園。爾時，毗舍佉優婆夷往詣法樂比丘尼所，稽首禮足，卻坐一面，白法樂比丘尼曰：「賢聖！欲有所問，聽我問耶？」法樂比丘尼答曰：「毗舍佉！欲問便問，我聞已當思。」毗舍佉優婆夷便問曰：「賢聖！自身，說『自身』，云何為自身耶？」法樂比丘尼答曰：「世尊說『五盛陰自身』：色盛陰，覺、想、行、識盛陰，是謂世尊說五盛陰。」毗舍佉優婆夷聞已，歎曰：「善哉！善哉！賢聖！」毗舍佉優婆夷歎已，歡喜奉行。復問曰：「賢聖！云何為自身見耶？」法樂比丘尼答曰：「不多聞愚癡凡夫，不見善知識、不知聖法、不御聖法；彼見色是神，見神有色；見神中有色，見色中有神也！見覺、想、行、識是神，見神有識；見神中有識，見識中有神也！是謂自身見也。」毗舍佉優婆夷聞已，歎曰：「善哉！善哉！賢聖！」毗舍佉優婆夷歎已，歡喜奉行。復問曰：「賢聖！云何無身見耶？」法樂比丘尼答曰：「多聞聖弟子見善知識、知聖法、善御聖法；彼不見色是神，不見神有色；不見神中有色，不見色中有神也！不見覺、想、行、識是神，不見神有識；不見神中有識，不見識中有神也！是謂無身見也！」毗舍佉優婆夷聞已，歎曰：「善哉！善哉！賢聖！」毘舍佉優婆夷歎已，歡喜奉行。復問曰：「賢聖！云何滅自身耶？」法樂比丘尼答曰：「色盛陰，斷無餘；捨、吐、盡、不染、滅、息、沒也；覺、想、行、識盛陰，斷無餘；捨、吐、盡、不染、滅、息、沒也。是謂自身滅。」毗舍佉優婆夷聞已，歎曰：「善哉！善哉！賢聖！」毗舍佉優婆夷歎已，歡喜奉行。復問曰：「賢聖！陰，說陰盛。陰，說盛陰；陰即是盛陰、盛陰即是陰耶？爲陰異、盛陰異耶？」法樂比丘尼答曰：「或陰即是盛陰，或陰非盛陰。云何『陰即是盛陰』？若色，有漏有受；覺、想、行、識，有漏有受，是謂『陰即是盛陰』。云何『陰非盛陰』？色，無漏無受；覺、想、行、識，無漏無受，是謂『陰非盛陰』。」毗舍佉優婆夷聞已，歎曰：「善哉！善哉！賢聖！」毗舍佉優婆夷歎已，歡喜奉行。】（《中阿含經》卷五十八）

語譯如下：【我聞如是 一時佛遊舍衛國，在勝林給孤獨園。爾時，毘舍佉優婆夷前往面詣法樂比丘尼，稽首禮足以後稍微退後而坐在另一方，稟白法樂比丘尼說：「賢聖！我有些法義想要請問，您可以聽從我提出來問嗎？」法樂比丘尼答覆說：「毘舍佉！你若想要問，就直接問吧！我聽聞你的問題以後，自然會思惟一番。」毗舍佉優婆夷便問說：「賢聖！自身，佛法中說的『自身』，如何是自身呢？」法樂比丘尼答覆說：「世尊說『五盛陰自身』，說的是色盛陰，受、想、行、識盛陰，這就是說世尊所講的五盛陰。」毗舍佉優婆夷聽了以後，讚歎說：「講得好！講得好！賢聖！」毗舍佉優婆夷讚歎以後，心中歡喜的奉行法樂比丘尼的開示。然後又請問說：「賢聖！如何是自己的身見呢？」法樂比丘尼答覆說：「不曾多聞佛法的愚癡凡夫，不曾遇見善知識、也不知賢聖修學親證的佛法，所以不能遵照聖法而行；他認爲色身就是精神體，認爲是精神體中有色身；他認定常住的精神體中確實有色身，看見色身就是常住的精神體！他也看見受、想、行、識中有精神體，看見精神體中有受、想、行乃至識陰；所以認定精神體中有識陰，認定識陰中有精神體啊！（他是色陰與受想行識四陰分不清楚的）這就是說愚痴無聞凡夫的自我身見也。」毗舍佉優婆夷聽了就讚歎說：「講得好！講得好！賢聖！」毗舍佉優婆夷讚歎了以後，心中歡喜的奉行這個開示。

又請問說：「賢聖！如何是已經斷除了自我的身見呢？」法樂比丘尼答覆說：「多聞的聖弟子，見過善知識而聽聞正法，知道了賢聖修習的種種法，也善於安住在聖法境界中；這種多聞的聖弟子，他不會看見色身是精神體，也不會說他看見了精神體中有色身；不認定精神體中有色身，不認定色身中有精神體啊！他不認爲受、想、行、識是精神體，不認定精神體擁有受、想、行、識；他不認爲精神體中有識陰，不認爲識陰中有精神體也！（已經分清楚五陰的內容而知道都是虛妄的）這就是說已經沒有身見了！」毗舍佉優婆夷聞已，歎曰：

「講得好！講得好！賢聖！」毘舍佉優婆夷讚歎了以後，心中歡喜的奉行。

又再請問說：「賢聖！如何滅掉自己呢？」法樂比丘尼答覆說：「色陰的興盛生起及運行，已經斷盡無餘；對於色陰自己的執著，已經捨棄了、吐出了、沒有絲毫留存、已經沒有貪染、滅除了貪染、煩惱已經停息而滅沒不見了；對色身如此，對於受、想、行、識等四陰的堅固執著，同樣的斷除無餘；捨棄對自我的執著、我執已經吐出去、絲毫都沒有保留、不再貪染自己、我執煩惱消滅了、永遠停息而不再出生了，這就是所說的自身已經滅除了。」毗舍佉優婆夷聽聞了以後，讚歎說：「講得好！講得好！賢聖！」毗舍佉優婆夷讚歎了以後，心中歡喜的奉行。

復再度請問說：「賢聖！陰，所說的『陰盛。』陰被說為『盛陰』，那麼，陰就是盛陰？盛陰即是陰嗎？是不是說陰與盛陰有所不同呢？」法樂比丘尼答覆說：「有時陰就是盛陰，有時則陰不是盛陰。如何說『陰就是盛陰』呢？假使色陰，是有漏而且有覺受的，那就是色盛陰；假使受、想、行、識，是有漏也有覺受的貪著，這就是說：『陰就是盛陰』。如何說『陰不是盛陰』呢？色陰若是無漏也無覺受貪著的，而受、想、行、識四陰也是無漏也無覺受貪著的，這就是說『五陰並不是盛陰』。」毗舍佉優婆夷聽聞了以後，讚歎說：「講得好！講得好！賢聖！」毗舍佉優婆夷讚歎了以後，心中歡喜而奉行教誨。】

由如是經文中，可以得知五陰與五盛陰的差別所在：若是經由確實觀行而把我見與我執都斷除了以後，那麼他的五陰雖然繼續存在，卻只能稱為**五陰**，已不再被稱為**五盛陰**了，因為他的五陰已經不是熾盛而不能滅的了：我見、我執已經滅除了。如果有人還沒有斷我見，他縱使自稱已經解脫、已證羅漢，其實仍然是**五盛陰**所攝，不是聖人的**五陰**，因為他仍然妄認識陰中的某一法為常住不壞心而不能棄捨，或將識陰的幾個法合為一法，誤認是常住不壞法而不能棄捨；由於我見煩惱還沒有斷除的緣故，所以他的**五陰**就稱為**五盛陰**。或者有人認為色身常住、色身中確實有常住性的精神體，而那個常住的精神體是對自己有愛樂而且是能知覺的，那就是**識盛陰**；因為他對**識陰**的觀察不正確，錯誤的認定**識陰**中的一法為常住法，或者誤將識陰中的多法合為一個常住法，都仍然是落在識陰中而貪著識陰，所以**識陰**熾盛不斷，就稱為**識盛陰**。

這一段經文中很明顯的表示五陰熾盛的狀況：對五陰的內容認識不清，落在五陰中，誤將五陰中的色陰或受想行識四陰認定為常住不壞法，所以他認知的常住的精神體正是識陰所攝的法，譬如禪門中錯悟者認定離念靈知心爲常住心，所以對離念靈知執著而不肯承認自己是虛妄的存在，這就是**有漏**，正是法樂阿羅漢所說的「覺、想、行、識，有漏有受，是謂『陰即是盛陰』。」因爲離念靈知心是有漏法，不是能出離三界的法；而且離念靈知心是**有覺受**的，與覺受相應，一直都是不離了了靈知的，除非眠熟而暫時斷滅，所以是**識盛陰**。或如外道證得第四禪以後，聽說識盛陰的內容，但因爲不曾了知另有意根與如來藏常存，恐怕滅了識陰以後成爲斷滅，所以繼續保留著色身而不肯滅除色身，就在第四禪中進入無想定；死後生到無想天而留著無想天身，以涅槃想而滅除識陰，成爲在無想天中繼續活著而沒有生命意義的無想天人。這些都是不離盛陰的凡夫：或者成爲色盛陰、或者成爲識盛陰。

若是執著六識的自性，譬如認定能見、能聞乃至能覺、能知之性爲常住法，錯會了大乘法中佛性的眞義，都只是誤認六識的心所法爲佛性，這些人都是凡夫隨順佛性，都是落入想陰與行陰的凡夫，仍然不離覺受；而想陰、行陰、受陰的存在，都是因爲先有意根、五色根與六識的存在，這六識心所法的三陰才會存在，所以六識的能見乃至能覺能知的自性，仍然不離五陰。誤認三陰爲常住的不生滅法，並且在善知識寫書出來或當面解說之後，他仍然堅定的認爲不是五陰所攝的法，堅持是大乘法中的佛性，他這樣其實是具足色陰以外的四陰執著的；那麼他在捨報之後，一定會強烈的想要繼續保有六識的自性，不肯滅除自己，只好繼續投胎或往生天界，繼續生死下去；這就是禪門中的自性見凡夫，是**四陰熾盛**者，他的受、想、行、識四陰就被聖者稱爲**四盛陰**。

五陰會被名爲**五陰**或被名爲**五盛陰**，都是依**我見**的斷與未斷、依我見的**多分斷**與**少分斷**而定。若是**色陰我見**斷，只剩下其餘四陰的我見未斷，他就是擁有**色陰**及**四盛陰**的人，不是具足**五盛陰**的人，這就是中國兩岸禪門中流行了十餘年的離念靈知的信受者。若是斷了色陰我見、識陰我見，但是對受、想、行陰的我見仍然未斷，他就是仍擁有**色陰**、**識陰**及三**盛陰**的人；這就是原來堅持**離念靈知心常住**的說法，後來再改爲**六識自性即是常住佛性**的上平居士、徐恆志的落處。假使對五陰都了知其虛妄性了，已經確認無疑了，但是遲遲不肯認定自己現觀的事實，心中不肯轉依自己現觀的**五陰虛妄**的智慧，他就只是初果向人，還不是初果人。必須確實認定而且肯接受自己對五陰虛妄的如實現觀，心中確實依止於正確的現觀內容了，才是解脫道中的初果人，三縛結俱斷。

學佛人應當斷除對五陰自我的貪愛：【「心識爲行，行受名色；但因緣寄託，生母腹中。更相憂念；父母言我子，子言我父母，精神展轉皆不自識。宿命善者復生爲人，則富貴、長壽；其不善者則苦、短命，各由本業。天地人物，一仰四氣：一地、二水、三火、四風。人之身中強者爲地，和淖爲水，溫熱爲火，氣息爲風；生借用此，死則歸本。計其本末，各自爲他，凡人不覺。天地之間生者如夢，命祿至短，擾擾而死；譬如風吹海水，波浪相逐；生死亦然，往來無休。」】（長阿含部《佛開解梵志阿拔經》卷一）

語譯如下：【因爲心等六識造作種種心行，所以就會因爲心行不斷的熏習而不肯滅度，死後一定會入胎而受來世的受想行識與色身，具足了名與色；這都只是因與緣的寄託而導致再度入住於母腹之中。出生之後就互相攀緣而且互相憂愁掛念；父母總是口中一直掛念說「我的兒子」，兒子總是口中一直掛念說「我的父母」，其實精神體（本識與意根）都是往世展轉投生而來，兒子往世可能是父母，父母往世可能是兒女，但是他們都不能自己識知往世互相之間的關係。往世常常修善的人，此世就會再度出生爲人，也獲得富貴與長壽的果報；假使往世常作惡業的人，此世生後將會辛苦而且短命，這都是由各自所造的本業而有不同的。天地間的人與物，一概都要仰賴四種氣息：一地、二水、三火、四風。人的色身中堅硬強韌的就是地大，和夥而溼潤的就是水大，溫熱的成分就是火大，呼吸及動轉就是風大；出生了以後都只是借用此四大來存命，死後則又歸還四大的本來相貌。假使計算眾生死彼生此的本末，其實都只是各自在擔任種種不同的角色，可是凡人對此卻是不能覺知的。天地之間，活著的人猶如生活在夢中，生命與享用福報的時間都非常的短，就這樣子擾擾攘攘很快的過完一生就死了；這就好像風吹海水，就有後浪逐前波的不停相逐；眾生在生死流轉中也是這樣的，總是去了又來而沒有休止的時候。】

所以五陰都是虛妄性的，五陰都只是一世而已，不能去到未來世的。也不是父親永遠當父親，子女永遠都當子女，往往是互為父母子女的；而且往生到未來世時，已經又是另外一個人了，已不是這一世的同一個覺知心、同一個人了！這就是《優婆塞戒經》所說**異作異受**的道理，就是 390 頁經文中說的**異陰相續**。因為離念靈知心都是世世獨一的，都是依於各世不同的五色根為緣而出生的全新離念靈知心，以往無量世則是依於往世各自不同的五色根為緣而出生的離念靈知心，都不能使前世的離念靈知心——意識——來到這一世的；所以，這一世的離念靈知心不是上一世的離念靈知心，離念靈知心不能來往三世的。正因爲這個道理，所以沒有修得宿命通的人，無法知道自己往世是怎麼來到這一世的，都無法記得上一世作了什麼善惡業。假使離念靈知心是從往世轉移過來的，就會如同昨日眠熟時的意識覺知心，是以同一個五色根爲緣而出生的，當然醒來時就會記得昨天經歷的事情；但因爲這一世的離念靈知心是依這一世的五色根爲緣才出生的，不是以上一世五色根爲緣而生的離念靈知心轉生而來到這一世的，當然無法記得前世的事情。

即使是修得宿命通的人，他雖然知道了上一世的事情，但他的離念靈知心也不是從上一世入胎轉生而來的，仍然是依這一世的五色根爲緣而出生的，不同於依憑上一世五色根爲緣而出生的前世離念靈知意識心，所以仍然是異陰相續、異作異受，所以 佛在阿含中說：「**計其本末，各自爲他**（各自都是不同的人，往世也不一定是至親的人），**凡人不覺。**」都是世世在當另一個人，都不是世世本來同一個人；也不一定世世都作眷屬，父子、母女有可能前世正好是仇人。由此觀察與如理的思惟，就可以了知五陰的虛妄性了。了知五陰的虛妄性以後，我見斷了，不再誤認爲常住不滅法，不再執著五陰，五陰就不再熾盛了，就遠離了五盛陰。菩薩就這樣世世入胎而擁有五陰，但是五陰都不熾盛，所以菩薩乘願再來時，雖然仍未離開胎昧，但是斷我見的智慧種子仍在，只要修學佛法以後就仍然會自行斷除我見，所以菩薩再來時的五陰已經不是五盛陰，而只被稱爲五陰。

您讀到這裡，再自己思惟一番，六根、六塵、六識、五陰、五盛陰的內容已大概理解了！假使不再堅持以前錯誤熏習的解脫道知見，願意如理作意的加以實地觀行，然後再依止自己如理作意觀行而得到的**六根、六塵、六識、五陰、五盛陰全部虛妄**的現觀智慧，那麼您的我見就一定可以滅除了！這時再來檢查自己的三縛結是否已經確實斷除了？就會明白：**佛法是確實可以親證的**，斷結**不是只有古人才能做得到的；只要有正確的教導與如理作意的觀行，解脫果是一定可以實證的**。假使您已經證明**我們大家都同樣可以斷結而證初果**，就請您把這些正理轉相告知親朋好友與同修們，大家共同分證解脫，永世成爲道侶而使佛教越發增盛，不亦樂乎！

第五節 四識住、七識住

四識住者，謂五陰中之四陰（色受想行）乃是一切凡夫六識心所住之處，名爲四識住。四識住的意思是說，識陰所住的四種境界：色受想行四陰，是六識心王所住的四種境界相；若離這四種境界相，六識心就沒有安住的地方了！所以六識心必定要依這四種境界相爲所緣，在三界中才能有安住的方所。如尊者舍利弗言：【復次，四識住，是佛所說。謂**色**生、色緣、色住，喜行廣大增長，是識所住。**受**生、受緣、受住，喜行廣大增長，是識所住。**想**生、想緣、想住，喜行廣大增長，是識所住。**行**生、行緣、行住，喜行廣大增長，是識所住。如是等，名爲四識住。】（長阿含部《大集法門經》卷上）這段經文中爲我們說明：識蘊所住的境界共有四種：**色**生、色緣、色住，**受**生、受緣、受住，**想**生、想緣、想住，**行**生、行緣、行住。這四陰的境界，就是識所住的境界相。若沒有色受想行這四法，六識心就無法在人間存在及安住了。所以，人們的覺知心，不論是有念靈知或是離念靈知，既然都是識陰所攝的心，都必須有色陰及受想行陰，才能生起及存在，由此也可以證明識陰六識心的虛妄性。

四陰的**生**、**緣**、**住**，既然是六識心王在人間生起及存在的要件，當然應該加以檢視及理解。**色生**是說五色根及五塵的出生（五塵是指內六入的五塵，不是指外五塵。內六入中的**五塵**也是色法，歸屬於五蘊中的**色蘊**，是吾人自身內法，入涅槃時也必須全部滅除而不再生起），色法的五色根及五塵出生了以後，就會成爲六識心在人間的所緣之一；假使沒有這十個色法的出生，離念靈知意識心，就無法在人間生起及存在。**色緣**是說緣於色身五根及內六入五塵的境界，**色住**是說識陰等六識心王，緣於色身、五塵及法處所攝色的境界，在色法的生、緣、住上面攀緣，使得色身與色上五塵的法性，在心中越來越貪愛喜樂，住著於五色根及五塵法，使得六識心對我所的貪著越來越增廣、越長大，成爲識盛陰、色盛陰，這就是識蘊六識在人間所安住的第一種境界，名爲**第一**（種）**識住**。

受生是識蘊六識對於五色根與五塵等色法上的覺受的出生，心中有所喜樂，喜樂能有覺受繼續出生而存在；**受緣**是說六識喜愛攀緣這些覺受，**受住**是說識蘊六識一直住在因色法而生起的覺受中。因爲不斷熏習而對覺受的**生**、**緣**、**住**，都生起貪著而越來越增廣喜愛貪著種種境界中的受陰，就對色身五根與五塵所生的覺受有了越來越廣大強烈的貪愛，所以使得識蘊不肯自我滅除，使得意識繼續貪著喜樂受陰，這就是識蘊六識在人間或三界中所住著的第二種境界，名爲**第二（種）識住**。

佛說「想亦是知」，所以**想生**是說識蘊六識在色法的五色根與五塵的覺受上面生起了了知性，對這個了知性的存在產生了喜樂；**想緣**是說這六識心對於了知性不斷的攀緣，不樂意識陰自己的了知性滅除，緊緊的攀緣著；**想住**是說這六識心一直都住於對六塵境界的了知性中。因爲不斷熏習而對於六識心了知性的出生、攀緣、安住有所喜樂，並且藉著不斷的熏習，增廣對於了知性的喜樂與執著，使得識蘊、意識不能滅除，無法取證無餘涅槃，這就是識陰六識在人間所住的第三種境界，稱爲**第三（種）識住**。

行生是說，色法五根、五塵的覺受與了知性，能持續不斷的出生與存在，六識心對此有所喜樂，這就是識住於行生的境界中；**行緣**是說，六識心持續緣於色法的覺受及了知性的過程，對於覺受及了知性持續不斷進行的過程有所喜樂，不願使身行、口行、心行的過程停止，希望可以繼續不斷的攀緣三行的種種過程，這就是六識心樂於行陰、緣於行陰；**行住**是說，六識心對於身口意的覺受與了知性的過程，希望持續不斷的安住其中，就是行住。由於對行生、行緣、行住有喜樂，常常樂住於其中，不斷熏習的結果，就使得六識心對行生、行緣、行住，喜樂增長廣大，因此而流轉生死不絕，名為**第四**（種）**識住**。

所以，五蘊其實是以色蘊及識蘊為主要：色蘊依於識蘊才能有所作為，否則即無色蘊的表色、無表色等作為；而識蘊須依色蘊為緣才能出生及作為，所以識陰一定會執著色陰，住於色陰中，使色陰成為第一種識陰所住的境界。由識蘊又喜樂於受、想、行三個心所法，墮於三陰之中，成為後三種識所住的境界，致令凡夫眾生不能脫離生死，古今未斷我見的大法師與大居士們皆所不免。正因為多數人學佛時都很難遠離受想行三陰的境界，所以 佛陀特將識蘊所貪愛的受、想、行三蘊，併入色識二陰中而成為五蘊；這是由於受、想、行三法亦是因、緣蘊集之法故，受、想、行三法亦是陰蓋眾生出離生死之法故。而這三陰本是識陰與色陰和合運作時的所緣、所住境界中的心所法，這一類的我所太微細了，行者很難理解這三陰的虛妄性，往往錯認為眞實常住的心體；如是， 佛將受、想、行三法與色蘊、識蘊併列，和合共成五蘊；若有善知識能為人詳細解說，學人就比較容易斷除我見與三縛結。所以，**四識住**的意思是說，識蘊住於色蘊中，再與色蘊和合運作而住著於受、想、行三蘊中；因為色蘊五根、五塵也是識蘊的所緣，也是識蘊所樂的法，所以識蘊喜樂於色、受、想、行四蘊，緣於四蘊的出生與存在而常常住於四蘊中，不斷生起對其餘四蘊的執著，故名**四種識所住的境界相**，名爲**四識住**。假使能確實了知識陰自身的虛妄性，現觀其依緣而生起、依緣而住、依緣而運作的特性，也知道識陰六識不能離開這四種所住的境界相而獨存，當然一定可以斷除我見及三縛結。

亦如《長阿含經》卷八云：【「復有四法，謂四識住處：**色**識住，緣色、住色，與愛俱增長；**受**、**想**、**行**，識中亦如是住。」】意思是同樣的。又如前已舉證的長阿含部的《大集法門經》卷一說：【「復次四識住，是佛所說。謂**色**生、色緣、色住，喜行廣大增長，是**識所住**。**受**生、受緣、受住，喜行廣大增長，是識所住。**想**生、想緣、想住，喜行廣大增長，是識所住。**行**生、行緣、行住，喜行廣大增長，是識所住。如是等，名爲**四識住**。」】這經文講的都是識陰所住的四種境界相。對這四種識陰所依、所緣、所住的境界相無知，不知識陰六識心必須緣於這四種境界相才能在人間生起、攀緣、安住，正是修行人無法斷我見、無法離開生死流轉的原因之一。

接著說**七識住**，這是從另一方面來說識陰或說意識所緣、所住的境界相；

也就是說，前面的四種**識住**境界，是從五蘊的面向來說的，現在則是從眾生所居住的三界境界來區分，來說識陰所住的七種境界，名為**七識住**——識陰所住的七種境界。意在說明這些境界都是三界流轉中的境界，尚未能出三界生死苦。譬如《長阿含經》卷八：【「復有七法，謂**七識住**。或有眾生若干種身、若干種想，天及人是，是**初識住**。或有眾生若干種身而一想者，梵光音天最初生時是，是**二識住**。或有眾生一身若干種想，光音天是，是**三識住**。或有眾生一身一想，遍淨天是，是**四識住**。或有眾生**空處住**、**識處住**、**不用處住**。」】

又如《長阿含經》卷九：【「云何七覺法？謂**七識住處**。若有眾生若干種身、若干種想，天及人是，是**初識住**。復有眾生若干種身而一想者，梵光音天最初生時是，是**二識住**。復有眾生一身若干種想，光音天是，是**三識住**。復有眾生一身一想，遍淨天是，是**四識住**。或有眾生空處住，是**五識住**。或識處住，是**六識住**。或不用處住，是**七識住**。」】

再如《中阿含經》卷二十四：【「復次阿難！有**七識住**及**二處**。云何**七識住**？有色眾生若干身、若干想，謂人及欲天，是謂第一識住。復次阿難！有色眾生若干身、一想，謂梵天初生不夭壽，是謂第二識住。復次阿難！有色眾生一身、若干想，謂晃昱天，是謂第三識住。復次阿難！有色眾生一身、一想，謂遍淨天，是謂第四識住。復次阿難！有無色眾生度一切色想，滅有對想，不念若干想，無量空處，是空處成就遊；謂無量空處天，是謂第五識住。復次阿難！有無色眾生度一切無量空處、無量識處，是識處成就遊；謂無量識處天，是謂第六識住。復次阿難！有無色眾生度一切無量識處，無所有處，是無所有處成就遊；謂無所有處天，是謂第七識住。」】

七識住，意謂七種識陰所住的境界相（七識住及二處中的二處，暫時略而不舉，容待下一段經文說明之），也就是說：欲界天及人間眾生有種種身、種種了知，這就是識陰的第一種安住處；若離這種境界，欲界天及人間眾生的識陰就無法安住了！眾生的識陰第二種安住處就是初禪天，眾生識陰的第三種安住處是光音天，眾生識陰的第四種安住處是遍淨天，眾生識陰的第五種安住處是空無邊處天，眾生識陰的第六種安住處是識無邊處天，眾生識陰的第七種安住處是無所有處天，合稱爲七種識陰或意識所住的處所。非想非非想天境界，因爲識陰只剩下意識一心，又對意識自己的是否仍然存在，不會起心動念返觀，不了知自己是否仍然繼續存在，似無所住，故不說是意識的住處；因爲這時的意識覺知心已伏我見而未斷，但已沒有四識住、七識住的喜樂或執著存在了，已無貪喜增廣的問題存在了，故不是識住境界，所以不說是識陰所住的境界。

亦如《大生義經》卷一：【「復次，阿難當知：識所住處有其七種，非識住處有其二種。**七識住處**者，所謂若有『色有眾生』，種種身、種種想，是為第一識所住處。若有色有眾生，種種身一想，所謂初禪天，此為第二識所住處。若有色有眾生，一身種種想，所謂二禪天，是為第三識所住處。若有色有眾生，一身一想，所謂三禪天，是為第四識所住處。若無色無眾生，彼一切處離諸色想，都一虛空，所謂空無邊處天，是為第五識所住處。若無色無眾生，彼一切處離於空想，都惟一識，所謂識無邊處天，是為第六識所住處。若無色無眾生，彼一切處離識無邊，都無所有，所謂無所有處天，是為第七識所住處。阿難！**二種非識住處**者，所謂若有色有眾生，即無想天，是為第一非識住處。若有色無眾生，於彼一切離無所有處，非有想非無想，即非想非非想處天，是為第二非識住處。」】

這是因為無想定中已無識蘊存在，覺知心已經斷滅，意識不在了，已無所住，故名「非識住處」；而非想非非想天，則因意識已幾乎不運行了，也不返觀自己，不能覺知自己的存在了，這意識極細心此時雖然繼續存在，但已經是無所緣、無所住著的了，故亦名爲**非識住處**，這就是前段經文中說的二處。

宣說**七識住**的目的，是在幫助修行者證得解脫：**【復次七識住，是佛所說。謂種種身、種種想，即欲界人天，是識所住。種種身、一想，謂初禪天，是識所住。一身、種種想，謂二禪天，是識所住。一身、一想，謂三禪天，是識所住。空無邊處天，是識所住。識無邊處天，是識所住。無所有處天，是識所住。此名七識住，如是等法，佛悲愍心，廣爲眾生如理宣說，而令眾生如說修習、行諸梵行，利益安樂天人世間。】**（長阿含部《大集法門經》卷下、中阿含因品第四《大因經》）

爲何在宣示五蘊虛妄及人間的**四識住**以後，要另外再說**七識住**的境界相？其實都是因爲眾生的根性不同而施設的，屬於 佛陀在聲聞法中的爲人悉檀。有的人在觀行五蘊的虛妄以後，仍然不能斷除我執，仍然繼續執著三界中較高層次的有爲境界相，不離三界愛，不知癥本，所以 佛特地爲眾生宣說三界中**七種識蘊所住**的境界相，讓佛弟子們了知七種三界中的意識所住境界以後，了知意識所住的這些境界中仍然是三界中生死流轉的境界，才能斷盡我執而成爲慧解脫者，所以在說明五蘊的虛妄以後，針對某些智慧不夠深利的解脫道修行人，又特地說明七識住的意涵。

但是三界中的境界，並不是全都有識蘊六識安住的，有的境界中其實並沒有識蘊六識安住，是連意識都已滅除的，譬如無想天中；或是暫滅識蘊六識的，譬如無想定中滅除了覺知心；或如意識覺知心雖然仍存在，但已不能了知自己是否存在了，已離色等四陰的愛染，已離三界中七種境界相的愛染，譬如非非想定或非非想天中；所以又開示了二種非識住的境界，名爲二處。當然，證得無想定或住於無想天中，以及證得非想非非想定或住於非想非非想天中，都仍是二處所攝，仍屬三界中的生死流轉境界；想要使佛弟子知道這二處仍然不是已出三界生死的涅槃境界，所以對這二處也是不該有所執著，應該瞭解這二處的虛妄。瞭解了四識住、七識住及二處的道理以後，就不會落在這些識陰或意識所住的境界相中，誤以爲已證無餘涅槃而犯下大妄語業，導致死後墮落三途，這正是 佛的慈悲作略。至於滅除四識住、七識住之法，詳後第四章「四食」之說明，此處暫略。

第六節　外道神我、梵我

外道神我者，乃是『五蘊我』所攝的意識妄心，不是出生五蘊的如來藏識，故不可如印順妄說「**外道神我**就是如來藏」，他這樣子暗示性的說「**如來藏說**，富有外道神我色彩」，意欲使人認爲如來藏即是外道神我。我們且根據《別譯雜阿含經》卷十的開示，來看看外道神我與佛在四阿含中所說的本識如來藏是否相同？以免被印順法師誤導而從此遠離正法，成爲**心外求法**的外道。外道神我是什麼情況呢？阿含部經典中如此明確的記錄著：

【……。犢子又問：「汝頗復作如是說言：『一切世界非常非無常，非非常非非無常；唯我能解，餘人不了。』作是說耶？」佛告犢子：「我亦不作如是說言：『一切世界非常非無常，非非常非非無常；唯我能知，餘人不解。』」犢子復問：「『世界有邊，世界無邊，亦有邊亦無邊，非有邊非無邊，非非有邊、非非無邊，身即是命、命即是身，身異命異，**眾生神我**死此生彼爲有爲無、亦有亦無、非有非無、非非有非非無。』瞿曇！汝今作是說耶？」佛告犢子：「我不作是見，不作是論說言：『世界有邊無邊，乃至非非有非非無。』」犢子復言：

「瞿曇！汝今於斯法中，見何過患，不取一見？」佛告犢子：「我亦不言：『世界是常，唯此事實，餘皆愚闇。』彼見結障，彼見所行及所觀處，彼見塵埃垢穢不淨；見結與苦俱能爲害，能與憂惱，能令行人受鬱蒸熱，生諸憂患。若與見結相應，即是嬰愚，亦名無聞，亦名凡夫，能令生死迴流增長。」復告犢子：「『世間常無常、亦常無常、非常非無常，世界有邊及以無邊，亦有邊亦無邊，非有邊非無邊；**衆生神我**死此生彼，若有若無、亦有亦無、非有非無、非非有非非無。』若有人計斯見者，名爲嬰愚，亦名無聞，亦名凡夫，增長生死煩惱垢污，能令行人受鬱蒸熱，生諸憂患，無有安樂。以是義故，我於此見無所執著。」犢子又問：「汝若不計如是見者，汝今所計爲是何見？」佛告犢子：「如來世尊於久遠來，諸有見者悉皆除捨，都無諸見。雖有所見，心無取著，所謂見苦聖諦、見苦集諦、見苦滅諦、見至苦滅道諦。我悉明了知見是已，視一切法皆是貪愛諸煩惱結，是我、我所，名見取著，亦名憍慢；如斯之法，是可患厭，是故皆應當斷除之。既斷除已，獲得涅槃寂滅清淨。如是正解脫諸比丘等，若更受身於三有者，無有是處。」犢子言：「瞿曇！汝於今者見何因緣，說無生處？」佛告犢子：「我還問汝，隨汝意答。譬如有人於汝目前然大火聚，汝知是火然？不知？此火聚在汝前滅，汝知滅不？若復有人來問汝言：『此火滅已，爲至東方？南、西、北方？乃至下方亦復如是，斯諸方中，爲至何處？』若如是者，當云何答？」犢子言：「瞿曇！若人問我，當如實答：『若有草、木及牛、馬糞，此火與薪相得，便然不滅。草、木、牛糞若都盡者，此火則滅，不至方所。』」佛告犢子：「如是！如是！若言『色是如來，受、想、行、識是如來』者，無有是處。何以故？如來已斷如斯色故，受、想、行、識亦復如是，皆悉已斷。譬如有人斷多羅樹，斷已不生；如來亦爾，斷五陰已，不復受生；**寂滅、無想**（無知），**是無生法**。」】在《別譯雜阿含經》卷十一及餘經中，佛亦如是說，非唯一、二經而已。

恐有讀者讀之不解，或生誤會，今且**語譯**佛之意旨如下：【……。犢子又問：「你曾經這樣說：『一切世界非常非無常，非非常非非無常，只有我能瞭解，其餘的人都不能了知。』曾經這樣說過嗎？」佛告訴犢子：「我也不這樣子說：『一切世界非常非無常，非非常非非無常，只有我能知道，其餘人都不瞭解。』」犢子復問：「『世界有邊，世界無邊，亦有邊亦無邊，非有邊非無邊，非非有邊、非非無邊，**身體就是命根、命根就是身體，身體與命根互異，眾生神我**在這裡死了就出生到那裡，**眾生神我**是有是無、亦有亦無、非有非無、非非有非非無。』瞿曇！你如今是這樣說的嗎？」佛告訴犢子：「我不作這樣的見解，也不如此議論說：『世界有邊無邊，乃至非非有非非無。』」犢子又說道：「瞿曇！你如今在這個法中，是看到什麼過患，所以我所說的任何見解，你都不認定是眞實說？」佛告訴犢子：「我也不這樣說：『世界是常，只有這件事情是眞實的，其餘的都是愚痴闇冥。』那樣的看法都是結使與遮障，在那樣的看法下所作的一切行爲，以及所觀察到的地方，都證實那個看法是塵埃，也是污垢骯髒而不清淨的；邪見的結使會給與苦果，一切眾生都會被害；邪見結使也能給與憂愁煩惱，能使修行人嚐受鬱悶與蒸熱，出生種種的憂患。假使觀念是與邪見結使相應，那個人就是嬰兒、愚痴，也被稱爲無聞少見的人，又稱爲凡夫，邪見結使能使他的生死不斷迴還流轉及增長。」佛又告訴犢子：「『世間常無常、亦常無常、非常非無常，世界有邊及以無邊，亦有邊亦無邊，非有邊非無邊；**眾生神我**死此生彼，若有若無、亦有亦無、非有非無、非非有非非無。』如果有人錯誤的認知而執著這些邪見的話，我們就說他是嬰兒、愚痴，也稱爲無聞少見，又稱爲凡夫，會增長他的生死煩惱中種種的垢污，能使修行人受到鬱悶與蒸熱，出生種種的憂愁災患，沒有安樂。由於這個道理的緣故，我對於這種邪見，沒有絲毫的執取。」犢子又問：「你如果不錯誤的認取這種邪見的話，那麼你如今錯誤認取的見解究竟是什麼？」佛告訴犢子：「如來世尊於過去很久遠的時間以來，把種種落入**三界有**的邪見，全都已經除捨，已經都沒有種種邪見了。如來雖然另有所見，但是心中卻沒有絲毫的取著。我說的意思就是：看見了世間一切都苦的聖諦、看見了世間眾苦會聚集到有情身上的神聖眞諦、看見了世間一切苦如何消滅的眞諦、看見了到達苦滅的一切方法的眞諦。我全都清楚分明的了知這四種正見以後，觀察到一切法都是貪愛等種種煩惱的結使，一切法也都是在我與我所的範圍之中；認取一切法中的某一法爲眞實法的人，就稱爲邪見的取著，也稱爲憍慢的人；像這樣的三界中一切法，都是可以使人覺得災患與厭惡的，由此緣故都應當斷除一切法的貪愛、取著。既然已經斷除了，就獲得不生不滅的涅槃，以及涅槃中的寂滅與清淨。像這樣子眞正解脫的比丘等人，假使還會再受身於三有中的話，依正理而言，那是講不通的。」犢子說：「瞿曇！你於如今所說的話，是看見了什麼因緣，而說有這種無生的處所？」佛告訴犢子：「我回過頭來問你，你可以依照自己的意思隨意回答我。譬如有人在你眼前燃起一大堆火來，你知道那是大火燃起來了？或是不知道？這一大火堆在你眼前滅了，你知不知道滅了？如果有人來問你說：『這一堆火滅了以後，那原來的火是到東方去？還是到南、西、北方去？或者甚至是去到下方？都同樣的問你。在這些方位當中，火滅了以後究竟是去到何處？』如果有人這樣問你的話，應當如何答覆？」犢子說：「瞿曇！如果人這樣問我，應當如實的答覆：『如果有草木及牛馬糞，火與這些燃料互相支援，便會繼續燃燒而不會滅。草、木、牛糞如果都燒盡的話，這火聚就滅失了，不會到哪個方位處所去。』」佛告訴犢子：「如是！如是！如果說『色蘊就是如來，受、想、行、識就是如來』的話，這種說法沒有一點是正確的。是什麼緣故而這樣說呢？如來已經斷盡這種三界中的所有色陰貪著的緣故，對於受、想、行、識四陰的貪著，也是像這樣都已經斷盡了。譬如有人砍斷了多羅樹，樹頭斷了以後就不會再生長；如來也是一樣，斷滅了五陰的貪著以後，不會重新再受生了；斷滅了五陰而不再有覺知心及六塵，絕對寂靜，所以**都無了知性繼續存在**（無想：沒有五陰意識對六塵的了知。想亦是知故），這就是我說的無生之法。」

由此段經文 佛陀的開示中顯示：**外道神我**——外道所說常住不壞的眾生

神我——是會有生死的，是死了以後再到他處受生而新生五陰的生滅法；也是一直都保有想陰（了知性）的，不是絕對寂靜而滅除五陰的，外道的神我是有覺有知的（不是寂滅，因為還有**想陰**了知性繼續存在），都是屬於無常的五陰所攝，不能外於五陰的範疇。但是 佛在四阿含諸經中所說無餘涅槃中的本際、實際、如、如來、眞如、如來藏、我、本識、入胎識，不是識陰所攝的心，是寂靜而**無想**的，是沒有了知性的；這正是出生五陰的入胎識、如來藏，有時稱為**我**（不是印順說的「如來藏我」，因為他的「如來藏我」隱含「如來藏與五陰我同一體性、有知有覺」的意思），入胎識如來藏的絕對寂靜自性，大異於生滅不住的五陰我、眾生我。由於五陰無常所以無我，而如來藏雖然沒有五陰我的體性，但因為常住不壞，而且相對於五陰無常而無我的緣故，所以 佛在四阿含諸經中有時就方便稱之為「我、如來」，是無想（無知）的。觀察外道及世人所說的神我，則都不出於識陰範疇，都是有想（有覺知）的意識心，怎有可能會是出生五陰的入胎識如來藏？怎會是無餘涅槃中從無六塵了知性的如來藏？由此證實：印順主張如來藏即是**外道神我**的說法，是完全錯誤的說法，是誤會了四阿含，又誤會了大乘經教以後而說的**非佛法**——印順法。

印順總是說如來藏富有**外道神我**色彩，但是如來藏的自性與**外道神我**的自性，是完全不同的，是完全相反而敵對的兩個極端，怎會富有**外道神我**的色彩？譬如外道神我是有知有覺、會思量、會作主、會起貪、會起瞋、也會有時停止思量作主貪瞋……等功能的有間斷法，不是無間等法，不是心體與心所法常時分明現前而永遠不滅的；但是如來藏面對六塵諸法時，卻是從來不了知、不思量、不作主、不起貪、不起瞋、不曾剎那停止其心行運作，而且是心體時時刻刻都不曾暫斷，心行運作是從無始劫以來就不曾間斷過的常住法、無間等法。由此事實看來，如來藏與外道神我是完全相反的二個法，全無絲毫相同的地方，所以印順說「**如來藏富有外道神我色彩**」，是與事實完全顛倒的，是**信口開河**的說法。身爲佛門中的法師，怎可**信口開河**講出不負責任而且與事實完全相反的話？這還能算是眞正弘揚正法的人嗎？這樣破壞正法，以斷見、常見外道法，以無因論的戲論來取代正法的人，他所說的法義正好是全面反對 玄奘菩薩正法的人，他的徒眾們竟然還敢讚揚他是「玄奘以來第一人」，太荒唐了！

爲何說印順等人如此說法是荒唐事？因爲他們作出這樣的說法，目的無非是想要繼承 玄奘菩薩的豐功偉業與無比智慧，讓人覺得印順眞的是一代大師；這就像是他們剛開始時想要繼承太虛大師的傳承一樣，是同一種心態。但是太虛大師說**三界唯心、萬法唯識的眞常思想才是中國佛教的正統**，印順卻是全部加以推翻、否定的；全面推翻、否定了他師父的正法，卻還想要繼承他的法脈名聲；世間竟有這樣的人，不免令人覺得匪夷所思。同樣的作法，因為後來太虛大師的法脈榮耀已經不能滿足印順繼承者的大胃口了，所以又改為套取聖 玄奘菩薩的榮耀，妄稱印順是「玄奘以來第一人」，意思是說：印順是繼承玄奘菩薩佛學地位的人，除了 玄奘菩薩，誰也及不上印順。

然而印順全面否定 玄奘菩薩所弘揚的**以如來藏妙義爲中心**的唯識增上慧學，他將 玄奘菩薩弘揚的如來藏妙義說是外道神我的邪見謬思，今天他的門徒們卻還想要繼承 玄奘菩薩的法統，藉此沾光，而高推印順是「玄奘以來第一人」；這是只有**是非不分**、**法義不明**，只求世間名聞利養的人才做得出來的事；對正法、邪說已經分別清楚的人，是做不出這種事情來的，所以平實說他們很荒唐。

外道神我是有很多種說法的，印順對外道神我應加以一一區分說明，並將如來藏的體性依文解義、依經依論說明之後，才能說如來藏是哪一種外道神我，但他卻沒有這樣負責任的加以比對及解說，只是一味的誣衊如來藏即是外道神我。印順以自創的「佛法」指斥如來藏妙義，主要原因有二：一、他其實早已知道如來藏是第八識，但因爲沒有證如來藏，爲免別人說他是凡夫而出世妄說佛法，乾脆藉著少數外國人對如來藏的不實考證所作的否定說，直接加以否定，藉以避免別人說他**以未悟之身評論法義**、**誤導眾生**。二、指斥了第八識如來藏是外道的神我、梵我，就可以否定第八識，別人就不能再說他未悟般若、不懂佛法，就可以利用著書立說的手段而建立他在佛教界的崇高地位。

但是外道的神我、梵我，都是有覺有知、有貪瞋、有無明，是修行以後可以有出世間智慧，修行之前擁有世間智慧及無明的心，正是第六意識生滅法、染污法；而如來藏卻是第八識，不是第六識，是離見聞覺知、無貪瞋、無智慧、無無明、無無明盡，是與第六意識同時同處運作不輟的另一個心，並且能生色陰、識陰，也間接的出生了受、想、行三陰，然後再配合由祂所生的意識而輾轉出生了萬法。反觀外道神我自稱能生萬法，但卻是經不起考驗的，只是第六意識，只是被生法而已；所以印順妄謗如來藏同於外道神我、梵我，是完全不符法界實相的。

基於修學南傳佛法解脫道的人們，急切想要證果而獲得解脫的立場，在這裡要再次說明外道神我的內涵，以免斷不了我見而久修不證。以下是另外一種外道神我的意涵：【佛告布吒婆樓：「汝言：『**我身色、四大、六入，父母生育，乳餔成長，衣服莊嚴，無常磨滅。以此為我**者，我說此為染汙、為清淨、為得解。』汝意或謂：『染汙法不可滅，清淨法不可生，常在苦中。』勿作是念！何以故？染汙法可滅盡，清淨法可出生；**處安樂地**，歡喜愛樂；專念一心，智慧增廣。」】（《長阿含經》卷十七第28經《布吒婆樓經》）

這種外道神我的說明，講的是色身與六入，是**神我無常**；**知道神我無常磨滅的人，才是有正見的人**。並不是一切外道都認為有神我常住的，這一類外道認為：色身、四大、五塵，以及隨伴這些色法而有的六入，都不是常住不壞的神我；這種神我是由父母所生、乳餔長養，並以衣服加以莊嚴的；這色身中的四大、五塵變異，其中的六入神我（有時簡稱為神）也是變異必壞的，所以世間沒有清淨法可言，眾生就這樣永遠的輪轉不停，所以染污法是不可能滅除的。這位外道布吒婆樓，認為他這樣的見解才是正確的；他又認為沒有清淨法可說，這樣的說法就符合 佛的說法了。但是 佛說那都是無常的，是會磨滅的，以這種六入**神我**而說為**常住我**的話，雖然正是染污不淨的，但卻不意味著清淨法不可能出生，這就是阿含諸經中密意說有**常住法**的隱說。佛開示說：染污法是可以滅除的，清淨法也是可以出生的；出生了清淨法以後，佛弟子就可以住在安樂無憂的境界中，由此而使身心歡喜安樂，不是滅了染污法的蘊處界以後就成為斷滅境界，而是有安樂無憂的境界，也可以有一個本已清淨的眞實心安住其中的，是究竟的安然幽隱而不被眾生所窺知的，就是無餘涅槃境界。這樣子繼續專念清淨法，繼續一心的深入觀行以後，智慧就會越來越增廣。所以，有些外道認為神我是染污而不可能滅除的，並不像印順所說外道神我都被認為是常住清淨的。

外道神我，有時簡說為神，也就是今人所說的**精神體**的意思。外道對於神、神我，有種種的猜測，並不是所有外道都主張神我常住不滅；有一分外道認為神我是不可知、不可滅，但是也有一分外道認為神我是可滅的，滅了就成為斷滅境界；所以種種說法不一，但以**神我常住說**為最普遍。所以外道對於神我的看法也有許多種，如 佛開示：【「……。云何有漏從見斷耶？凡夫愚人不得聞**正法**，**不值真知識**；不知聖法，不調御聖法，不知**如真法**，**不正思惟**故，便作是念：『**我**有過去世，**我**無過去世；**我**何因過去世？**我**云何過去世耶？**我**有未來世，**我**無未來世；**我**何因未來世？**我**云何未來世耶？』自疑己身：『何謂是？云何是耶？今此眾生從何所來？當至何所？本何因有？當何因有？』彼作如是不正思惟，於六見中隨其見生，而生『眞有**神**』；此見生，而生『眞無**神**』；此見生，而生『**神**見**神**』；此見生，而生『**神**見**非神**』；此見生，而生『**非神**見**神**』；此見生，而生『此是**神**，能語、能知、能作、教作起、教起；生彼彼處受善惡報，定無所從來，定不有、定不當有』。是謂見之弊，爲見所動，**見結所繫**。凡夫愚人以是之故，便受生、老、病、死苦也。多聞聖弟子**得聞正法**，**值真知識**，調御聖法，知如眞法，知苦如眞。知苦習，知苦滅，知苦滅道如眞；如是知如眞已，則三結盡：身見、戒取、疑。三結盡已，得須陀洹；不墮惡法，定趣正覺。極受七有：天上人間七往來已，便得苦際。若不知見者，則生煩惱、憂慼；知見，則不生煩惱、憂慼，是謂**有漏從見斷也！】**（《中阿含經》卷二第10經《漏盡經》）這一段經文中，特別開示：有漏法從所知、所見而斷除，不是從定境、定力而斷除的。所以正知、正見的建立，才是最重要的；但是正知見的建立，卻要依止眞善知識。**語譯**如下，其意可解：

佛開示說：【「……。如何是**有漏法從所知**、**所見而斷除**呢？凡夫及愚痴人不能聽到正法，不曾值遇**真正**的**善知識**；所以就不知道聖法，不能調御自己安住於聖法之中；不知道猶如眞實的正法，不能正確思惟的緣故，便生起了這樣的念頭：『**我**有過去世，**我**沒有過去世；**我**是什麼因緣而有過去世？**我**的過去世又是什麼境界呢？**我**有未來世，**我**無未來世；**我**是什麼原因而有未來世？**我**的未來世又是如何呢？』就自己懷疑自己：『什麼可以說是**我**？如何是**我**呢？現在這些眾生們是從何處來的？將來會去到何處？這些眾生們以前是因爲什麼原因而有的？未來又將以什麼原因而繼續存在？』他們這樣子作了不正確的思惟，在六種見解中，隨著各自所生的見解而出生了他們的看法，而出生了『眞的有精神體的存在』。這個看法出生了，接著就有人出生了另一種看法：『眞的沒有精神體。』這種看法出生了，就又有人出生了另一種看法：『精神體可以看見精神體。』這看法出生了以後，又出生另一種看法：『精神體的能見，不是精神體本身。』這種看法出生了，就跟著生起另一種見解：『精神體不能看得見精神體自己。』這個見解出生了，接著又出生另一種新的看法：『這個心就是精神體：能說話、能了知、能作事、教祂作時祂就生起、教祂生起就會生起；祂能出生於種種處所中接受善惡業的果報，這個精神體決定無所從來，決定不是三界有、決定不會在將來繼續存在。』這就是說明種種見解的弊端，都是**被不正確的見解動轉其心，被不正確的見解產生的結使所繫縛**。凡夫愚人因爲這個緣故，就只能接受生、老、病、死的痛苦了。多聞聖弟子能夠聽聞正法，值遇眞正的善知識，能夠調御自心於聖法之中，知道猶如眞實的法義，對於一切苦也是眞實的知道了。知道苦的熏習，知道苦的滅除，確實知道苦滅的方法；這樣子如實的知道以後，他們的三結斷盡了：就是斷除身見、戒取見、疑見。三種結使斷盡以後，證得須陀洹果；不會再墮落於惡法之中，決定會趣向眞正的覺悟。最多再接受七次的三界有：天上、人間七次的往來受生以後，便可以了知苦的邊際了。如果不能知道、不能看見這種道理的人，就會出生煩惱、憂慼；知道、看見了這個解脫的眞理，就不會出生煩惱、憂慼。這就是說明：**有漏染污從見解而斷除**的道理！】所以修定不能解脫生死，智慧才能解脫生死；見道不依賴禪定，解脫生死也不依賴禪定。

由這一段經文中，可以證實一件事情：古時一直存在著探究**眞我**的種種說法。有世間智慧的人，都會去探究生命的眞實相，因爲他們看到識陰六識是所生法，是依他法爲緣方能出生的，而且常常處於苦樂受中不得安住無憂。也曾經探究一個事實：凡是會斷滅、會中斷的法，若能再度生起運作，背後一定會有一個執持祂的種子、能使祂再度出生、現行的法；而那個背後的法一定是常住而不生滅、自性離染而不會改變自性的心。由此緣故，古天竺外道不斷的探討覺知心、作主心背後的眞實心；但因爲人間還沒有**眞正**的善知識出現，所以都只能依於不如理作意的思惟所得的邪見，以種種想法去主張世間萬法背後的眞相，但是都因智慧不夠以及不如理作意的思惟，所以無法親證眞實法。直到後來 佛陀出現在人間時，是人間唯一親證涅槃與佛菩提的人；在 佛說出解脫與成佛的眞義以後，才有人跟著親證及弘揚。

所以，外道神我的探討，**立義是正確的**，他們主張「生滅性的意識心背後，一定有一個常住不滅心」的**說法也是正確的**，**問題是他們永遠都無法親證**，所以對神我、眞我就有了種種不同的說法；有說神我有覺有知，有說神我無覺無知，有說神我就是直覺，有說神我不是直覺，有說神我能返觀自己、了知自己，有說神我不能返觀了知自己，……種種說法不一而足；而印順則認爲禪宗所謂的開悟實證，就是證得直覺；他也因爲這樣的認知，就認爲自己已親證禪宗的開悟境界。卻不知道他的認知，只是禪宗古今錯悟之師所墮的六識心的心所法而已，與眞悟之師的所證完全不同。然而印順雖只小學畢業，能以如此錯誤的理解而寫出《中國禪宗史》，並以此書中錯誤的說法而獲得日本大正大學的博士學位，只能說大正大學無知於禪宗意涵，也無知於眞正的佛法，才會有頒發博士學位頭銜給印順的荒唐行爲。

佛在這一段經文中特別宣示：每一個有情的意識覺知心，會成爲有漏心或無漏心，都是因爲所知所見的正與訛而產生了差別。一般眾生與大師們難免會因爲不如理作意的思惟而產生了邪知邪見；學法者若不尋覓眞善知識聞法，難免會被假善知識誤導而信受邪知邪見；由此緣故，對於解脫及法界實相，就會無所了知，將錯誤的知見認作眞正無偏的知見，自以爲已經了知。若是斷見的偏邪知見，就會直接認定一切善淨法、有漏法都會滅盡，世間沒有眞實常住法，也沒有常住的清淨法可以安住，於是就成爲斷見外道。印順讀了一些佛經，在初讀佛經時，心中有疑；但是讀過藏密外道的應成派中觀見以後，他認爲自己已經確實懂得佛法了，就大膽的不斷寫書來闡揚應成派兼具斷常二見的假中觀了。由於年青時的自以爲是而大膽寫作，到年老時共有四十一冊著作，其中邪見處處，悉與 佛陀的意旨相違；今天他必須爲自己年青時盲信應成派中觀及自以爲是的主見，承擔未來無量世中的極不可愛果報；雖然他在捨壽前可能因爲有人請求醫師爲他注射麻醉藥而一直處於昏迷中，沒有示現臨終時的荒迷錯亂異象，或是有這現象而被封鎖消息、未傳出來，但這並不表示他的破法行爲（以外道神我的直覺心取代第八識如來藏的破法行爲），可以不必受報；他可能只是在門徒們的有爲有作情況下，以醫學手段免除了丟人現眼的捨報異象罷了！但是破法的果報，不會因爲他被麻醉而沒有捨報的不良異象，就可以免報；因爲他的如來藏是確實存在的，他的一切所作所爲也都是在他自己的如來藏中造作的，從來不曾外於如來藏而造作破法及誤導眾生的行爲，他一生的所作所爲當然都被他自己的如來藏忠實的紀錄著，那些種子都留存在他的如來藏中，捨報後自然就會現行，由他的如來藏忠實的實現那些惡業種子而受報。這不是詛咒，而是說明法界實相的因果律：這一世造作破法行爲而熏成種子，捨報後就會由種子現行而受報。所以 佛陀在阿含中說：「**是謂見之弊，爲見所動，見結所繫。**」意思是：「**這就是說明種種見解的弊端，都是被不正確的見解動轉其心，被不正確的見解產生的結使所繫縛。**」

從見道的智慧中，能出生清淨法，而定境並非智慧。聲聞法的見道就是確實的知道有漏法都是苦的現象，知道苦是如何積集起來的，也知道苦滅除後的境界是什麼，更知道滅苦的種種方法。如實的知道了這些，就是二乘法中見道的人了！所以二乘解脫道的見道，就是看見「苦的現象就是五陰的熾盛」，也看見五陰種子的聚集增長就是苦的生因，也看見五陰的滅除就是苦的滅除，更看見了「滅除五陰的方法就是滅苦的方法」，這樣如實的看見了，就是南傳佛法解脫道的見道；接下來就是把滅苦的方法確實執行，也就是切實執行滅除五陰的方法，邁向四果解脫，稱爲修道。一切大師與學人，如果還是落在識陰中，落在意識中，不論那個意識是細心或是極細心，都是墮落於眾生神我之中；譬如離念靈知心與外道講的神我相同，如同上一段經文講的：有**了知性**而不離想陰，所以常常會與貪、瞋、痴、無明相應，有時則與清淨性相應，但是只要一不小心，染污性就出現了，而且最後仍然要歸於斷滅，不能去到未來世。佛弟子四眾的所悟，若與外道對神我的看法相同的話，那就是不知道「五陰、苦、苦集、苦滅、苦滅道」的凡夫，都是在不離想陰境界的未見道位中。外道梵我，常被外道弘法者說成是大神妙天，說是能創造世界、出生有情的大神。這種外道梵我的本質，其實仍然是意識心的境界，他們所說也與事實不符。外道梵我者即是大梵天，《長阿含經》卷十四 佛有開示：【「……。或有是時，此劫始成，有餘眾生福盡、命盡、行盡，從光音天命終，生空梵天中，便於彼處生愛著心，復願餘眾生共生此處。此眾生既生愛著、願已，復有餘眾生命、行、福盡，於光音天命終，來生空梵天中；其先生眾生便作是念：『我於此處是梵、大梵，我自然有，無能造我者；我盡知諸義典，千世界於中自在，最爲尊貴；能爲變化，微妙第一；爲眾生父，我獨先有，餘眾生後來；後來眾生，我所化成。』其後生眾生復作是念：『彼是大梵，彼能自造，無造彼者；盡知諸義典，千世界於中自在，最爲尊貴；能爲變化，微妙第一；爲眾生父，彼獨先有，後有我等，我等眾生彼所化成。」】

語譯如下：【「……。或者有時到了這個時節：是這個劫剛開始形成時，有一個眾生因爲福盡、命盡、行盡的緣故，從二禪天的光音天中命終了，轉生到空無一人的離欲的初禪天中，便對於那個初禪天的境界出生了愛著之心，然後又發願希望其餘的眾生共同來出生在這個地方。這個初禪天中的眾生既已產生了愛著心，又發願別人也來出生以後，接著又有別的眾生在二禪天中因爲命、行、福報都享盡了，就在光音天（二禪天）命終了，隨後也來出生在空無他人的初禪梵天中；這時，那個先前下生到初禪天中的眾生便這樣子想：『我在初禪天中是離欲的梵行者、也是最大的梵行者，我是自然而有的，沒有人能創造我；我全都了知種種義理與典籍，於一個小千世界中得自在，在這個小千世界中最爲尊貴，沒有別人能管轄我；我能作種種變化，微妙第一；眾生都是我變化出來的，我是眾生之父，我是單獨先有的，不是被創造的；其餘眾生是我起心動念以後才生來這裡；那些後來出生的眾生，是我所變化成就的。』那些後來生到初禪天的眾生們也這樣子想：『他是大梵天，他能自己創造自己，沒有別人能創造他；他全都了知種種義理與典籍，於小千世界中得到自在，最爲尊貴；他能作變化，出生了我們，微妙第一；所以他是眾生之父，他是單獨先有的，然後才有我們這些初禪天人，所以我們這些眾生都是他所變化成就的。』」

這就是外道所講的梵我、大梵。這種外道的大梵、梵我，說是出生眾生的天神，與今天的一神教所說完全相同。但是我們應該探討大梵的本質是什麼：這個大梵天是有妄想雜念的，是有慢與結使的，是不安於寂滅境界的，不願意獨處無侶而希望有許多眷屬的，也是對初禪天境界有所喜樂的，是與別境心所法相應，也是與二十煩惱心所法相應的，所以仍是以意識心爲中心的凡夫。大梵天既是以意識心爲主，與五別境及二十煩惱心所法相應，當知即是住於意識心的境界中。然而如來藏從來不與五別境心所法相應，更是從來不與二十煩惱心所法相應過，這種體性大異於外道大梵的意識心；這種體性迥異外道大梵的如來藏心體，怎會與外道的大梵神我相同？或是**富有外道大梵神我的色彩**？

至於外道的一般梵我，那就是在大梵墜生於初禪天之後，再隨後從光音天往生到初禪天的天人們；這些天人的心思也跟大梵一樣都有五別境心所法，常與二十煩惱相應，當然也是以意識心爲主的，所以他們絕無可能同於如來藏，連如來藏離見聞覺知的一點點色彩都沒有，怎會說如來藏富有外道梵我的色彩？所以如來藏與外道的神我、梵我、大梵，都是大不相同的。阿含部經典中常說到：涅槃是寂滅的。換句話說，涅槃境界中是寂靜的，也是滅盡一切法的。但是外道的神我、梵我、大梵，都是欲界天或初禪天的境界，一直住在六塵或四塵境界中，都不是像涅槃境界離六塵而絕對寂靜，也都不像無餘涅槃中滅盡一切法。然而無餘涅槃中就是如來藏、識、本際、我、眞如的自住境界，涅槃是依第八識心體滅盡五陰、滅盡十八界、滅盡一切法的境界而說的，本是說第八識如來藏的自住境界，不是外道梵我、神我意識境界，那是絕對寂靜而滅盡一切法的境界，所以正好是與外道的大梵、梵我、神我大異其趣，印順怎能說**如來藏富有外道神我的色彩**？

而外道的大梵天，自稱能創造其餘有情，他的信徒們在人間也宣稱他能創造有情，可是阿含部經典的記載中，卻說大梵天有一次在夜半過後前來人間禮拜 世尊及請法； 世尊當面問他說：「你說有情眾生是你創造的嗎？」大梵天只能承認那是眾生自己說的，承認自己其實沒有能力創造世界與有情。但是人間眾生卻仍然愚痴的堅持世界及眾生是大梵天創造的。

在阿含部的《長阿含經》卷十六也有如此的記載：【「長者！彼比丘詣梵王所，問言：『此身四大，地水火風，何由永滅？』彼大梵王告比丘言：『我梵天王無能勝者，統千世界；富貴尊豪，最得自在。能造萬物，眾生父母。』時，彼比丘告梵王曰：『我不問此事，自問四大地水火風，何由永滅？』長者子！彼梵王猶報比丘言：『我是大梵天王，無能勝者。乃至造作萬物，眾生父母。』比丘又復告言：『我不問此，我自問四大何由永滅？』長者子！彼梵天王如是至三，不能報彼比丘『四大何由永滅』。時，大梵王即執比丘右手，將詣屏處，語言：『比丘！今諸梵王皆謂我為智慧第一，無不知見。是故我不得報汝，言不知不見此四大何由永滅。』又語比丘：『汝為大愚，乃捨如來，於諸天中推問此事。汝當於世尊所，問如此事。如佛所說，善受持之。』又告比丘：『今佛在舍衛國給孤獨園，汝可往問。』」】

所以大梵天其實沒有智慧與能力來創造世界及任何一位眾生的，因為他連自身的如來藏都不曾了知，連自身如何被如來藏所出生的道理，也都無所知，又怎能知道如何創造眾生？其實，眾生的色身及受想行識是從哪裡來的，眾生我的出生與世界的成住壞空的原因，只有 佛陀才能知道；諸菩薩們從 佛受學而親證之，所以也能現觀眾生的來處與世界的來處，這並不是大梵天所能知道的；所以大梵天為了避免梵輔天、梵眾天知道他其實沒有智慧、也沒有能力創造世界及梵眾天有情，只好把前來問法的比丘拉去無人處，承認自己沒有那個能力，並勸那位有神通的愚痴比丘回去佛前請問。

世界是怎麼來的？諸阿羅漢都是不懂的，當然不能自稱已成佛道；只有愚痴無聞凡夫的印順，連我見都未斷，才敢說阿羅漢的證境等同於佛。《長阿含經》卷十一有這樣的開示：【「此諸眾生隨彼壽終來生此間，其漸長大，剃除鬚髮，服三法衣，出家爲道。彼入定意三昧，隨三昧心，憶本所生，彼作是語：『此大梵天忽然而有，無有作者。盡達諸義，於千世界最得自在；能作能化，微妙第一，爲人父母。彼大梵天常住不移，無變易法；我等梵天所化，是以無常，不得久住，爲變易法。』如是，梵志！彼沙門、婆羅門以此緣故，各言彼梵自在天造此世界。梵志！**造此世界者，非彼所及，唯佛能知**。又過此事，佛亦盡知，雖知不著。苦、集、滅、味、過、出要，如實知之，以平等觀無餘解脫，名曰如來。」】

語譯如下：【「這些梵天眾生們在大梵天王之後，因爲在光音天中壽終而來出生在人間，他們漸漸長大後，剃除了鬚髮，穿著修行人的三種法衣，出家修道。他們進入定意三昧中，隨著三昧中的覺知心，憶起以前原本所生的初禪天的境界，他就這樣子講：『這位大梵天在初禪天中是忽然而有的，沒有誰創造了他。他全都通達種種法義，於一個小千世界中是最得自在的人；他能創造及變化，微妙第一，是一切天人及人類的父母，大家都從他而化生出來。那位大梵天是常住而不移動的，是沒有變易的法性；我們大眾都是大梵天所變化出來的，所以是有生的無常法，不可能長久安住不滅，是變易法。』就像是這樣子，梵志啊！那些沙門、婆羅門以這個緣故，各自都說那位大梵天、自在天創造了這個世界。梵志啊！**創造這個世界的人，不是他們梵天等人所能知道的，只有佛才能了知**。而且，超過創造世界的事情，佛也都全部了知；雖然了知，卻不執著。苦的內容、苦集的內容、苦滅的內容、種種法的韻味、一切法的過失、**出離諸法苦的要義，也都如實知之，以平等觀而證無餘解脫，這才能稱爲如來。**」

所以並非獲得解脫果就能稱爲成佛，但印順的成佛之道說，只要證得阿羅漢的解脫果，然後發願永不入無餘涅槃，世世廣度眾生，這樣就可以成佛，眞是胡說。因爲成佛之時，連世界是由誰所造的，都得要了知。而世界由眾生的如來藏共同創造的事情，卻只有菩薩隨　佛修學以後才能證知的，不是阿羅漢們所能了知的。阿羅漢們都不知道這個道理，也無力觀察，更何況大梵天連阿羅漢的解脫證境都沒有，我見與我執俱在，遠遜於諸大阿羅漢們，又如何有能力創造世界？現見外道所推崇的大梵天神我、梵我，都是在意識心的境界中打轉的，連解脫果都未證，以這樣的意識心爲中心的外道神我、梵我，又如何能觸及到大阿羅漢們所不知道的第八識如來藏實境及妙義？而印順對阿羅漢斷我見、我執的智慧都仍不知，竟然敢否定阿羅漢們所不敢否定的眞相識如來藏，誣謗爲外道的神我、梵我，用心何在？豈非司馬昭之心？

又如《中阿含經》卷三十九云：【

梵志住在家　見者欲爲施　滿四十八年　行清淨梵行　求索明行成
昔時梵志行　彼不偷財物　亦無有恐怖　愛愛攝相應　當以共和合
不爲煩惱故　怨婬相應法　諸有梵志者　無能行如是　若有第一行
梵志極堅求　彼諸婬欲法　不行乃至夢　彼因此梵行　自稱梵我梵】

這意思是說，在佛陀出現於人間之前，外道的在家修行者，遠離淫欲，修行種種清淨梵行，期望證得明行成（佛地智慧）的境界；當他們修到欲心不起，乃至夢中亦不起淫行時，就以爲是明行成的境界了，就自稱是證得**梵**、或是**梵我**。然而吾人觀察外道梵志離欲之行境，其所證得的境界，只是**離欲界生**的初禪境界而已，對於**五陰是苦**的道理都還不知道，對於涅槃也不知道，對於涅槃中的本際也不知道，當然不是**明行成**的佛地智慧境界。如是外道梵志所證的**梵**、**梵我**境界，都仍然是意識心的境界，只是初禪天的離欲界境界而已，無法與涅槃中的如來藏相提並論。因爲如來藏離六塵，離想陰（離六塵中的了知性），梵志外道的大梵與梵我，卻是不曾離五陰境界、不曾離想陰境界的，顯然外道的梵我是意識境界，與如來藏是大異其趣的，印順法師怎能誣衊說如來藏富有外道梵我、神我色彩？

外道神我則是欲界中法，不同於梵我是初禪中法；但神我與梵我同是五陰所攝之法，與五陰完全無異；然而五陰是生滅無常的，無常則苦，苦則不是常住的精神體，所以外道的神我絕無可能是如來藏；因爲如來藏是常而不曾有生，故以後永遠無有滅時，當然不可能與外道的神我相同。外道的神我正是欲界中的五陰境界，五陰無常故苦，不同於如來藏，有經爲證：【一時佛遊舍衛國，在勝林給孤獨園。爾時世尊告諸比丘：「色者無常，無常則苦，苦則非神。覺（受）亦無常，無常則苦，苦則非神。想亦無常，無常則苦，苦則非神。行亦無常，無常則苦，苦則非神。識亦無常，無常則苦，苦則非神。是爲色無常，覺（受）、想、行、識無常，無常則苦，苦則非神。」】（《中阿含經》卷 29《說無常經》）

語譯如下：【一時佛遊舍衛國，在勝林給孤獨園。這時世尊告訴諸比丘說：「色陰是無常的，無常、就是苦，苦、就不可能是常住的精神。覺受也是無常的，無常、就是苦，苦、就不可能是常住的精神。想陰（了知性）也是無常的，無常、就是苦，苦、就不可能是常住的精神。行陰也是無常的，無常、就是苦，苦、就不可能是常住的精神。識陰六識也是無常的，無常、就是苦，苦、就不可能是常住不壞的精神。這就是色陰無常，受、想、行、識四陰無常，無常就是苦，苦、就不是常住不壞的精神。」印順既然無法證明外道神我不是五陰，也無法證明五陰與如來藏相同，當然不能說外道神我等同於如來藏，因爲如來藏與外道神我的五陰完全不同，而且是出生外道神我、梵我的另一個本識心。

所以，不論是在 佛陀出現之前或是之後，古天竺一般修行人所說的法界眞相的主體精神——眞我——外道神我、梵我，其實都只是五陰所攝的法，都只是識陰中的意識心；因爲這些外道們所謂的**神**、**大梵**，因爲都是會斷滅的法，若是生到人間以後，夜夜眠熟就暫斷了，尚且無法保持夜夜眠熟不斷滅，何況能保持在正死位、悶絕位……中也常住不滅？所以外道的神我、梵我不同於如來藏的常住不滅。但是如來藏涅槃本際常住不滅的實相境界，卻是很難爲外道說明的；連對阿羅漢們都很難說明，無法使他們親證而了知，何況是對外道說明？而且，也因爲外道往往是以盜法的心態而來，想要得到涅槃的密意，卻不想歸命於佛教三寶，怎能讓他們生起智慧而了知這個實相？也因爲有些人智慧不夠，不願歸命於三寶，這種人得要花很多劫的時間依止於三寶來熏習，才有可能漸漸的出生對於三寶的信心，然後才能眞的歸命三寶而實修，才能知道其中的道理。對這種人，佛就不爲他們演說任何深妙的法義了，有經文爲證：

【如是我聞　一時佛住王舍城迦蘭陀竹園。時有婆蹉種出家來詣佛所，合掌問訊；問訊已，退坐一面，白佛言：「**云何瞿曇！為有我耶？**」爾時世尊默然不答。如是再三，爾時世尊亦再三不答。爾時婆蹉種出家作是念：「**我已三問沙門瞿曇，而不見答。但當還去。**」時尊者阿難住於佛後，執扇扇佛；爾時阿難白佛言：「**世尊！彼婆蹉種出家三問，世尊何故不答？豈不增彼婆蹉種出家惡邪見？**言沙門不能答其所問。」佛告阿難：「**我若答言『有我』，則增彼先來邪見。若答言『無我』，彼先癡惑，豈不更增癡惑，言『先有我，從今斷滅』？若先來有我，則是常見；於今斷滅，則是斷見。如來離於二邊，處中說法，所謂『是事有故是事有，是事起故是事生；謂緣無明行，乃至生老病死憂悲惱苦滅』。**」佛說此經已，尊者阿難聞佛所說，歡喜奉行。】（《雜阿含經》卷 34 第 961 經）

這意思是說：有時智慧不夠而無法得度的外道來問法於　佛時，或是以盜法心態來問法於　佛時，佛就不爲他們說法。因爲盜法者一定不可能長時間追

隨 世尊增益智慧，也不可能常常來請法，只能這一次來請法；這樣的人，為他們說了以後大多會產生誤會，不如不說。因為這種人，如果答覆他說**無我**，他們就會誤以為五陰滅盡之後即是斷滅，因為他們無法知道甚深難解的涅槃實際，又不肯全然信受 佛的開示， 佛又不便在他們緣未熟時明白說明涅槃實際如來藏的所在，不可能使他們完全信受，他們還是會認為 佛在五陰滅後的涅槃境界中說有如來藏存在不滅，是在籠罩他們而不可能實證的，所以他們仍然會認為五陰斷滅後是一**切法空**斷滅境界。如果肯信受 佛的開示：滅盡五陰之後仍有**眞我常住不滅**，所以眞實**有我**；他們聽了以後，就會以為五陰滅盡之後仍然還有離念靈知一類的覺知心繼續存在不滅，那就又會落入**常見**中了。所以外道雖然主張入涅槃後實有精神常住不滅，這個方向與說法雖然是正確的；但是他們的所證與認知，卻都是錯誤的；不幸的是印順也同樣落入外道的墮處，所以才會外於如來藏而別行建立一個子虛烏有的**意識細心常住不壞說**，同於外道神我的所見所解。

不但外道們如此，佛門內有多少人熏習了眞心、眞如、如來藏的法相以後，經由參禪尋覓眞心的結果，卻仍然落在**意識我**上面，死抱住離念靈知意識心，決定不肯放棄，仍然是落在我見之中。這是古時及現今都有的極普遍現象，今時的大乘禪宗自認爲已悟的禪師、居士們，也都不能免除此一過失，事證歷歷；由此就可以證明當時　佛不答覆外道婆蹉種的詢問，是多麼正確的作法了。由阿含部許多經典中所載的歷史事實，顯見五陰之我即是外道所言「常住」的神我、梵我；外道的神我或梵我，絕對不是第八識的如來藏、眞我；外道的神我、梵我、大梵，都是意識心，而如來藏卻是出生大梵、梵我、神我、意識心的第八識心；一是能生，餘是所生，這二類心是相對的，不是同一心。這道理極難爲外道三言兩語說之，佛子亦然，是故平實宣說此理已有十餘年了，仍然有許多佛門大師與學人們不知道其中明顯的差異所在，何況是外道們呢？如是已說外道神我、梵我與如來藏之差異，知道滅盡自己五陰十八界以後不是斷滅空，就不再恐懼斷除我見了，就能在現觀五陰十八界的虛妄以後確實斷除我見而無所恐懼了！接著就該進入斷除我見、我執的實修方法了，所以下一節中就爲大家簡單的說明四聖諦與八正道的正確知見；至於現觀的內容，則是佛門四眾應該自己親自觀行的事，不該由平實具體的寫出來，以免遮障了取證初果的功德。

第七節　四聖諦與八正道

四聖諦的義理，先引經而說：【爾時尊者舍梨子告諸比丘：「諸賢！若有無量善法，彼一切法皆四聖諦所攝，來入四聖諦中，謂四聖諦於一切法最爲第一；所以者何？攝受一切眾善法故。諸賢！猶如諸畜之跡，象跡爲第一，所以者何？彼象跡者最廣大故。如是，諸賢！無量善法，彼一切法皆四聖諦所攝，來入四聖諦中，謂四聖諦於一切法最爲第一；云何爲四？謂苦聖諦，苦習、苦滅、苦滅道聖諦。」】（《中阿含經》卷七第 30 經《象跡喻經》）

四聖諦並非只有二乘菩提中才有，其實四聖諦是貫通三乘菩提的；只是大乘依實相法的如來藏心體爲中心，依實相般若而說蘊處界緣起性空的四聖諦，並且進一步修學如來藏所含藏一切種子的智慧，成就一切種智而成佛道；二乘則是只依蘊處界的緣起性空來說四聖諦，純依世俗法的蘊處界來觀察蘊處界的無常故苦、苦故無我、無我故空。從二乘菩提來說，一切法都攝入四聖諦中；因爲一切法都不離五蘊、十二處、十八界法，若離蘊處界，就無一切法可說，由蘊處界的具足而輾轉出生一切法故；然而二乘四聖諦中的苦聖諦，說的正是蘊處界的內容，不曾外於蘊處界等世俗法；也都是在說蘊處界是緣起法，其五陰的自性都是生滅無常的，十二處與十八界終歸壞滅，其性本空，並無常住不壞的眞實性；身心以外的一切法則是緣於蘊處界而輾轉生起的，而蘊處界正是使眾苦具體實現的藉緣，都納入苦聖諦中，所以緣蘊處界而生的一切法當然也得要攝入苦聖諦中。然而苦聖諦之上更有苦集諦，苦集諦之上更有苦滅諦與苦滅道諦，所以二乘法中說一切法都攝入苦聖諦中，都是依苦聖諦而發展出苦集諦、苦滅諦、苦滅道諦。苦聖諦後的三諦，當然也都是善法，但是世間最善之法，不論任何的善法，依此以觀，其實都不出於苦聖諦、苦集諦、苦滅諦、苦滅道諦，所以說：「無量善法，彼一切法皆四聖諦所攝，來入四聖諦中，謂四聖諦於一切法最爲第一。」

四聖、八正之眞義，阿含中如是說：【爾時世尊告諸比丘：「此是正行說法，謂四聖諦廣攝、廣觀、分別、發露、開仰、施設、顯示、趣向。過去諸如來、無所著、等正覺，彼亦有此正行說法，謂四聖諦廣攝、廣觀、分別、發露、開仰、施設、顯示、趣向；未來諸如來、無所著、等正覺，彼亦有此正行說法，謂四聖諦廣攝、廣觀、分別、發露、開仰、施設、顯示、趣向；我今現如來、無所著、等正覺，亦有此正行說法，謂四聖諦廣攝、廣觀、分別、發露、開仰、施設、顯示、趣向。舍梨子比丘聰慧、速慧、捷慧、利慧、廣慧、深慧、出要慧、明達慧、辯才慧，舍梨子比丘成就實慧。所以者何？謂我略說此四聖諦，舍梨子比丘則能為他廣教、廣觀、分別、發露、開仰、施設、顯現、趣向。舍梨子比丘廣教、廣示此四聖諦，分別、發露、開仰、施設、顯現、趣向時，令無量人而得於觀，舍梨子比丘能以正見為導御也。目乾連比丘能令立於最上眞際，謂究竟漏盡；舍梨子比丘生諸梵行，猶如生母；目連比丘長養諸梵行，猶如養母；是以諸梵行者應奉事供養恭敬禮拜舍梨子、目乾連比丘。所以者何？舍梨子、目乾連比丘為諸梵行者求義及饒益，求安隱快樂。」爾時世尊說如是已，即從坐起，入室宴坐。

於是尊者舍梨子告諸比丘：「諸賢！世尊為我等出世，謂為他廣教、廣示此四聖諦，分別、發露、開仰、施設、顯現、趣向。云何為四？謂苦聖諦，苦習、苦滅、苦滅道聖諦。諸賢！云何苦聖諦？謂生苦、老苦、病苦、死苦、怨憎會苦、愛別離苦、所求不得苦、略五盛陰苦。諸賢！說生苦者，此說何因？諸賢！生者謂彼眾生、彼彼眾生種類，生則生，出則出，成則成，興起五陰，已得命根，是名爲生。諸賢！生苦者，謂衆生生時身受苦受、遍受，覺、遍覺；心受苦受、遍受，覺、遍覺；身心受苦受、遍受，覺、遍覺；身熱受、遍受，覺、遍覺；心熱受、遍受，覺、遍覺；身心熱受、遍受，覺、遍覺；身壯熱，煩惱憂慼，受、遍受，覺、遍覺；心壯熱，煩惱憂慼，受、遍受，覺、遍覺；身心壯熱，煩惱憂慼，受、遍受，覺、遍覺。諸賢！說生苦者，因此故說。」

「諸賢！說老苦者，此說何因？諸賢！老者謂彼衆生、彼彼衆生種類，彼爲老耄，頭白齒落，盛壯日衰，身曲腳戾，體重氣上，拄杖而行；肌縮皮緩，皺如麻子；諸根毀熟，顏色醜惡，是名爲老。諸賢！老苦者謂衆生老時，身受苦，受、遍受，覺、遍覺；心受苦，受、遍受，覺、遍覺；身心受苦，受、遍受，覺、遍覺；身熱，受、遍受，覺、遍覺；心熱，受、遍受，覺、遍覺；身心熱，受、遍受，覺、遍覺；身壯熱，煩惱憂慼，受、遍受，覺、遍覺；心壯熱，煩惱憂慼，受、遍受，覺、遍覺；身心壯熱，煩惱憂慼，受、遍受，覺、遍覺。諸賢！說老苦者，因此故說。」

「諸賢！說病苦者，此說何因？諸賢！病者謂頭痛、眼痛、耳痛、鼻痛、面痛、脣痛、齒痛、舌痛、齶痛、咽痛、風喘、咳嗽、喝吐、喉啤、癲癇、癰瘻、經溢、赤膽、壯熱、枯槁、痔瘡、下利；若有如是比餘種種病，從更樂觸生，不離心，立在身中，是名為病。諸賢！病苦者謂眾生病時，身受苦，受、遍受，覺、遍覺；心受苦，受、遍受，覺、遍覺；身心受苦，受、遍受，覺、遍覺；身熱，受、遍受，覺、遍覺；心熱，受、遍受，覺、遍覺；身心熱，受、遍受，覺、遍覺；身壯熱，煩惱憂慼，受、遍受，覺、遍覺；心壯熱，煩惱憂慼，受、遍受，覺、遍覺；身心壯熱，煩惱憂慼，受、遍受，覺、遍覺。諸賢！說病苦者，因此故說。」

「諸賢！說死苦者，此說何因？諸賢！死者謂彼眾生、彼彼眾生種類，命終無常，死喪散滅，壽盡破壞，命根閉塞，是名為死。諸賢！死苦者謂眾生死時，身受苦，受、遍受，覺、遍覺；心受苦，受、遍受，覺、遍覺；身心受苦，受、遍受，覺、遍覺；身熱，受、遍受，覺、遍覺；心熱，受、遍受，覺、遍覺；身心熱，受、遍受，覺、遍覺；身壯熱，煩惱憂慼，受、遍受，覺、遍覺；心壯熱，煩惱憂慼，受、遍受，覺、遍覺；身心壯熱，煩惱憂慼，受、遍受，覺、遍覺。諸賢！說死苦者，因此故說。」

「諸賢！說怨憎會苦者，此說何因？諸賢！怨憎會者，謂眾生實有內六處：不愛眼處，耳、鼻、舌、身、意處，彼同會一有，攝、和、習，共合爲苦。如是，外處更樂、覺、想、思、愛亦復如是。諸賢！眾生實有六界：不愛地界，水、火、風、空、識界，彼同會一有，攝、和、習，共合爲苦，是名怨憎會。諸賢！怨憎會苦者，謂眾生怨憎會時，身受苦，受、遍受，覺、遍覺；心受苦，受、遍受，覺、遍覺；身心受苦，受、遍受，覺、遍覺。諸賢！說怨憎會苦者，因此故說。」

「諸賢！說愛別離苦者，此說何因？諸賢！愛別離苦者，謂眾生實有內六處：愛眼處，耳、鼻、舌、身、意處，彼異分散，不得相應；別離、不會、**不攝**、不習、不和合，爲苦。如是，外處更樂、覺、想、思、愛，亦復如是。諸賢！**眾生實有六界**：愛**地**界，**水**、**火**、**風**、**空**、**識**界，彼異分散，不得相應，別離、不會、**不攝**、不習、不和合，爲苦，是名愛別離。諸賢！愛別離苦者，謂眾生別離時，身受苦，受、遍受，覺、遍覺；心受苦，受、遍受，覺、遍覺；身心受苦，受、遍受，覺、遍覺。諸賢！說愛別離苦者，因此故說。」

「諸賢！說所求不得苦者，此說何因？諸賢！謂眾生生法，不離生法。欲得令我而不生者，此實不可以欲而得。老法、死法、愁憂慼法：不離憂慼法，欲得令我不憂，此亦不可以欲而得。諸賢！眾生實生苦而不可樂、不可愛念，彼作是念：『若我生苦而不可樂、不可愛念者，欲得轉是，令可愛念。』此亦不可以欲而得。諸賢！眾生實生樂而可愛念，彼作是念：『若我生樂可愛念者，欲得令是常恒久住不變易法。』此亦不可以欲而得。諸賢！眾生實生思想而不可樂、不可愛念，彼作是念：『若我生思想而不可樂、不可愛念者，欲得轉是，令可愛念。』此亦不可以欲而得。諸賢！眾生實生思想而可愛念，彼作是念：『若我生思想可愛念者，欲得令是常恒久住不變易法。』此亦不可以欲而得。諸賢！說所求不得苦者，因此故說。」

「諸賢！說略五盛陰苦者，此說何因？謂色盛陰，覺、想、行、識盛陰，諸賢！說略五盛陰苦者，因此故說。諸賢！過去時是苦聖諦，未來、現在時是苦聖諦，眞諦不虛；**不離於如**（如字表示滅盡五陰而入涅槃以後不是斷滅空），亦非顚倒，眞諦審實。合如是諦，聖所有、聖所知、聖所見、聖所了、聖所得、聖所等正覺，是故說苦聖諦。」

「諸賢！云何愛習、苦習聖諦？謂眾生實有愛內六處：眼處，耳、鼻、舌、身、意處，於中若有愛、有膩、有染、有著者，是名爲習。諸賢！多聞聖弟子知：『我如是知此法，如是見、如是了、如是視、如是覺，是謂愛習、苦習聖諦。』如是知之。云何知耶？若有愛妻、子、奴婢、給使、眷屬、田地、屋宅、店肆、出息財物，爲所作業，有愛、有膩、有染、有著者，是名爲習；彼知此愛習、苦習聖諦。如是，外處更樂、覺、想、思、愛，亦復如是。諸賢！眾生實有愛六界：地界，水、火、風、空、識界；於中若有愛、有膩、有染、有著者，是名爲習。諸賢！多聞聖弟子知：『我如是知此法，如是見、如是了、如是視、如是覺，是謂愛習、苦習聖諦。』如是知之。云何知耶？若有愛妻、子、奴婢、給使、眷屬、田地、屋宅、店肆、出息財物，爲所作業，有愛、有膩、有染、有著者，是名爲習；彼知是愛習、苦習聖諦。諸賢！過去時是愛習、苦習聖諦，未來、現在時是愛習、苦習聖諦；眞諦不虛，**不離於如**，亦非顛倒，眞諦審實。合如是諦，聖所有、聖所知、聖所見、聖所了、聖所得、聖所等正覺，是故說愛習、苦習聖諦。」

「諸賢！云何愛滅、苦滅聖諦？謂眾生實有**愛內六處**：眼處，耳、鼻、舌、身、意處。彼若解脫，不染不著，斷捨吐盡，無欲、滅、止沒者，是名**苦滅**。諸賢！多聞聖弟子知：『我如是知此法，如是見、如是了、如是視、如是覺，是謂愛滅、苦滅聖諦。』如是知之。云何知耶？若有不愛妻、子、奴婢、給使、眷屬、田地、屋宅、店肆、出息財物，不為所作業，彼若解脫；不染不著，斷捨吐盡，無欲、滅、止沒者，是名苦滅，彼知是愛滅、苦滅聖諦。是外處更樂、覺、想、思、愛亦復如是。諸賢！眾生實有愛六界：地界，水、火、風、空、識界。彼若解脫，不染不著，斷捨吐盡，無欲、滅、止沒者，是名**苦滅**。諸賢！多聞聖弟子知：『我如是知此法，如是見、如是了、如是視、如是覺，是謂愛滅、苦滅聖諦。』如是知之。云何知耶？若有不愛妻、子、奴婢、給使、眷屬、田地、屋宅、店肆、出息財物，不為所作業；彼若解脫，不染不著，斷捨吐盡，無欲、滅、止沒者，是名**苦滅**。彼知是愛滅、苦滅聖諦。諸賢！過去時是愛滅、苦滅聖諦，未來、現在時是愛滅、苦滅聖諦，眞諦不虛，**不離於如**（故不是斷滅空）；亦非顚倒，眞諦審實。合如是諦，聖所有、聖所知、聖所見、聖所了、聖所得、聖所等正覺，是故說愛滅、苦滅聖諦。

「諸賢！云何**苦滅道聖諦**？謂正見、正志、正語、正業、正命、正方便、正念、正定。諸賢！云何正見？謂聖弟子念苦是苦時，習是習、滅是滅；念道是道時，或觀本所作，或學念諸行，或見諸行災患，或見涅槃止息，或無著念觀、善心解脫時，於中，擇、遍擇、次擇，擇法視、遍視，觀察明達，是名正見。」

「諸賢！云何正志？謂聖弟子念苦是苦時，習是習、滅是滅；念道是道時，或觀本所作，或學念諸行，或見諸行災患，或見涅槃止息，或無著念觀、善心解脫時，於中，心伺、遍伺、隨順伺；可念則念，可望則望，是名正志。」

「諸賢！云何正語？謂聖弟子念苦是苦時，習是習、滅是滅；念道是道時，或觀本所作，或學念諸行，或見諸行災患，或見涅槃止息，或無著念觀、善心解脫時，於中，除口四妙行，諸餘口惡行遠離、除斷，不行不作，不合不會，是名正語。」

「諸賢！云何正業？謂聖弟子念苦是苦時，習是習、滅是滅；念道是道時，或觀本所作，或學念諸行，或見諸行災患，或見涅槃止息，或無著念觀、善心解脫時，於中，除身三妙行，諸餘身惡行遠離、除斷，不行不作，不合不會，是名正業。」

「諸賢！云何正命？謂聖弟子念苦是苦時，習是習、滅是滅；念道是道時，或觀本所作，或學念諸行，或見諸行災患，或見涅槃止息，或無著念觀、善心解脫時，於中，非無理求，不以多欲無厭足，不爲種種伎術咒説邪命活；但以法求衣，不以非法；亦以法求食、床座，不以非法。是名正命。」

「諸賢！云何正方便？謂聖弟子念苦是苦時，習是習、滅是滅；念道是道時，或觀本所作，或學念諸行，或見諸行災患，或見涅槃止息，或無著念觀、善心解脫時，於中，若有精進方便，一向精勤求，有力趣向，專著不捨亦不衰退，正伏其心，是名正方便。」

「諸賢！云何正念？謂聖弟子念苦是苦時，習是習、滅是滅；念道是道時，或觀本所作，或學念諸行，或見諸行災患，或見涅槃止息，或無著念觀、善心解脫時，於中，若『心順念』背不？向念、念遍，念憶、復憶，心心不忘、心之所應，是名正念。」

「諸賢！云何正定？謂聖弟子念苦是苦時，習是習、滅是滅；念道是道時，或觀本所作，或學念諸行，或見諸行災患，或見涅槃止息，或無著念觀、善心解脫時，於中，若心住、禪住、順住，不亂不散，攝止正定，是名正定。」

「諸賢！過去時是苦滅道聖諦，未來、現在時是苦滅道聖諦，真諦不虛，**不離於如**（故非斷滅空），亦非顛倒，真諦審實。合如是諦，聖所有、聖所知、聖所見、聖所了、聖所得、聖所等正覺，是故說苦滅道聖諦。」於是頌曰：「佛

明達諸法　見無量善德　苦習滅道諦　善顯現分別」尊者舍梨子所說如是，彼諸比丘聞尊者舍梨子所說，歡喜奉行。】（《中阿含經》卷七第31經《分別聖諦經》）

語譯如下，其意易曉：【爾時世尊告訴諸比丘說：「這是為修行人正確實行而說的法，就是說四聖諦的廣為含攝、廣作觀行、加以分別、為人發露、詳細開示令人仰知、施設方便而說、顯示四諦眞義、教導學人趣向四諦。過去諸如來、無所著、等正覺，他們也一樣有這種讓人正確實行而說的法要，就是說四聖諦的廣為含攝、廣作觀行、加以分別、為人發露、詳細開示令人仰知、施設方便而說、顯示四諦眞義、教導學人趣向四諦；未來諸如來、無所著、等正覺，他們也將會有這種令人正確實行而說的法要，就是說四聖諦的廣為含攝、廣作觀行、加以分別、為人發露、詳細開示令人仰知、施設方便而說、顯示四諦眞義、教導學人趣向四諦；我釋迦牟尼如今顯現在世的如來、無所著、等正覺，也是一樣有這個令人正確實行而說的法要，就是說四聖諦的廣為含攝、廣作觀行、加以分別、為人發露、詳細開示令人仰知、施設方便而說、顯示四諦眞義、教導學人趣向四諦。舍梨子比丘有聰敏的智慧、迅速的智慧、捷疾的智慧、猛利的智慧、廣大的智慧、深奧的智慧、出離生死的重點智慧、通透了達的智慧、辯才無礙的智慧，舍梨子比丘成就眞實的智慧。爲何如此說呢？這是說，我大略的宣說這個四聖諦以後，舍梨子比丘就能爲別人而廣爲含攝義理、廣作觀行、加以分別、爲人發露、詳細開示令人仰知、施設方便而說、顯示四諦眞義、教導學人趣向四諦。舍梨子比丘廣作教導、廣爲眾人宣示這個四聖諦，加以分別、爲人發露、詳細開示令人仰知、施設方便而說、顯示四諦眞義、教導學人趣向四諦時，使得無量人可以得到四聖諦的現前觀行，舍梨子比丘能以正見作爲眾人的導御。目乾連比丘能令眾人立於解脫的最高眞實境界，就是究竟漏盡；舍梨子比丘使人出生了種種梵行，猶如大眾求取解脫的生母；目乾連比丘使眾人長養了種種梵行，猶如大眾求取解脫的養母；由這個原因，諸梵行者應該奉事、供養、恭敬、禮拜舍梨子及目乾連比丘。爲什麼呢？因爲舍梨子、目乾連比丘二人，爲諸梵行者請求如來開示法義，以及饒益眾人，爲眾人求得安隱快樂。」爾時世尊說如是語已，即從坐起，入室宴坐。

世尊入室靜坐之後，尊者舍梨子隨順世尊的開示，就告訴諸比丘們說：「諸賢！世尊爲我們這些人而出現在世間，就是說世尊不是爲了他自己，而是爲別人來廣作教導、廣爲開示這個四聖諦，爲我們詳加分別、爲我們發露出來、爲我們詳細開示，使我們仰聞而知、施設方便爲我們而說、顯示四聖諦的眞義、教導我們趣向四聖諦。如何是四聖諦？是說苦聖諦、苦習聖諦、苦滅聖諦、苦滅道聖諦。」

「諸賢！如何是**苦聖諦**？是說生苦、老苦、病苦、死苦、怨憎會苦、愛別離苦、所求不得苦，這七種苦合起來大略而說，就是五盛陰苦，是五陰熾盛的苦。諸賢！所說**生**的苦，這是說什麼苦因呢？諸賢！**生**的意思是說那些眾生們、許多眾生的不同種類，該出生時就出生，該出胎時就出胎，該成爲眾生時就成爲眾生，這樣子興起了五陰，已經得到命根了，這就是**生**。諸賢！**生**的痛苦，是說眾生在出生時，色身受到擠壓的苦痛感受、這是遍身的痛受，眾生出胎時都感覺到這種苦、也是遍身覺受這種苦；這時覺知心也同時感受這種苦受、遍身感受到苦受，心中感覺苦受、全面的領受這種苦痛的感覺；接著色身與心中都同時感受了苦受、身與心都同樣受苦，身心感覺**生**的苦痛、身心都同樣感覺到**生**的苦痛；這時色身專注於這個苦受、全身普遍的受苦，專注的感覺這個**生苦**、全面領受生的痛苦；心也同樣專注於出生時的苦受、心中全面領受出生時的苦受，心中感覺到出生時的痛苦、全面感覺出生的痛苦。身心同時專注的領受出生的痛苦、全面的領受出生的痛苦，身心都同時感覺出生的痛苦、全面感覺出生的痛苦時；這時色身在出離產門前被長時間的擠壓而極爲難過，身體很煩惱憂慼，這樣領受煩惱憂慼、普遍的領受煩惱憂慼，感覺到這種煩惱憂慼、全身都感覺這種煩惱憂慼；這時心中也很專注的一直不安，一直煩惱與憂慼著這個痛苦還要忍受多久；這樣領受煩惱憂慼、全面的領受煩惱憂慼，感覺煩惱憂慼、全面的感覺煩惱憂慼；不是單一色身或單一的心理痛苦，而是色身與心理都很專注而不安的注意煩惱與憂慼出生的痛苦何時才會停止，這樣領受出生時的長時間痛苦、全面的領受生的苦痛，感覺出生的苦痛、也全面的感覺出生的苦痛。諸賢！所說**出生**的**苦痛**，就是因爲有這些痛苦而說的。」

「諸賢！所說**老**的痛苦，這是說什麼原因而有老的痛苦呢？諸賢！**老**的意思是說那些眾生、那些眾生有很多的種類，他們都因爲老耄的緣故，頭髮白了、牙齒掉落了，原來盛壯的色身日漸的衰弱下來，身體變得彎曲，腳也變得不聽使喚了，身體覺得粗重而氣息卻上揚，使身體不穩，只能拄著枴杖來走路了；肌肉萎縮、皮膚鬆緩，不但皺了，而且全身老人斑多得像痲子一樣；這時五根漸漸在毀壞而日趨熟爛，顏面色澤也變得醜惡了，這就稱爲**老**。諸賢！**老**的痛苦，是說眾生老了的時候，色身領受了老的苦受、全身都領受了老的苦受，能感覺到老、全身都感覺到老了；這時心也跟著領受老的苦受、也全面的領受到老的苦受，感覺到自己老了、全面的感覺到自己老了；接著就是色身與心理同時在領受苦受、全面的由色身與心理同時領受老的痛苦，身心同時在感覺老的痛苦、身心同時全面感覺老的痛苦；這時色身惱熱的領受老的痛苦、全面的領受老的痛苦，色身都感覺老的痛苦、色身全面感覺老的痛苦；心裡面熱惱的領受老的痛苦、全面的領受老的痛苦，心裡感覺老的痛苦、全面的感覺老的痛苦；接著身心同時惱熱的領受老的痛苦、身心共同全面的領受老痛苦，身心都感覺老的痛苦、全面的感覺老的痛苦；這時色身更強大的惱熱起來，煩惱憂感的領受老的痛苦、全面的領受老的痛苦，色身感覺老的痛苦、全面的感覺老的痛苦；接著心也強大的惱熱起來，煩惱憂感的領受老的痛苦、很惱熱的全面領受老的痛苦，強烈的感覺老的痛苦、全面強烈的感覺老的痛苦；接著色身與心理都同時強烈的惱熱起來，煩惱憂感的共同領受老的痛苦、煩惱憂感的全面共同領受老的痛苦，身心煩惱憂感的共同感覺老的痛苦、全面煩惱憂感的共同感覺老的痛苦。諸賢！所說**老的痛苦**，就是因爲這個緣故而說的。」

「諸賢！世尊說**病苦**的意思，以什麼而說是病苦的因呢？諸賢！**病**的意思是說頭痛、眼痛、耳痛、鼻痛、面痛、脣痛、齒痛、舌痛、齶痛、咽痛、氣喘、咳嗽、喝了就吐、喉嚨生繭、羊癲癇、癭瘡、月經流溢、膽有火氣、身體煩熱、枯槁瘦弱、痔瘡、下痢，或者有了這一類以外的其他種種病，從觸覺而產生了苦觸，這種苦觸同時也不離心的感覺，留在人身之中感覺痛苦，這就稱爲**病**。諸賢！**病苦**的意思是說有情生病時，身體觸到了苦受、整個苦痛都觸受了，感覺色身有苦痛、整個苦痛都感覺到了；身苦痛的緣故導致心也感受到苦受、對苦受整個領受了，感覺到有苦痛、整個苦痛都感覺到了；身體與心都領受苦的覺受、對苦受整個領受了，感覺到有苦受、對整個苦受普遍的感覺到；身體因爲有苦痛所以覺得煩躁、整個領受到煩躁，感覺到身體的煩躁、也感覺到所有的煩躁；接著心也煩躁起來、領受到所有煩躁，感覺到煩躁、也感覺到所有的煩躁；接著身體與心共同煩躁起來，領受到身與心的煩躁、領受身心全部的煩躁，感覺到身與心的煩躁、感覺身與心都充滿了煩躁；身心都感覺到煩躁時，身體的煩躁就更增長壯大了，煩惱憂感的領受壯大的煩躁、全面的領受壯大的煩躁，感覺到有壯大的煩躁存在、全面的感覺到壯大的煩躁；身體如是，心就跟著也產生壯大的煩躁，煩惱憂慼的領受壯大的煩躁、全面的領受壯大的煩躁，感覺心中有著壯大的煩躁、全面的感覺到心中有壯大的煩躁；接著身體與心都一樣的共同產生壯大的煩躁起來，煩惱憂慼的領受身心共同壯大的煩躁、全面的領受身與心共同的壯大的煩躁，感覺身與心共同存在的壯大煩躁、全面的感覺到身與心共同處在壯大的煩躁中。諸賢！所說**病**的**痛苦**，就是因爲這個緣故而說的。」

「諸賢！世尊所說**死**的**痛苦**，這是以什麼作爲死的苦因？諸賢！**死**的意思是說那些眾生、許多種類的眾生，命根結束時顯示了無常，死亡而喪失身體、接著身體就散滅了；壽命用盡了、破壞了，命根被死亡所閉塞而不能再有覺知領受了，就說這是死亡。諸賢！死的痛苦是說眾生死的時候，身體領受了苦受、遍身領受苦受，感覺死的苦、整個感覺到死的苦；心領受死的苦受、全面領納死的苦受，感覺到死的苦出現了、也全面的感覺死苦的內容；接著身與心同時的領納苦受、對死苦全面的領受，感覺死苦的存在、全面的感覺死苦的存在；正死的時候身體有煩躁的覺受、全面的領納身體煩躁的覺受，感覺到死苦時的煩躁、全面感覺到死苦的煩躁存在；心跟著覺得煩躁、全面的領受死苦的煩躁，感覺到死時心中的煩躁、全面的感覺死時心中的煩躁；接著身與心同時都有煩躁的覺受、身心共同全面的領納煩躁的覺受，感覺身心都很煩躁、全面的感覺到死時身心都很煩躁；接著身體的煩躁更加的壯大了，煩惱憂感的領納死苦的煩躁覺受、全面的領受死苦的身體煩躁覺受，感覺到身體有壯大的煩躁覺受、專注而全面的感覺到身體有壯大的煩躁覺受；心也跟著產生了壯大的煩躁，煩惱憂感的領受心中壯大的煩躁覺受、專注而全面的領受心中壯大的煩躁覺受，感覺死時心中有壯大的煩躁覺受、專注而全面的感覺到心中有壯大的煩躁覺受；接著是身與心都共同的生起了壯大的煩躁來，煩惱憂感的領納身與心共同都有的壯大煩躁的覺受、全面的領納身與心共同的壯大煩躁覺受，感覺身心都有的壯大的煩躁覺受、專注而全面的感覺到身與心都有的壯大的煩躁覺受。諸賢！世尊所說**死**的**苦**，就是因爲這些狀況而說的。」

「諸賢！世尊說**怨憎會**的**痛苦**，這是以什麼爲因而說是怨憎會的痛苦？諸賢！**怨憎會**的意思，是說眾生確實有內六處：不可愛的眼根，不可愛的耳、鼻、舌、身、意根，這些不可愛的六根聚會在同一個三界有之中（同聚在一個人身之內，或同聚在一個有情色身之內），收攝爲一體、和合爲一體、共同熏習一切法，這樣子，這些不可愛的六根共同相聚在一起，便會使眾生流轉生死而不得出離，所以**六處和合在一起時，便成就了怨憎會的痛苦**。就像這個樣子，有情對身外六塵的觸、覺受、了知、思量、貪愛也一樣是這個道理，都因為這外六塵的聚會和合，而使得眾生流轉生死、不能斷絕，所以外六處也是不可愛的；不可愛的外六處和合在一起而使人流轉生死、不得出離，所以**外六處的和合就是怨憎會**。諸賢！眾生確實有六界：不可愛的地界，不可愛的水、火、風、空、識界，這些不可愛的六界共同聚會在一個三界有之中而成為一個眾生，攝持在一體中、和合為一體、共同熏習生死流轉的種種法，共同和合在一起就會流轉生死，使人不能出離生死，所以說**六界和合即是苦**，這就是**怨憎會**。諸賢！怨憎會的苦，是說眾生不可愛的六處怨憎會時，身體就會領受痛苦的覺受、並且會專注的全面領受痛苦的覺受，會感覺到身體有痛苦的覺受、也會專注而全面的感覺到身體有痛苦的覺受；接著心中也領受了身體痛苦的覺受、並且是專注而全面的領受身體痛苦的覺受，感覺到心中有痛苦的覺受、專注而全面的感覺到心中有痛苦的覺受；身體與心中都領受痛苦的覺受、專注而全面的領受痛苦的覺受，感覺到身心中都有痛苦的覺受、專注而全面的感覺到身心中都有痛苦的覺受。諸賢！世尊說**怨憎會苦**的意思，就是因爲這個緣故而說的。」

「諸賢！說**愛別離苦**者，這是以什麼爲因而說的呢？諸賢！愛別離的痛苦，是說眾生確實有內六處：可愛的眼根，可愛的耳、鼻、舌、身、意根，當這六根互不相屬的分散了，六根不能相應時；六根互相分離，六根不能聚會在一起，六根不能互攝，六根不能共同熏習一切法，**六根不能像以前一樣的和合在一起，這就是苦**。就像這樣子，對於外處六塵的觸、覺受、了知、思量、愛貪，如果**與外六塵別離了，也將是像這樣子的痛苦**。諸賢！眾生確實有六界：可愛的地界，可愛的水、火、風、空、**識**界；這六界假使成爲不相干的六界而不聚合爲一體，身中的六界不能再相應了，**六界分散別離了**，六界不聚會爲一體了，六界不再**互相攝持**了，六界也不再共同熏習一切法了，六界不和合在一起了，色身就壞了，這就是苦，這就是愛別離的痛苦。諸賢！愛別離的痛苦，是說眾生身中的內六處、外六處、內六界互相別離時，身體領納到苦受、身體全面的領納到苦受，感覺到身體領納了別離的苦受、專注而全面的感覺到身體在領納別離的苦受；心中也領納了別離的痛苦覺受、專注而全面的領受六處等別離的苦受，感覺到心中的愛別離苦受、專注而全面的感覺到心中有愛別離的苦受；接著身體與心中都領納了愛別離的痛苦覺受、專注而全面領納愛別離的痛苦覺受，感覺到心中有愛別離的痛苦覺受、專注而全面的感覺到心中有愛別離的痛苦覺受。諸賢！世尊所說愛別離的痛苦，就是因爲這些緣故而說的。」

「諸賢！世尊所說**所求不得苦**的意思，這是以什麼爲因而說的？諸賢！這是說眾生都有**出生**的法相，眾生都不能離開**出生**這個法。想要讓這個我不出生的話，這確實不可能因爲想要這樣就可成功。**生**這個法如是，同樣的，**老**這個法、**死亡**這個法、**愁慘憂慼**等法也一樣：不但是求離**老**、**死**而不能離，乃至不能離開**憂慼**之法，想要使自我不**憂慼**的話，這也是不可能心裡想要離開就能如願的。諸賢！眾生確實有出生的痛苦，使得心中覺得出生是不可樂的、是不可愛念的，眾生心裡這樣子想：『如果我有出生的痛苦而不可樂、不可愛念的話，我倒想要轉變這個不可愛、不可樂的生苦，使出生成爲可愛、可想念的法。』但是仍然不可能因爲心中想要這樣就能成功。諸賢！有的眾生確實覺得出生是快樂而且是可愛念的，他們心中這樣子想：『如果我的出生是可樂、可愛念的話，我當然想要使得自己出生以後可以常恒久住而不變易。』可是這樣的追求也不可能因爲想要這樣就能成功。諸賢！也有一種眾生確實產生了一個看法，他們覺得：思想出生了就開始變易，因爲是變易的，所以是不可樂、不可愛念的，他們這樣子想：『如果我出生了思想而覺得變易，所以不可樂、不可愛念的話，我應該想辦法使得出生了的思想不變易，使思想成爲可愛念的。』但是這個想法也不可能心中想要這樣就能成功。諸賢！眾生確實有人在心中出生了思想，他覺得所生的思想是可愛、可念的，他們心中這樣子想：『如果我心中出生的思想是可愛、可念的話，我想要使心中所生的思與想成爲常恒久住而不變易的。』但是這仍然無法心中想要這樣子就能成功。諸賢！世尊說**所求不得苦**的道理，就是因爲這緣故而說的。」

「諸賢！以上的種種苦，世尊說**大略而言都是五陰熾盛的痛苦**，這是以什麼爲原因而說的呢？是說色陰強盛，受、想、行、識陰都很強盛。諸賢！世尊說**略五盛陰苦**的開示，就是因爲這個緣故而說的。諸賢！過去時的五盛陰是苦聖諦，未來、現在的五盛陰是苦聖諦，這是眞實的道理，決不虛妄；這個苦聖諦不離於如（苦聖諦不離於自在），也不是顚倒想，眞實的正理詳細的審查確實。綜合如是八苦的眞諦，是聖人所有、聖人所知、聖人所見、聖人所了知、聖人所證得、聖人所共同眞正覺悟的內容，由這個緣故，世尊說**苦聖諦**。」

「諸賢！如何是**愛習苦習聖諦**（苦集諦）？是說眾生確實有貪愛的內六處：眼根，耳、鼻、舌、身、意根。於六根之中，如果對任何一根或全部六根都有貪愛、有黏膩、有愛染、有執著的話，就稱爲苦的熏習。諸賢！多聞的聖弟子們知道：『我像這樣子了知這個苦習的法義，這樣子看見苦習、這樣子了知苦習、這樣子看待苦習、這樣子覺悟苦習，這就是**愛習、苦習聖諦**。』這樣子了知愛習、苦習聖諦。如何才是眞的了知愛習、苦習聖諦呢？如果心中有貪愛妻、子、奴婢、僕人、眷屬、田地、屋宅、店肆、孳息的財物，這就是心所作的貪愛熏習的業；有貪愛、有黏膩、有愛染、有執著的話，這就稱爲愛染的熏習，未來世的苦果就存在了。他們這樣子觀察以後，現在知道這就是愛習、苦習聖諦。同樣的，外六塵的觸、覺受、了知、思量、愛染，也和這個道理一樣。諸賢！眾生確實有貪愛六界的現象：地界，水、火、風、空、**識**界（註）。於這六界中，如果有貪愛、有黏膩、有愛染、有執著的話，就是貪愛的熏習。諸賢！多聞的聖弟子們知道：『我像這樣子了知這個道理，像這樣子看見、像這樣子了知、像這樣子看待、像這樣子覺悟，這就是世尊所說的**愛習、苦習聖諦**。』像這樣子知道了。如何知道的呢？如果心中有貪愛自己的妻、子、奴婢、僕人、眷屬、田地、屋宅、店肆、孳息財物，這就是心中所作的貪染業，有貪愛、有黏膩、有愛染、有執著的話，這就稱為苦熏習聖諦；他們這樣就是知道**愛習**、**苦習聖諦**。諸賢！過去時對五陰、對我所的貪愛執著就是愛習、苦習聖諦，未來、現在時對五陰、對我所的貪愛執著就是愛習、苦習聖諦；這個道理眞實不虛，但也不離於如，而且不是斷滅，也不是顚倒想，眞正的道理詳細的審查確實了。綜合像這樣的眞理，正是聖人所有、聖人所知道、聖人所看見、聖人所了知、聖人所證得、聖人所共同正確覺悟的眞理，以這個緣故，世尊說**愛習**、**苦習聖諦**。」（註：貪愛識界—貪愛本識的功能—即是唯識增上慧學中所說：眾生恆內執阿賴耶識為我。此是菩薩悟後方能現觀的所有凡夫眾生法界的「恆內執我」，阿羅漢聞 佛所說而不能現觀，唯除迴心大乘以後證悟了本識阿賴耶識心體。）

「諸賢！如何是**愛滅**、**苦滅聖諦**呢？是說眾生確實有貪愛內六處：眼根，耳、鼻、舌、身、意根。他們如果解脫了，不愛染、不執著六根，斷除及捨棄六根，把對六根的愛著吐盡了，對六根沒有貪愛、滅了貪愛、止息而不使貪愛繼續存在的話，這就是名為苦滅。諸賢！多聞的聖弟子們知道：『我像這樣子知道了這個苦滅，像這樣子看見苦滅了、像這樣子了知苦滅、像這樣子看待苦滅、像這樣子覺悟苦滅的內容，這就是說**愛滅**、**苦滅聖諦**。』像這樣子知道苦滅。如何才是眞的知道苦滅了呢？如果有人心中不再貪愛妻、子、奴婢、僕人、眷屬、田地、屋宅、店肆、孳息財物，不爲這些而在心中造作貪愛的意業；他們如果解脫了，不貪染也不執著，斷、捨、吐盡了貪愛執著，心中沒有欲望、消滅了這些欲望、止息消失這些欲望的話，這就名爲**苦滅**，他們知道這就是**愛滅**、**苦滅的真實道理**。對於外六塵的觸、覺受、了知、思量、貪愛，也是像這樣子斷除。諸賢！眾生確實有貪愛六界：地界，水、火、風、空、**識**界。他們如果解脫了，對六界不愛染、不執著，斷、捨、吐盡了對六界的貪愛與執著，心中不再對六界有欲求、息滅對六界的欲求、止息而消失的話，這就名爲**苦滅**。諸賢！多聞的聖弟子們知道：『我像這樣子知道這個苦滅的法，像這樣子看見苦滅的道理、像這樣子了知苦滅的道理、像這樣子看待苦滅、像這樣子覺悟苦滅的道理，這就是說**愛滅**、**苦滅聖諦**。』像這樣子知道愛滅、苦滅聖諦。如何知道愛滅、苦滅聖諦呢？如果有人已經不愛貪妻、子、奴婢、僕人、眷屬、田地、屋宅、店舖、孳息財物，不再爲這些而在心中造作意業；他們如果解脫了，不愛染、不執著，斷、捨、吐盡了愛染執著，心中對這些都沒有欲望、消滅欲望、止息消失欲望的話，這就名爲苦滅，他們知道這個愛滅、苦滅聖諦了。諸賢！過去時的貪愛與執著滅了，就是愛滅、苦滅聖諦，未來、現在時的貪愛與執著滅了，就是愛滅、苦滅聖諦，眞實的道理決不虛妄，也不離於如，而且不是斷滅；也不是顚倒的想法，眞實道理詳細的審查確實。綜合如是眞理，是聖人所有的、聖人所知道的、聖人所看見的、聖人所了知的、聖人所得到的、聖人共同正確的覺悟，以這個緣故，世尊說**愛滅**、**苦滅聖諦**。」

「諸賢！如何是**苦滅道聖諦**呢？所謂苦滅除方法的眞實道理，是說**正見**、**正志**、**正語**、**正業**、**正命**、**正方便**、**正念**、**正定**八個方法。諸賢！如何是**正見**？是說聖弟子們想到『苦就是苦』的時候，熏習就是熏習、息滅就是息滅；想到滅苦的道就是滅苦的方法時，或者觀察本來所作的身口意業，或者學習回想以前所作的種種身口意行，或者看見種種身口意行的過失招來輪迴的災患，或者看見了涅槃的止息一切痛苦，或者不執著於所憶念的種種觀察、善淨心獲得解脫的時候，於這中間，能抉擇正確的道理、普遍在所有境界上作抉擇、又再一次重複的觀察而作抉擇，抉擇了正確的解脫之法而且觀察這個解脫之法、並且廣大的遍觀一切境界中的解脫法，觀察到明白通達了，這就是**正見**。」

「諸賢！如何是**正志**呢？是說聖弟子想到所觀察的三界苦就是三界苦時，知道熏習是怎樣熏習的、知道息滅是怎樣息滅的；想到所觀察的滅苦之道，知道怎樣就是滅苦之道時，這時或者觀察原本所作的身口意行，或者學習回想以前種種身口意行，或者看見了種種身口意行引生未來的災患，或者看見了涅槃境界止息了一切苦，或者沒有執著的憶念與觀察、善淨心得到解脫時，在這中間，心觀察、普遍的觀察、隨順解脫而作觀察；觀察以後，對於可以憶念的法就憶念起來，對於可以仰望的法就加以仰望，這就稱爲**正志**。」

「諸賢！如何是**正語**呢？是說聖弟子們想到苦正是苦的時候，也知道熏習就是熏習、息滅就是息滅；想到息滅的方法是息滅的方法時，此時或者觀察原本所作的身口意行，或者學著回想以前的種種身口意行，或者看見了種種身口意行引生的未來世災患，或者看見了涅槃中止息了一切苦，或者沒有執著的想念所觀察的以前身口意行、所以獲得善淨心的解脫時，於這中間，除了覺悟解脫之後口中所作四種妙行（不妄語、不惡語、不綺語、不兩舌）以外，種種其餘的口業惡行都遠離、都除斷了，不再作種種口惡行，凡有所說不與口惡行相合，不再與口惡業際會了，這就稱爲**正語**。」

「諸賢！如何正業呢？是說聖弟子們想到苦就是苦的時候，了知熏習就是熏習、息滅就是息滅；想到滅苦的方法就是滅苦的方法時，或者觀察本來所作的業行，或者學著回想種種正行，或者看見種種業行引生未來世的災患，或者看見涅槃境界中止息了一切苦，或者沒有執著憶念自己所觀行的、善淨心得到解脫的時候，於這中間，除了色身所作的三種妙行（不殺生、不竊盜、不淫或不邪淫），種種其他的身體惡行都遠離、除斷了，不再造作了，不與身惡業聚合，不與身惡業相會了，這就是正業。」

「諸賢！如何是正命呢？是說聖弟子們想到苦是苦的時候，苦習就是苦習、苦滅就是苦滅；想到滅苦的方法就是滅苦的方法時，或者觀察本來所作的事，或者學著回想種種身行，或者看見了種種身行引生未來世的種種災患，或者看見涅槃境界中止息了一切苦，或者沒有再執著憶念所觀察的一切法、善淨心得到解脫時，於這中間，對於色身的生存沒有了無理的欲求，不以很多的欲求而無厭足，也不造作種種伎術咒說的邪命方法來存活色身；僅以合乎佛制的方法來求所需要穿的衣物，不用違背佛制的方法來求得衣服；也以正確的方法求得飲食、床座，不用違背佛制的非法來求得飲食等物，這就名爲正命。」

「諸賢！如何是**正方便**呢？是說聖弟子們想到所觀察的苦就是苦的時候，熏習就是熏習、息滅就是息滅；想到滅苦的方法就是滅苦的方法時，或者觀察本來所作的事，或者學著回想以前所造的種種行爲，或者看見諸行所引生未來世的輪迴災患，或者看見了涅槃境界中止息了一切苦，或者沒有執著於以前想到的觀行內容、善淨心獲得解脫時，於這中間，如果有精進的運用各種方便，一向專精的勤求解脫，有力量的趣向解脫，專心的執著解脫之道而不捨棄，也不衰退，正確的降伏其心，這就稱爲**正方便**。」

「諸賢！如何是**正念**呢？是說聖弟子們想到苦即是苦時，熏習就是熏習、息滅就是息滅；想到滅苦的方法就是滅苦的方法時，或者觀察原本所作的種種三行，或者學著回想以前所作的種種身口意行，或者看見諸行引生未來世的輪迴災患，或者看見了涅槃境界中止息了一切苦，或者沒有執著想念所觀察到的一切、善淨心得到解脫之時，於這中間觀察：或者『心有隨順所憶念的正法』而背捨了沒有？這樣子向著正念、憶念正法到很普遍，念想著、又再憶念著，心心念念不忘於解脫心所應想的，這樣的憶念就稱爲**正念**。」

「諸賢！如何是**正定**呢？是說聖弟子們想到苦就是苦時，熏習就是熏習、息滅就是息滅；想到滅苦的道就是滅苦的道時，這時或者觀察本來所作的身口意行，或者學習回想以前種種所作諸行，或者看見諸行引生未來世輪迴的災患，或者看見了涅槃境界中止息了一切苦，或者沒有執著自己所觀察的種種法、善淨心得到解脫時，於這中間，或者心得安住、或者藉禪定境界而安住、隨順所觀察的正法而安住，不掉亂也不散失，收攝自心止於正確的一處境界中，這就稱爲**正定**。」

「諸賢！過去時的八正道就是苦滅道聖諦，未來、現在時的八正道就是苦滅道聖諦，眞實的道理決不虛妄，也**不離於如**而且**不是斷滅**，也不是顚倒想，眞實的道理詳細而確實究竟。綜合這樣的眞實道理，正是聖人所有、聖人所知、聖人所見、聖人所了、聖人所得、聖人所共同正確的覺悟，以這個緣故而說**苦滅道聖諦**。」於是舍梨子說了一首頌：

佛明達諸法　見無量善德　苦習滅道諦　善顯現分別

尊者舍梨子所說如是，彼諸比丘聞尊者舍梨子所說，歡喜奉行。】

如是語譯之後，四聖諦與八正道的眞實道理，已經很明白的顯示了；八正道其實就是四聖諦中的苦滅之道，是滅苦的方法。在這部經中，世尊略說了以後，舍梨子尊者詳細的解說四聖八諦的內容，可以說是鉅細靡遺了；對觀行的方法也很清楚的說明了，幾乎可以說是嘮嘮叨叨的了，剩下的就是您要確實加以如理作意的親自觀行了！這正是讀者自己應該要作的事情。如果您眞的想要取證解脫果，確實證得初果的解脫，乃至二、三、四果的解脫，那就如實觀察八苦吧！那就如實的觀察五陰、內六處、外六處、六識、六界等法的自我執著的虛妄吧！如果依照八正道的說明而確實的作了以後，仍然斷不了離念靈知心的我見與自我執著，而繼續確認離念靈知心是常住不壞心的話，那就顯示您的觀行是不如理作意的，那就請您一再詳細閱讀上面的經文，一再詳細找尋平實的語譯是否有過失？如果詳細的、重複的、如理作意的找尋平實語譯經文的過失而不可得，那就請您回歸到如理作意而繼續觀行，不要再像以前一樣以先入爲主的、從凡夫大法師那裡學來的錯誤觀念，來作錯誤的觀行；然後，您一定會在此世確實的斷除我見——不再承認離念靈知心是常住不壞心——不但是欲界中的離念靈知心、未到地定中的外道神我離念靈知心、初禪中的梵我離念覺知心，乃至非想非非想定中的離念靈知心，您都會確認是虛妄法；那時您的我見就確實斷了，那時一定可以自我檢查**身見結使**已經眞的斷除了，恭喜您已經證得初果解脫了。

接著，疑見也會跟著斷除；從此以後，一切大師們的我見斷了沒有？您都會在他們所說言語、所著書籍中確實的觀察出來，從此以後對大師們有沒有斷我見的事情，心中都可以確認，不再對大師們是否已斷我見的事情心存懷疑，也不再對自己的判斷有所懷疑了，這就是斷疑見，就是 佛在阿含中所說的「於諸方大師不疑」的眞義。從此也會對於人類是否可以眞的證得解脫果而出離生死的事情，心中確定無疑了！這也是疑見的斷除，已獲得四不壞淨了。接下來，對於諸方大師爲了想要讓人證得解脫而施設的禁戒，您也可以清楚的確定：**他們所施設的禁戒，是與解脫的取證有關、或是無關**？您可以很清楚的判斷及了知，這就證明您的**戒禁取見**已經斷了。如果您的戒禁取見也斷了，三縛結就全部斷除了，初果解脫的見地就全部發起了，已經再度檢查而能確認自己已經**預入聖流**了：雖然還不是眞正的聖人，但已經預先算是聖人中的一分子了。

您如果不想退失這個分證解脫的見地證量，還得要繼續重複的如理作意觀行，才能保得住這個果證；因爲末法時代邪師極多，他們會繼續影響或說服您回到我見的境界裡。因爲斷除自我、否定自我，是違背常人所樂、所思、所欲的；當諸方大師們都斷不了我見，而您說他們未斷我見時，他們必然會爲了名聲與眷屬而執著自己的看法，落在**見取見**中，將會以鬥爭爲業：**一定會開始極力的抨擊您的說法**。當您還沒有被說服而回到我見、常見中，大師們一定會繼續抨擊您講出來的法義。但是這時您會覺得好笑：**您想要幫助大師們斷我見、斷三縛結而取證初果，他們卻反過來打擊您對他們的幫助**。這時的您，自然就會懂得**見取見是以鬥爭爲業**的道理了！這時您就可以領受到平實十餘年來費盡心力救他們，卻不斷受到他們的打壓與誣衊的心情了。但是這時您心中不會想要與他們爭執，但他們卻一直堅持他們的說法才是正確的，一直大力的破斥您所說的正理，不斷的與您爭執。而您住於初果見地中，只會對他們生起憐憫心，想要詳細的爲他們說明而救護他們斷除我見，絕不會有絲毫的諍論心，這時您就會觀察到：**自己的見取見確實斷了，大師們的見取見正在大力的運作**。恭喜您！此時的您眞的斷除**見取見**了，這時已可完全確定是眞正的初果人了！這是您自己斷了我見以後確實可以親身檢驗的。能親身體驗的佛法，才是眞正的佛法；不能親身體驗的佛法，則只是假名佛法、表相佛法。

第八節　除異生性

二乘人所斷之異生性，不同於大乘人所斷之異生性；二乘法中見道所斷的異生性，性質窄狹，所以只要斷除我見就可以除掉解脫道所攝的異生性了，從此以後絕對不會誹謗解脫道的內容與行門，也絕對不會誹謗解脫道中已經實證的一切聖者，更不會誹謗確實已親證大乘佛菩提道的菩薩；由此緣故，以後永不入三惡道中受苦，名爲解脫道中已修除異生性的初果人。最懈怠的初果人，極盡七有天上人間往返，必得阿羅漢果證；極精進修行的初果人，一生可證四果；最鈍根而極精進修行的初果人，至遲四次受生可以取證阿羅漢果。

但是大乘法中見道通達位的初地菩薩所斷異生性，性質極爲寬廣，必須先證得根本無分別智，再經由悟後進修而發起後得無分別智，再進修一切種智而發起了初地道種智的初分，並且已完成解脫道中的三果取證，這時才能說是已經斷盡大乘法中異生性相應的煩惱了，從此以後不會再因性障而謗大乘賢聖，也不會因爲對於大乘佛菩提的誤解而謗大乘法及上位的大乘賢聖。這是大乘法中所知障所攝的異生性，體性是極爲寬廣的，不是二乘阿羅漢們能了知的；因爲他們連如來藏都證不到，也沒有想要親證本識如來藏，連般若中觀的根本無分別智都沒有，何況後得智與種智的智慧呢？所以說大乘法所攝的異生性，是所知障所攝而非煩惱障所攝的，體性寬廣，極不容易斷除，而且函蓋二乘煩惱障所攝的異生性。二乘見道所斷的異生性，只是解脫道所攝而很容易斷除的：只要斷除了三縛結，證得初果的見地時，就能斷除解脫道所攝的異生性了。

何謂二乘所斷之異生性？《中阿含經》有云：【我聞如是　一時佛遊舍衛國，在勝林給孤獨園。爾時世尊告諸比丘：「世有欲人，貧窮爲大苦耶？」諸比丘白曰：「爾也！世尊！」世尊復告諸比丘曰：「若有欲人，貧窮舉貸他家財物。世中舉貸他家財物，爲大苦耶？」諸比丘白曰：「爾也！世尊！」世尊復告諸比丘曰：「若有欲人，舉貸財物，不得時還，日日長息。世中長息，爲大苦耶？」諸比丘白曰：「爾也！世尊！」世尊復告諸比丘曰：「若有欲人，長息不還，財主責索。世中財主責索，爲大苦耶？」諸比丘白曰：「爾也！世尊！」世尊復告諸比丘曰：「若有欲人，財主責索，不能得償，財主數往至彼求索。世中財主數往至彼求索，爲大苦耶？」諸比丘白曰：「爾也！世尊！」世尊復告諸比丘曰：「若有欲人，財主數往至彼求索，彼故不還，便爲財主之所收縛。

世中爲財主收縛，爲大苦耶？」諸比丘白曰：「爾也！世尊！」「是爲世中有欲人，貧窮是大苦；世中有欲人，舉貸財物是大苦；世中有欲人，舉貸長息是大苦；世中有欲人，財主責索是大苦；世中有欲人，財主數往至彼求索是大苦；世中有欲人，爲財主收縛是大苦。如是，若有於此聖法之中，無信於善法，無禁戒，無博聞，無布施，無智慧於善法；彼雖多有金、銀、琉璃、水精、摩尼、白珂、螺璧、珊瑚、琥珀、碼腦、玳瑁、硨渠、碧玉、赤石、琁珠，然彼故貧窮，無有力勢，是我聖法中說『不善、貧窮』也！彼身惡行，口、意惡行，是我聖法中說『不善、舉貸』也！彼欲覆藏身之惡行，不自發露，不欲道說，不欲令人訶責，不順求；欲覆藏口、意惡行，不自發露，不欲道說，不欲令人訶責，不順求，是我聖法中說『不善、長息』也！彼或行村邑及村邑外，諸梵行者見已，便作是說：『諸賢！此人如是作、如是行、如是惡、如是不淨，是村邑刺。』彼作是說：『諸賢！我不如是作、不如是行、不如是惡、不如是不淨，亦非村邑刺。』是我聖法中說『不善、責索』也！彼或在無事處，或在山林樹下，或在空閑居，念三不善念：欲念、恚念、害念，是我聖法中說『不善、數往求索』也！彼作身惡行，口、意惡行；彼作身惡行，口、意惡行已，因此、我緣此，身壞命終，必至惡處、生地獄中，是我聖法中說『不善、收縛』也！我不見縛更有如是苦、如是重、如是粗、如是不可樂如地獄、畜生、餓鬼縛也！此三苦縛，漏盡阿羅訶比丘已知滅盡，拔其根本，永無來生。」於是世尊說此頌曰：

世間貧窮苦，舉貸他錢財；舉貸錢財已，他責爲苦惱。
財主往求索，因此收繫縛，此縛甚重苦。
世間樂於欲，於聖法亦然；若無有正信，無慚及無愧；
作惡不善行，身作不善行，口意俱亦然，覆藏不欲說，
不樂正教訶；若有數數行，意念則爲苦；或村或靜處，
因是必有悔。
身口習諸行，及意之所念，惡業轉增多，數數作復作；
彼惡業無慧，多作不善已，隨所生畢訖，必往地獄縛。
此縛最甚苦，雄猛之所離；如法得財利，不負得安隱。
施與得歡喜，二俱皆獲利；如是諸居士，因施福增多。
如是聖法中，若有好誠信，具足成慚愧，庶幾無慳貪。

已捨離五蓋，常樂行精進，成就諸禪定，滿具常棄樂。
已得無食樂，猶如水浴淨，不動心解脫，一切有結盡。
無病爲涅槃，謂之無上燈；無憂無塵安，是說不移動。
佛說如是，彼諸比丘聞佛所說，歡喜奉行。】（《中阿含經》卷二十九《貧窮經》）

語譯如下：【我聞如是 一時佛遊舍衛國，在勝林給孤獨園。這時世尊告訴諸比丘說：「世間有欲望的人，貧窮是不是他們的大苦呢？」諸比丘稟白說：「正是這樣子！世尊！」世尊又告訴諸比丘說：「如果是有欲望的人，因爲貧窮而又想要享受，就只好向他家借貸財物。世間舉貸他家財物的事情，是不是大苦呢？」諸比丘稟白說：「正是如此啊！世尊！」世尊復告訴諸比丘說：「若是有欲望而不是離欲的人，舉貸財物享用以後，不能依照約定的時間償還，口裡不斷的長聲嘆息。世間中不斷長聲嘆息的事情，是不是大苦呢？」諸比丘稟白說：「確實如此啊！世尊！」世尊復告訴諸比丘說：「若是有欲望的人，不斷的長聲嘆息而不能還錢，財主來責備索還。在世間中，被財主責備索還的事情，是不是最大的痛苦呢？」諸比丘稟白說：「正是這樣啊！世尊！」世尊復告訴諸比丘說：「若是有欲望的人，財主來家裡責備索還，卻不能得到償還，財主就不斷前往借錢人的家中求索。在世間中，被財主不斷前往家中求索，是不是大苦惱呢？」諸比丘稟白說：「是啊！世尊！」世尊復告訴諸比丘說：「若是有欲望的人，財主不斷的前往借錢者家中求索，他仍然不能償還，就被財主收縛起來。在世間中，被財主收縛的事，是不是最大的苦惱呢？」諸比丘稟白說：「正是如此啊！世尊！」「這就是說：世間有欲望而不能離欲的人，貧窮即是他的大苦惱；世間有欲望而不能離欲的人，舉貸財物就是他的大苦惱；世間有欲望的人，舉貸之後無法還錢而長聲嘆息，就是大苦惱；世間有欲望的人，被財主責備索求還錢，就是大苦惱；世間有欲望的人，被財主不斷前往家中求索還錢，就是大苦惱；世間有欲望的人，借錢而無法還錢，被財主收縛，就是大苦惱。就像是這樣子，如果有人在這個佛教聖法之中，對於善法沒有確實的生起信心，不持禁戒，沒有博聞，不作布施，於善法中沒有智慧可以修學；他雖然有很多的金、銀、琉璃、水精、摩尼、白珂、螺壁、珊瑚、琥珀、碼腦、玳瑁、硨渠、碧玉、赤石、圓珠，但是他其實仍然是貧窮的，在聖法之中是沒有勢力的，這就是我聖法中說的不善和貧窮啊！他造作了身惡行、口意惡行，就是我聖法中說的不善、舉貸啊！他想要覆藏身之惡行，不自發露，不願意向人說出來，不想使人訶責他，不隨順求證正法；想要覆藏口、意惡行，不自發露，不想說出來，不想使人訶責他，不隨順於正法的求證，這就是我聖法中說的不善、以及長聲嘆息啊！他假使行走於村邑中及村邑外，諸多梵行者看見他的時候，便會這樣子說：『諸賢！這個人這樣子作了某事、這樣子行走於村邑中、這樣子造作惡業、這樣子不清淨，他是我們村邑中的尖刺。』他聽了以後卻這樣子說：『諸賢！我沒有那樣子作了某事、沒有那樣子行走於村邑中、沒有那樣子作惡事、沒有像人家所說的那樣不清淨，我也不是村邑中尖刺。』（此是覆藏惡事之語）這就是我聖法中說的不善、被責索啊！他或者在無事處，或者在山林樹下，或者在空閑無事的居處，心中想著三種不善的念頭：「欲望的想法、瞋恚的想法、害別人的想法」，這就是我聖法中說的不善、被財主不斷前往求索的人啊！他作了身惡行，口、意惡行；他作了身惡行、口意惡行以後，因為這個身口意的惡行、緣於這個身口意的惡行，身壞命終以後，必定往生到不好的地方、或者生於地獄中，這就是我聖法中所說的不善、以及被惡業收縛的人啊！我不曾看見過被繫縛的人，有比這種繫縛更苦、更重、更粗、更不可樂的猶如地獄、畜生、餓鬼的繫縛啊！這三惡道繫縛的痛苦，漏盡的阿羅漢比丘們，已知道自己滅盡了這些苦，拔掉了三惡道繫縛的根本，永遠再也沒有未來生了（不再出生於三界中了）。」於是世尊說了這一首偈頌（以下偈意易解，不語譯之）：

世間貧窮苦，舉貸他錢財；舉貸錢財已，他責爲苦惱。

財主往求索，因此收繫縛，此縛甚重苦。

世間樂於欲，於聖法亦然；若無有正信，無慚及無愧；

作惡不善行，身作不善行，口意俱亦然，覆藏不欲說，

不樂正教訶；若有數數行，意念則爲苦；或村或靜處，

因是必有悔。

身口習諸行，及意之所念，惡業轉增多，數數作復作；

彼惡業無慧，多作不善已，隨所生畢訖，必往地獄縛。

此縛最甚苦，雄猛之所離；如法得財利，不負得安隱。

施與得歡喜，二俱皆獲利；如是諸居士，因施福增多。

如是聖法中，若有好誠信，具足成慚愧，庶幾無慳貪。

已捨離五蓋，常樂行精進，成就諸禪定，滿具常棄樂。

已得無食樂，猶如水浴淨，不動心解脫，一切有結盡。

無病爲涅槃，謂之無上燈；無憂無塵安，是說不移動。佛說如是，彼諸比丘聞佛所說，歡喜奉行。】

這部經文的意思是說：永離凡夫性，就是永離異生性。永離凡夫性的意思，是說已經斷除三縛結，永離三惡道——永遠都不會再造作使自己淪墜三惡道的事——名爲斷除異生性。**仍有異生性**的意思是說，未來世中仍然會淪墜於三惡道中，不能永遠離開三惡道異生身的緣故；這是因爲他心中仍有異類旁生的種子存在，是說他仍然會造作害人、謗法的惡業，由這些惡業而難免淪墜三惡道中。三界五趣只有人與天人是比較安樂的堪忍之處，名爲二種善道（阿修羅遍於五趣中受生、時善時惡）；其餘畜生、餓鬼、地獄三道眾生，皆不可堪忍，名爲三惡道。以三惡道不同於善道的人及天人故，名爲異生；若人尚未斷盡身、口、意惡業者，未來世中將仍會淪墜於三惡道中，即是具足異生性的凡夫，是故凡夫都仍有異生性，故說凡夫未離異生性。

舉凡二乘菩提解脫道中之斷除三縛結者，不論他心中再怎麼不滿，也決定不會對大乘法、對更勝妙的佛法加以妄評，也不會對眞悟的菩薩們作任何不恰當的評論，唯除我見尚未斷盡的人，或是斷我見後心中生疑而重新墜落於我見中的人。更何況證得解脫果的二果至四果聖人，心已純直，不再諂曲，而又知道大乘法義確實勝妙於二乘菩提極多；他們也已知道五陰我之虛妄，何需爲了一世的名聞與利養，而與證境勝妙於自己的菩薩們相諍？也清楚的瞭解到大乘法的**本來自性清淨涅槃**不是自己所能親證，知道自己的解脫果證量確實無法了知菩薩的般若妙慧，也了知菩薩的般若妙慧及所說的解脫法義，都不違背自己所證的解脫見地與證量，卻更勝妙於自己。又在了知自己確實是假有的情況下，現觀五陰所擁有的名聞與利養也都是虛妄無常的，那又何需爲了名聞或利養而故意與菩薩爲敵？因爲菩薩雖然常說二乘法不如大乘法，卻本來就是如實說，並不是故意貶抑二乘之說，也不是虛誑欺瞞之說，更不是自讚毀他之說。菩薩的說法正是**如法說**，是**依實相說**，所以全無與二乘聖人相諍之意，所以二乘聖人也都不會與菩薩諍論，除非是未證謂證的二乘法中凡夫諸人。

又因爲聲聞證果的三果與四果人，在解脫道上之異生性已經斷盡，既無意願迴心而修大乘般若，捨壽時必定是現般涅槃，或者下至上流處處般涅槃；既然如是，又何必爲了短至一世之**見取見**而與菩薩相諍？又何必再迴入凡夫位中而造謗法之大惡業？若是初果與二果人，則又由於身見、三縛結已斷的緣故，已能了知菩薩所說法義都非妄言亂語，惟有敬之而不評論；如是解脫道中的證道者，決不會與菩薩相諍，名爲已斷解脫道中之異生性者。如果有人堅決的以二乘小法而謗大乘法，假使有人堅決以其未斷我見之離念靈知心而說爲常住不壞心；假使有人宣稱已證初果、二果，卻仍然在毀謗大乘眞悟菩薩、妄評菩薩所說的勝妙大乘法義，當知如是類人必定尚未斷除我見、必定尚未遠離異生性，故說其人名爲凡夫眾生，仍不知所造之業必然再受異生果報，這一類人就一定會繼續對菩薩諍論。

這一節說異生性的斷除，想要永遠不入三惡道中，是以斷我見爲首要基礎的；所以斷我見而證初果，不但是南傳佛法中修學解脫道的聲聞人，乃至大乘法中欲證般若實相的凡夫菩薩們，全都不能自外於此，所以說斷除我見而離異生性，是一切學佛人的首要之務。

以此緣故，如何了知五陰、十二處、十八界、六入的全部內容，就顯得非常重要了！若不能了知五陰、十二處、十八界、六入的全部內容，就無法正確的現觀陰處界入了！無法現觀陰、處、界、入等法的正確內容，就無法了知其緣生性；不能了知其緣生性，就無法斷除我見、身見，三縛結就永遠存在而繫縛著解脫道中的修學者。當三縛結繼續存在時，想要親證如來藏的所在而證得明心的見道智慧，就沒有可能性存在；沒有明心所引發的根本無分別智，卻想要發起般若實相智慧，就更不可能了！接著，在般若實相的後得無分別智中的激發與實修，當然也是不可能的；那麼想要親證諸地的無生法忍，而在佛菩提道中次第邁進，就更成爲遙不可及的事了！

對大乘法中欲求開悟而實證般若智慧的人來說，斷我見絕對是首要之務；若我見、身見無法斷除，而想要在善知識幫助下親證如來藏，或想要在親證如來藏以後不會退轉，都是不可能的；由此可知，不論是在二乘解脫道或大乘佛菩提道中，斷我見都是首要之務。但是鑑於近百年來的大師與學人普遍無法斷除我見的事實來看，顯然是由於欠缺眞正善知識的教導所致，所以親近眞正善知識就顯得非常重要了！由此緣故，平實辛苦寫作這一套書，由淺至深的寫出阿含的眞正義理，以這一套書籍的正確宣示解脫道眞義，作爲佛門大師與學人們的眞正善知識，願您在依文解義以後正確的如理作意思惟，加上如理作意的現前觀行，在此世中至少可以斷身見、斷三縛結、永斷煩惱障所攝的異生性。

第四章 四食

第一節 四食總說

五陰由六界合成，譬如《中阿含經》卷二十四說：【「復次，比丘觀身如身。比丘者觀身諸界：我此身中有地界、水界、火界、風界、空界、識界。猶如屠兒殺牛剝皮，布地於上，分作六段。」】這六個功能，是組成吾人色身與受想行識等五陰的基礎；而這六界則是以識界為中心，由本識（入胎識）如來藏的功能為根本，才能有五陰、六入、十二處、十八界的組成或出生而成為人間有情。這是說，由入胎識如來藏的功能，進入母胎中攝取母血中的四大物質，製造吾人的色身五根，含攝了地水火風，並且留出空缺處，讓食物、血液、內分泌等流體物質可以流通而完成攝取營養及新陳代謝的作用，才能有我們的陰、入、處、界等法出生與運作，才能生活在人間及學習世間、出世間諸法。這是解脫道中身念處觀的中心法義，若不能確實理解這個身念處觀，老是在色身的緣生無常上面來觀行，終究是斷不了薩迦耶見及三縛結的；必須先確認有一個本識能入母胎中攝取四大來製造色身及出生識陰、出生諸法，了知這個本識是在五陰出生之前就已存在，了知這個本識在吾人滅盡五陰、十二處、十八界、六入以後，仍將單獨存在而永遠不滅，成爲未來無餘涅槃中的實際、本際，了知無餘涅槃中並非斷滅境界，是如，才有可能眞的斷除我見。

爲何說六界中的**識界**是指入胎識如來藏？不是指識陰等六識？譬如經中說：【「以六界合故便生母胎，因六界便有六處，因六處便有更樂，因更樂便有覺。」】（《中阿含經》卷三）**語譯**如下：【「由於地、水、火、風、空、識等六界和合在一起的緣故，便出生了母胎；因爲這六界的緣故，便有六根；因爲有這六根的緣故，便有了所領受的苦樂捨觸；因爲有了苦樂捨的觸，便會有種種的覺知。」】由此可見六界中的這個識界，是出生母胎、出生六根的本識，也是出生六識的本識，這識當然不是指母胎具足以後才能出生的識陰等六識，因爲這個識界是在母胎及六識出生以前就已存在的，當然不是識陰等六識。

斷了我見以後，也了知蘊、處、界、入的出生都是從本識來的，了知蘊、處、界、入的存在與運作都依本識而有，當然接著一定要了知蘊、處、界、入的存在與維持，究竟是依靠什麼作爲助緣？接著當然就會觀察到一定有食，才能維持不壞。但是，三界中的食，也是一門很深的道理，當然就必須先從六界的內容稍加了知，然後才能正確的探討三界食的正確內容。確實了知三界食，才能確實斷除三界食，才不會繼續增長種種食而不斷的存在三界中，就可以滅盡自己而證無餘涅槃，永無三界生死中的種種痛苦。先來簡單的探討一下六界，再來探討四食：

地界者即是身中堅硬之物質，**水界**即是身中的水分濕性，**火界**即是身中的溫暖及能引生體溫的物質，**風界**即是呼吸及身體的動作，以及五臟六腑中的動轉功能，**空界**即是身中四處都有的空缺處，**識界**即是能出生六根及識陰六識的入胎識如來藏的功能，由此六界和合而產生了人類具足的五陰；既然人類的五陰是由六界和合而生成者，爲了維持五陰身中六界的和合與正常運作，當然就必須進食，方能長養五陰而得正常運作。

五陰中既然實有六界，而六界的體性各不相同，所以各各所需的食性就有差異，因此就有四種不同的食，作爲三界中不同五陰的所需；所以大乘佛法中說食有四種，於四阿含諸經中，佛也曾說四食之法，今列舉部分經文爲證：

【世尊於夜，多說法已，告舍利弗言：「今者四方諸比丘集，皆共精勤，捐除睡眠。吾患背痛，欲暫止息，汝今可爲諸比丘說法。」對曰：「唯然！當如聖教。」……時舍利弗告諸比丘：「……諸比丘！我等今者宜集法律，以防諍訟，使梵行久立，多所饒益，天人獲安。諸比丘！如來說一正法：一切眾生皆仰食存。……復有四法，謂四種食：摶食、觸食、念食、識食。……」】（《長阿含經》卷八《眾集經》）

【「云何一知法？謂諸眾生皆仰食存。」】（《長阿含經》卷九《十上經》）

【「云何四覺法？謂四食：摶食、觸食、念食、識食。」】（長阿含卷九《十上經》）

【佛告比丘：「一切眾生以四食存。何謂為四？摶、細滑食為第一，觸食為第二，念食為第三，識食為第四。」】（《長阿含經》卷二十《世記經．忉利天品》）

以上經文中，說一切有情皆以食而存，當然是函蓋三界中所有眾生的。又說有四種食，這四種食，函蓋三界九地一切有情之食。四種食者，謂欲界中具足四種食：段食（摶食；團食）、觸食（細滑食）、念食、識食。色界中具有觸食、念食、識食。無色界眾生唯有識食，特別是非想非非想天中；若言無色界中仍有三食者，是指無色界的下三天，而其中的觸食與念食也都是方便說；因為無色界中無身故無觸，當然沒有觸食；若言有觸食者，是指定境中的意識自內心中的定境觸，並無色身之任何所觸，故說並無觸食。無色界中的念食，也不是念心所相應的念，而是有時在定中出現的所曾經歷定境的了知，不屬於憶念的念，並且是隨知隨捨，所以也是方便說有念食、意思食。至於地獄眾生則有團食（融銅灌口而不能成就食之作用，方便說有團食）、觸食、念食、識食，悉皆具足。凡此四食，都屬於色陰與識陰等五陰相應的境界；假使所悟的菩提，假使被印證開悟時所「悟」的內容，是仍在四食境界中，那麼所悟不論是二乘菩提或大乘佛菩提，都屬於錯悟，並未見道，乃是未悟言悟，皆不能出離三界生死也。

對於二乘法中所說的四食，阿羅漢們是這樣說的：【問：「於何界，有幾食？」答：「欲界具四，段食偏增。色界有三，觸食偏增。無色亦三：下三無色，思食偏增；非想非非想處，識食偏增。」有說：非想非非想處，亦思食增，一思能感八十千劫壽量果故。問：「於何趣，有幾食？」答：「地獄具四，識食偏增。」】意思是與平實上來所說大同小異的。（《阿毘達磨大毘婆沙論》卷一百三十）

欲斷四食而出三界生死者，應當了知四食之內容，則不會墮入四食中長養五蘊、四蘊而流轉生死；至於四食之詳細內容，於後第二至第五節中說明之。若不能了知四食者，則墮於四食中長養生死時，仍將誤以為自己已斷我見、我執，即成未證謂證之人，成就大妄語業。譬如今時禪門許多自謂已悟之人，每多倡言離念靈知心了了分明、清楚無念時即是涅槃境界，即是實相心境界；殊不知如是境界只是意識心之境界，當此離念靈知心現行、存在之際，不論此覺知心中有無語言文字妄念，都仍有識食、意思食、觸食之食，未曾斷離三種食也！若有人以離念靈知心都無語言文字妄想時，作爲已證三界外的涅槃心，作爲已證實相法界；乃至有人以二禪定境、上至非想非非想定中之離念靈知心作爲實相心者，自謂已悟實相境界者，其實都是尚未斷離觸食、意思食或識食之境界，都仍是三界生死流轉之法也！

當代佛教界修行人中，最常見的說法是：如果能將覺知心處在觸六塵而不貪著六塵境界，亦不起心動念者，即是證得涅槃境界。但此境界相，仍然未離識食；若未離識食者，當知即是三界生死流轉之法，其人仍然未斷我執，乃至未斷我見，成爲**未證言證**之大妄語人。若有人如實了知四食內容者，即可了知涅槃境界並非識蘊境界；了知涅槃境界中已滅除四食，即可了知涅槃並非意根所行境界，何況意識覺知心而能行於無餘涅槃境界中？這是說，識蘊六識與意根所行境界，都不可能離開識食境界故。由此緣故，假使有人想要以欲界定的離念靈知心，或是想要以二禪乃至非想非非想定中的離念靈知心，來進入無餘涅槃境界中者，皆是虛妄想，因爲離念靈知心永遠都有識食，非無識食；上至非想非非想定中的離念靈知心，雖然已無意思食、念食，但是仍然還有捨根具在；既然仍有捨根存在，當然就有識食，當然就不是三界外的無餘涅槃境界，也就不可能出離三界生死了。由這個道理而證明：若能確實了知四食的人，亦可了知解脫道的實際親證境界，可以自我檢查所證涅槃是否正確，即可發起解脫道的智慧境界。由此緣故而說眞修解脫道者，應了知四食的意涵，然後可以觀察自己在解脫道上的證境是否確實得證？即可遠離大妄語業也！這是總說、略說四食與見道、修道的關聯。

但是摶食之中，其實也都同時存在著觸食、意思食（念食、思食）及識食的。關於這個部分，請讀者讀完後面數節所說的觸食、意思食及識食以後，再合併摶食的意義，合併深入反覆思惟及現觀，才能貫通四食的眞義，這並不是單獨觀行摶食或其中三食的意涵，就能具足圓滿四食觀行的。所以深入斷除我執，必須依靠四食具足的觀行，才能圓滿；這是南傳佛法的阿含道修行人，都必須瞭解的。

第二節　摶食

摶食，是說人間的團食、段食；這是因爲人間的食物，或爲一團之狀，或是一段之狀，或以人工摶成各種形狀的緣故。佛開示說：【彼彼眾生所食不同，閻浮提人種種飯、麵、魚、肉以爲摶食，衣服、洗浴爲細滑食。拘耶尼、弗于逮人，亦食種種飯、麵、魚、肉，以爲摶食；衣服、洗浴爲細滑食。鬱單曰人唯食自然粳米，天味具足以爲摶食，衣服、洗浴爲細滑食。龍、金翅鳥，食黿鼉魚鼈以爲摶食，洗浴、衣服爲細滑食。阿須倫食淨摶食以爲摶食，洗浴、衣服爲細滑食。四天王、忉利天、焰摩天、兜率天、化自在天、他化自在天，食淨摶食以爲摶食，洗浴、衣服爲細滑食。自上諸天，以禪定喜樂爲食。……】（《長阿含經》卷二十第 30 經《世記經．忉利天品》）

語譯如下：【各類不同的眾生所食並不相同，閻浮提洲的人們以種種飯、麵、魚、肉作爲摶食，同時也以所穿衣服粗細厚薄的觸覺，以及洗浴、男女觸等**色身觸覺**作爲細滑食。拘耶尼、弗于逮二洲的人們，也是吃食種種飯、麵、魚、肉作爲摶食；同時也以所穿衣服粗細厚薄的觸覺，以及洗浴、男女欲等**色**

身觸覺作爲細滑食。鬱單曰一洲的人們則有不同，他們只吃自然出生的粳米，這種粳米的味道和欲界天食物的味道一樣具足，以這種自然粳米作爲摶食，同時也以所穿衣服粗細厚薄的觸覺，以及洗浴、男女欲等色身觸覺作爲細滑食。龍和金翅鳥等類眾生，吃大海龜、大海鱉、魚、鱉作爲摶食，同時也以所穿衣服粗細厚薄的觸覺，以及洗浴、男女欲等**色身觸覺**作爲細滑食。阿修羅依福報而吃清淨的摶食作爲摶食，同樣以所穿衣服粗細厚薄的觸覺，以及洗浴、男女欲等**色身觸覺**作爲細滑食。屬於欲界天的四天王、忉利天、焰摩天、兜率天、化自在天、他化自在天，也是以清淨的摶食作爲摶食；如同阿修羅一樣，他們也以所穿衣服粗細厚薄的觸覺，以及洗浴、男女觸等**色身觸覺**作爲細滑食（化自在天、他化自在天中，與異性互視而笑或者熟視，即能滿足男女欲，亦攝屬細滑食）。從他化自在天以上的色界、無色界諸天，都是只以**禪定的喜樂**爲食。……」

佛又開示：【「有餘眾生福盡、行盡、命盡，從光音天命終，來生此間，皆悉化生、歡喜爲食，身光自照、神足飛空，安樂無礙、久住此間。爾時無有男女、尊卑、上下，亦無異名；眾共生世，故名眾生。是時此地有自然地味出，凝停於地；猶如醍醐，地味出時亦復如是，猶如生酥，味甜如蜜；其後眾生以手試嘗，知為何味。初嘗覺好，遂生味著；如是輾轉嘗之不已，遂生貪著，便以手掬，漸成摶食。摶食不已，餘眾生見，復效食之；食之不已，時此眾生身體粗澀，光明轉滅，無復神足，不能飛行。

語譯如下：【另外還有別的眾生因為福報享盡了、或是行陰報盡了、或是命根盡了，所以從光音天命終而生來人間，那時都是化生而不是胎生的，那時人們是以歡喜為食，各人都從身上放散出光明，來照耀自己所需看見的一切；也都有神足通可以飛行在虛空中，大家都安樂而沒有障礙，住在人間的時間非常的長久。那時的人們沒有男女、尊卑、上下的施設，大家也都沒有各自不同的名字；因為大眾共同出生在這個人間，所以就稱為眾生。這時的人間地上有自然而生的地味出現，凝固而留在地上；猶如醍醐的味道，地味出生在人間時也像是這樣，猶如生酥一樣的味道甘甜如蜜；後來就有眾生因為好奇而以手沾來口中試嚐，就知道是什麼味道了。因初次試嚐而覺得味道很好，就產生味道的貪著；就像是這樣子，大家輾轉的嚐個不停，就都產生了更大的貪著，就改用雙手捧來吃，漸漸的就使地味變成比以前更硬化的摶食了。大家又都貪味而摶食不停，其餘沒有嚐過的眾生看見了，也都效法他們而繼續吃起來；這樣子繼續不停的吃了以後，後時的人間眾生身體就越來越粗澀，身上的光明就越來越少，到後來終於沒有光明了，原有神足通也消失了，不能再飛行了。」】這就是人間摶食的開始與初期的演變。

佛示現在人間的色身也是有團食的，佛如此開示：【「大目乾連！阿難比丘善知時、善別時，知我是往見如來時，知我非往見如來時，知……知此眾多異學沙門、梵志不能與如來共論；知此食噉含消，如來食已安隱饒益；知此食噉含消，如來食已、不安隱饒益；知此食噉含消，如來食已、得辯才說法；知此食噉含消，如來食已、不得辯才說法。是謂阿難比丘未曾有法。」】（《中阿含經》卷八）佛身無食者，謂莊嚴圓滿報身與法身也。若是應身之色身，必須有團食才能生存與運作，才能作為人們依止修學正法的應身。所以諸佛在人間示現時，也都必須托缽乞食、飲水。

應身佛之食，同於人類之食：【「爾時釋提桓因白佛言：「我今當以何食、飯如來乎？為用人間之食？為用自然天食？」世尊告曰：「可用人間之食，用食如來。所以然者，**我身生於人間、長於人間，於人間得佛。**」釋提桓因白佛言：「如是！世尊！」是時釋提桓因復白佛言：「為用天上時節？為用人間時節？」世尊告曰：「用人間時節。」對曰：「如是！世尊！」是時，釋提桓因即以人間之食，復以人間時節、飯食如來。」】（《增壹阿含經》卷二十八）爲何應身佛之飲食同於人類？因爲應身佛想在人間化度眾生時，不應以神通化身、欲界天身、色界天身示現於人間，一則欲使世人知悉：以人身學佛修行，也可以成佛。二則：有人身住世時，人間及天界眾生都可以常常來請益。所以必須如同一般人一樣的示現入胎而有色身出胎，以色身的住世才能方便眾生來親近修學佛法；既然如同人類一般取得胎生身，想要維持胎生之身，當然得要有飲食的滋養，才能維持胎生身的存在與正常運作，所以諸佛示現在人間時，一定都同樣有色身要維持，當然得要托缽飲食。但是有了人身，並不意味諸佛的摶食尚未斷除，諸佛對人間的飲食是完全沒有貪愛的，所以是斷摶食的聖者。假使大乘行者所悟的「眞心」是與摶食相應的心，當然就是所悟錯誤，必須儘速改往修來。若是所悟的心確實不曾與摶食相應，當然就是眞心了！但是有念或離念的靈知心卻是永遠與摶食相應的，那就是所悟錯誤，應該趕快進入加行位中求見道，以免因爲錯悟而自謂已悟，來世落入三惡道中；已見道者，應即進入修道位中修斷摶食的貪愛，以免久住賢位中不能入地。若是二乘解脫道的行者，我見確實斷了，卻仍然對摶食有所貪愛，也一樣要趕快進入修道位中修除。

如何斷摶食？佛開示云：【「云何比丘觀察摶食？譬如有夫婦二人，唯有一子，愛念將養；欲度曠野嶮道難處，糧食乏盡，飢餓困極，計無濟理。作是議言：『正有一子，極所愛念；若食其肉，可得度難。莫令在此三人俱死。』作是計已，即殺其子；含悲垂淚，強食其肉，得度曠野。云何比丘！彼人夫婦共食子肉，寧取其味、貪嗜美樂與不？」答曰：「不也！世尊！」復問：「比丘！彼強食其肉，為度曠野嶮道與不？」答言：「如是，世尊！」佛告比丘：「凡食摶食，當如是觀。如是觀者，摶食斷知。摶食斷知已，於五欲功德貪愛則斷。五欲功德貪愛斷者，我不見彼多聞聖弟子於五欲功德上有一結使而不斷者。有一結繫故，則還生此世。」】（《雜阿含經》卷 15）

語譯如下：【「怎樣是比丘對摶食所應觀察的事呢？譬如有夫婦二人，只有一個獨子，很喜愛而常常掛心的抱持著、養育著；有一天他們想要度過曠野險道難行之處，但因為糧食缺乏而用盡了，他們三人飢餓困苦到極點了，心裡盤算著，知道不可能度過曠野險道了，所以夫妻兩人這樣子商議說：『我們正是只有一個兒子，非常的愛念；假使我們夫妻吃了他的肉，就可以度過這個危難。

這樣只要死一個人就可以了，不要使三個人都死在這裡。』這樣子商量好了以後，就殺了兒子；兩人含悲垂淚，勉強的吃兒子的肉，終於度過曠野險難。比丘們！你們的看法如何呢？他們夫婦二人共食兒子身肉時，難道會去品嚐兒子身肉的味道、貪著兒肉的美味嗎？」比丘們答說：「不會的！世尊！」佛又問：「比丘們！他們夫婦強食兒子身肉，度過曠野險道了沒有？」比丘們答說：「已經度過了，世尊！」佛告訴比丘們：「我們凡是正在受用摶食的時候，都應當像那二位夫妻一樣的看法。能夠像這樣子確實觀察的話，摶食是否已斷？自己就可以知道了。摶食的貪愛確實已經知道是斷除了，對於五欲上的受用貪愛就跟著斷除了。五欲作用的貪愛已經斷除的人，我不曾看見這些多聞的聖弟子們還會在五欲的作用上有一個結使是不曾斷除的。假使還有一個結使繫縛的緣故，就會再度還生於人間。」】

所以，摶食的斷除是極重要的，若不能斷除對於摶食的貪愛，就無法解脫於欲界境界，遑論解脫於三界生死？所以眞正修行解脫道的法師與居士們，如果想求取解脫，就不應該對摶食有所貪愛；如果每日貪著飲食，就會被摶食繫縛而不能解脫生死，因爲這正是我所的執著，正是貪著五欲的功德：正是受用五欲引生的觸塵順心境，落在我所上面。但是對於摶食的貪愛，是否眞的斷除了？卻是一個必須深入探討的問題，因爲多數人對於心境與摶食間的關聯，其實並不能深入的了知。

譬如一般人貪著摶食，是全面貪著的；既貪著味道，也貪著分量，並且貪著於色相的顯色、形色、表色，也貪著其軟硬酥脆；一餐之食，務求精美，世間人所謂的食不厭精。修行人則有所異，不厭精美而貪著原味或貪著飽足感。設或有人不貪著飽足感，但是對於摶食之味，務求了了分明、時時覺知；此境界已經是與摶食的法味、韻味相觸相知的了，這也是摶食內的一種法貪，阿含佛法中說爲**食之味**、**食之集**。既有食味、食集，墜入**我所**的愛著中，也就不離生死了！

第三節 觸食

觸食者，謂細滑食也：【「何等眾生觸食？卵生眾生觸食。」】（《長阿含經》卷二十第30經《世記經 忉利天品》）

觸食者，亦名細觸食：【云何於食如實知？謂四食。何等為四？一者粗摶食，二者細觸食，三者意思食，四者識食，是名為食。】（《雜阿含經》卷十四第344經）

細滑食的定義較為廣泛，最細緻強烈的細滑食，是指欲界人間男女交合時的種種細滑觸，最為人類所貪著，故名粗重貪著。特別是西藏密宗的四大派法王與喇嘛們，對此最為貪著，上從號稱最清淨的宗喀巴、密勒日巴，都是以手淫而不出精的方法來修練樂空雙運法，有時則與女人實修而貪著細滑觸食；中如歷代達賴喇嘛、所有「法王」們，都以實體明妃（又稱佛母）來合修樂空雙運的淫樂藝術；下至一般不入流的喇嘛、活佛們，更都是如此，這是他們西藏密宗教義的中心思想與修證境界，本質只是人間欲樂的極致境界，與佛法全然無關，所以最多只能稱之為人間男女淫樂技術。這個觸覺異於種種身覺境界上的粗澀觸、細滑觸，是人間最細緻的細滑觸。其次是洗澡沐浴時引生的細滑觸，往往不被人們特別的注意到，往往只有藏密法王、喇嘛們注意到，所以也稱爲細滑觸（但是初禪實證者也會注意到，這是存在於胸腔中的平常清淨樂觸而引生到全身的觸受中，卻沒有絲毫的欲貪；洗浴時也會引生全身的樂觸，但不會因此引生貪愛）。

再其次則是欲界色身對於衣服在身上產生的觸覺，這個觸覺往往不被人們注意到，卻是生活四威儀中很重要的身覺境界，每日時時刻刻受用這種被忽略的細滑觸，卻往往被嚴重的忽視而不知不覺，所以稱爲細滑食；這個細滑觸，能使人類在人間正常的生活；但因爲很多人受用此食時並不自知，都是到了這種細滑觸不能正常運作的情況時，人們才會注意到這個細滑觸的存在，才知道這種細滑觸也是人們生存於人間時不能或缺的食。

除此以外，另有更微細而被多數人所忽視者，即是身觸外覺的較微細部分，譬如腳底板、小腿及大腿對外境的覺受。此一覺受的重要性，是一切人在生活上極爲重要的法性，但一般人乃至多數的南傳佛法修行人，包括阿姜查、隆波田……等大師們都是會忽略的。人們往往是在失去這些覺受後，發覺到自己走路時竟然會常常出現問題，這時才知道這類對外境覺受的重要性。由此再引申出去而細觀腳底、小腿、大腿的內觸覺，您將會發覺到：假使失去了這些內覺的領受，自己根本就無法走路，這時才會知道自身每一小部分的外觸覺、內觸覺竟然是如此的重要。假使能從此處擴大到全身的內外觸覺而觀察之，您將會發覺：只要有一個地方是沒有外觸覺與內觸覺的，您在人間的生活及修行，就會全盤大亂、不可收拾。這種觸覺是包含外身覺與內身覺的，這種觸覺正是意識與末那識（意根）的食，不同於摶食多分攝屬於色身的食。

這種外、內身觸的領受，在有情身中是極重要的法性，是有情在人間時極為愛著的，但都不知道自己對這些內、外觸覺的執著；而南傳佛法中的大師們也都忽略而無所了知，又怎能斷除我慢相而親證阿羅漢果呢？如此粗略的內、外身覺境界都已不知，顯然是未斷我執及我所執的人，所以深心中執著這些覺受（特別是執著內覺受）而對自己的這種內執全然無所了知，落入意識及意根的**我所法**中，都是未斷我執的人；然而他們卻往往宣稱已證四果，宣稱能助人證三果、二果、初果，其實都是僭越解脫果證的人，都屬於果盜見。

這種內、外身覺，在清醒位及悶絕位、正死位、無想定位、滅盡定位中都一直存在著，只是粗細有別而已；粗覺由意識所領受，成為意識心的觸食；微細覺則由意根末那識所領受，成為意根的觸食；意識與意根就以這些內、外身覺的觸受作為增長意識、意根的食。但是南傳佛法號稱已證四果的大師們，可以看見的是我見仍然未斷，何況能知意識與意根的觸食？連他們都領受不到自己一直都有這種粗食與細食，不懂得如何下手斷除這一類的觸食，更不知道這些觸食會使意識與意根不願取滅，所以無法取證解脫果，因此說：他們宣稱已有果證，都是僭越的行為。

至於一般人，更不可能了知這些觸食的存在了，何況能得解脫道的果證？觸食、意思食、識食的觀行與斷除，是連初果人都不知道的事，何況是今天南傳佛法中的大師與學人們？他們是至今都仍然未斷我見、未證初果的，由他們在電視台上的錄影說法中，都可以清楚檢視出這個事實來。南傳佛法中如是，北傳的大乘佛門中的老修行人，乃至一切大師們，也都不知道自己不斷的在受用這種粗細的內外觸食，使得意識與意根落入心所法及觸塵中，常以這種觸食不斷的增長意識與意根的自我執著性，使得意識與意根不願承認自己是虛假的，何況願意使自己滅除而入無餘涅槃？所以這些大師們都會在極深沈的意根中常常想要保持自己及意識覺知心的存在，以便時時領受這類粗細不同的內外觸食，於是就永遠不能斷除生死了。若是欲界天的細滑觸，那就更微細了；這與一般人的關係較疏遠，也與取證初果的關聯不大，所以略而不作說明。

另有色界境界中的細滑食，譬如初禪境界中的身樂覺受，這也是觸食，屬於內觸食；又譬如二禪等至境界中的心境喜受，三禪等至位的心喜與身樂，這也都是細滑觸，也屬於三界中的觸食。色界天人並無摶食，都以禪定所生的禪悅爲食，由禪悅而出生色界天身、長養色界天身，才能使色界天身存在而不壞滅；禪悅之所以能成爲色界天身的食，其實是禪定的制心一處能力作爲色界天身的食；而禪定的功德產生的身心二樂，就成爲色界天人或人間證得禪定者的意識與意根的觸食；由於對禪悅之樂有所愛著的緣故，所以就會繼續保持禪定的定力，因此就會使色界身保持堅固。也由於貪著色界身心二樂的緣故，所以色界天人不得解脫色界與無色界生死，只能解脫於欲界生死而已。

人類假使已證色界三禪天以下的定境，就會有三禪天以下的天身發起於人身之中，與人身和合在一起而互相摩觸，以此緣故，證得色界定的人們就產生了樂觸，這個樂觸就成爲證得色界定的人類身中的意識與意根的觸食，然而人身中的色界天身其實仍然以禪定的制心一處及離欲功德爲食；人身中的意識與意根常常領受初禪到三禪中的身樂觸、心樂觸，就貪著色界境界，常願意識與意根住於色界境界中，不願滅失自己與樂觸，所以意識與意根因此而增長廣大，難以入滅。色界天身也正因爲這個緣故而獲得長養，所以色界天人是以禪悅爲食，不食摶食，因此色界天人都無舌根及鼻根的勝義根，這二根都只有扶塵根，所以色界天沒有香與味，故不能了別欲界摶食的香與味。

若是已在人間捨報而生到色界天了，就完全不用欲界人間的摶食，而全部都以禪悅爲食，是以制心一處的功夫來長養色界定而維持色界天身的存在與健壯。然而禪悅的出現，其實是由遠離欲界五欲、五蓋及禪定的制心一處功夫而生的，所以色界天人一念不生的境界也是細滑食、觸食的境界。但在四阿含所修的解脫道中，禪定境界有時則方便說爲斷食的境界；因爲相對於下界而言，禪定是解脫於下界境界的，所以初禪就名爲離生喜樂定，因爲已經斷離欲界愛了，從此可以離開欲界生了，也就是離開欲界摶食了，所以稱爲離生喜樂定，捨壽後不再出生於欲界中。

另外還有別種的觸食，佛說：【「諸比丘！何等眾生以觸爲食？諸比丘！一切眾生受卵生者，所謂鵝、鴈、鴻鶴、雞、鴨、孔雀、鸚䳇、雀鴿、鳩鴿、燕鳥、雀、雉、鵲鳥等，及餘種種雜類眾生從卵生者，以彼從卵而得身故，一

切皆以觸爲其食。」】（長阿含部《起世經》卷七）

於此段經文中 佛所開示，則說有另一種觸食：卵生眾生在卵中安住時，都屬於觸食，這當然是指最初期的意根觸食，加上末後期處在卵中的意識觸食。這是因爲牠們在卵中安住時，從卵中獲得色身長養所需的物質，四大皆已具足；入胎識及意根初住於卵中之時，若無意根的觸食，則不能把卵變生爲鳥類、魚類……等色身；必須在卵中由意根與如來藏的「觸心所」的運作，在入胎識的識食運作下，並有意根的觸食，才能使卵中物質轉變成鳥類等色身，這也是觸食，但已是極微細的觸食了。等到較後期的五根粗具規模時，方才開始有少分的意識出生，開始領受極少分的意識相應的觸食；就在這種意識相應的粗觸食存在的情況下，漸次生長增廣而漸漸擁有旁生類的具足意識，然後得以破殼而出，正式成爲人間的鳥類等動物。所以，觸食不是只有意識覺知心存在時才有，而是意根存在時就已經有了；只是這個觸食太微細了，所以眾生及諸大師們都無法覺察到，才會有比較深入解脫道的極少數人主張說：「**意識滅了就是無餘涅槃。**」所以往生無想天時，就留著色界天身而入無想定中，在無想天中無有六塵覺知而安住五百大劫；等到壽盡時，由於意根的觸食，使得意識忽然出現了，隨即就下墮於三途了。這就是因爲不能觀察到觸食的緣故，所以無法確實斷除我見與我執。

修學南傳佛法解脫道的人，或者在大乘法中一心想要求證解脫道的人，要如何斷除最基本的觸食呢？佛開示云：【「云何比丘觀察觸食？譬如有牛，生剝其皮；在在處處，諸蟲唼食；沙土坌塵，草木針刺。若依於地，地蟲所食；若依於水，水蟲所食；若依空中，飛蟲所食，臥起常有苦毒此身。如是，比丘！於彼觸食當如是觀，如是觀者，觸食斷知；觸食斷知者，三受則斷；三受斷者，多聞聖弟子於上無所復作，所作已作故。」】（《雜阿含經》卷十五第 373 經）

語譯如下：【「如何是比丘所應觀察的觸食呢？譬如有一條牛，生剝牠的皮以後；不論是在何處，牠都會被種種昆蟲在身上咬食而產生苦痛；也會因爲空中沙土坌塵而身受苦痛，也會常常被草木的尖端所刺，猶如針刺一般的痛苦。如果牠躺在地上，會被地上的蟲咬食而生痛苦；如果依止於水中，又會被水中的蟲咬食而生痛苦；假使牠讓身體保持在空中，又會有飛蟲飛過來咬牠而產生痛苦；所以，不論是行住坐臥，都一直會有痛苦來荼毒牠的色身。就像是這樣子，比丘們！對於種種的觸覺而長養色身與六識身、意根，都應當如此來觀行；

能像這樣子觀行的人，觸食已斷的時候，他一定自己會知道的；觸食的貪愛已斷、已知的人，苦、樂、捨等三種受的執著就跟著斷除了；這三受的執著已經斷除的人，這種多聞的聖弟子們，就再也沒有比這個更高的修行工作要作了，不必再於解脫道上作些什麼事情了，因為他們在修學解脫道上面所應該作的工作都已經作完了的緣故。】

如果對於色塵尚有時時想要觸知的欲望，就是還沒有斷離對眼識功德（眼識的作用）貪愛的人，他還在貪愛眼識的作用。貪愛眼識的作用，意思是說：仍然在貪愛眼識的能見之性。由於執著眼識的能見之性，落於眼識的我所中，所以不願眼識滅失，常樂使眼識現行而自覺能夠見色，或自覺不見外色、只見內色；這就會落入眼見色而生的苦、樂、捨受中，就不能斷除眼識自我的貪愛，就有了眼識的觸食。假使對於聲塵還有時時想要觸知的欲望，就是還沒有斷離耳識功德貪愛的人，還在貪愛耳識能聞之性的功德；貪愛耳識的能聞之性功德，就是還在貪愛耳識的能聞之性，乃至貪愛內外聲塵，是耳識的觸食。……乃至對於法塵還有時時想要觸知的欲望，就是還沒有斷離對意識的作用產生貪愛，還在貪愛意識的作用；貪愛意識的作用，意思是說：仍然在貪愛意識的能知之性、了知之性，即是意識的觸食。這一類人，都是落在六識心自性上面，都是落在六識心的自性貪愛上面，就是還沒有斷除我見、我所貪的凡夫，觸食具足。不幸的是，當代自稱已經證悟的南、北傳佛法大法師們，個個落在離念靈知心意識自性上面；都不能離開眼識觸色塵的欲望……乃至意識觸知法塵的欲望，個個都還沒有斷除識蘊我見與識蘊我所的貪愛，何況能了知六識心的觸食及斷除？

乃至比此更微細的觸食都應斷除，譬如前段經文中 佛所說的卵生眾生的觸食，比之於此段經文中所說的六塵觸的食，更是微細百倍，也得要斷除。這一類觸食，猶如人們眠熟時意識覺知心斷滅了，猶如有人證得四禪後的無想定位中，都是仍然有觸食的存在；這些觸食的內涵，其實也應該有智慧加以了知，否則仍難永遠離開三界食，仍將永墮三界法中，不得分證或滿證解脫境界。由此可知：六識自性對六塵的觸知，都是屬於極粗糙的六塵觸食，都應及早斷除此類觸食的貪愛。斷了這個觸食貪愛，才能以更細緻的覺知心，深入清醒位中體會意根的觸食，才能更深入的體會眠熟位中的意根觸食，然後才能了知卵生有情在初入卵中時的意根觸食。然而究竟有多少大師與學人能了知這個實情呢？又有多少學人能了知觸食的內容，以及稍知斷除觸食的證境呢？

這是以四阿含的解脫道來檢驗南傳佛法中當代大法師們所謂的開悟二乘菩提的證聖，而不是以大乘如來藏的妙義來檢視那些大法師們。假使大乘見道中所悟眞實的話，轉入相見道位中持續進修般若別相智，再進修一切種智，也能漸漸的了知到觸食的內涵，發起了深妙智慧以後，當然會推翻大法師們所墮我執、我見、我所執的虛妄想了，也可以證知般若中觀超勝二乘解脫道的眞實義，可以了知菩薩初發心而仍然未悟之前，爲何會比四果羅漢們更可貴的道理了！因爲這不是初悟之時即可了知的事，也是一般四果聖者無法深入了知的事情，菩薩道是極甚深、極難證、極難修、極長劫才能成就的；也因他們都只能了知意識的觸食，而無法了知意根的觸食。但是菩薩單憑佛菩提道的種智法義，都可以檢視南、北傳大法師們所謂的開悟是否正確。而一般修行人若能深入了知四食的內涵，即使未知未證解脫道的四果極位，單憑解脫道的深入了知與觀行，求取實證以後，也一樣可以了知南、北傳佛法中「證果」的大法師、大居士們的落處；也能對自己觀察之後所下的判斷，都無所疑，確定無誤。

第四節 念食—意思食

念食者謂禪悅爲食：【「四天王、忉利天、焰摩天、兜率天、化自在天、他化自在天，食淨摶食以爲摶食，洗浴、衣服爲細滑食。自上諸天，以禪定喜樂爲食。……何等眾生念食？有眾生因念食得存，諸根增長，壽命不絕，是爲念食。」】（《長阿含經》卷二十第 30 經《世記經 忉利天品》）

【「何等眾生以思（念）爲食？若有眾生，以意思惟、資潤諸根，增長身命，所謂魚、鱉、龜、蛇、蝦蟆、伽羅瞿陀等及餘眾生，以意思惟、潤益諸根、增長壽命者，此等皆用思（念）爲其食。」】（《起世經》卷七）此即是指會冬眠之生物也！凡是會冬眠的有情，在冬眠狀態中，都是意思爲食的；在冬天來臨時，牠們都以意根的思心所（意根念念欲留住生命）的運作而使生命留住；乃至有一種青蛙，已經被寒冰所凍結時，仍以意根之思心所運作而得存命；等到春天來臨、寒冰解凍時，青蛙全身也隨著解凍而又活轉過來。這正是念食、意思食的具體事證，這類有情，正是 佛所說「以意思惟、潤益諸根、增長壽命者」，都是以意根的思（念）爲食的眾生。

這種念食、意根思食的狀況，在旁生有情中略有二種：一種為意根與意識同時存在，另一種是意根單獨存在。前者譬如北極熊冬眠時，意識多時中斷不起現行；但常常會醒來觀察天氣的狀況，若發覺仍不能活動時，就會繼續滅除意識而入眠熟位中；在醒來觀察之時，也仍攝屬於意識的觸食中，同時仍有意根的觸食；眠熟後則回歸到只有意根觸食的狀態中，名為意根思心所的觸食，簡稱**意思食**。後者則是初入卵中時，五根不具雛形而使此世全新的意識仍未現行，故無意識覺知心的現行，對六塵無所了知；但是意根仍然夤緣於卵中的**內身觸**的法塵境界，這種只有意根所緣的內身觸的法塵境界，即是意根的念食，是由於意根的我執及觸食，來促使牠的如來藏不斷演變所執持的卵身產生質變，所以也是念食——意根思心所的觸食。人類也一樣，初入胎時執取了受精卵，也是靠著意根的念食——意思食——而長養了色身，終至具足五根，成為人類色身而使意識覺知心得以滿分現行運作，方能出於母胎，這其實也是意根的念食——意思食——在運作。於眠熟位、悶絕位、滅盡定位、無想定位及無想天中，也是依靠意根的念食而存活，不致於捨報往生。

意根的念食，在三界一切位中都存在著，所以遍在三界九地所居。由此緣故，說一切天人也有這種念食——意思食。譬如欲界天中，往往思欲享樂；即使是初果受生於欲界天中，也常常會思欲享樂，這就是欲界天人的念食（思食）；欲界天如是，色界也如是，只是所思、所念之對象有異而已，但都不離念食。念食的意思，其實就是意思食；由於意識與意根的思惟與念想而成為長養意識與意根持續現行的動力，所以念食、意思食就是意識與意根的食物。色界天人若是佛弟子，常常會在定中想起自己應該進修佛法，而不應每天只在禪定境界中無所事事的安住；這個意念或決定思，就成為色界天中佛弟子的意識與意根的念食，使色界天中的佛弟子常常以神通化身來人間聽聞正法，使他們的意識與意根常與善法欲相應，就不會常常無意義的枯住於色界禪定境界中，就可以遠離意思食；所以說，禪定中的微細境界受也是念食的一種。

又：一切意識心之行為，不論善、惡、淨法，皆名為食，也是意思食，又名念食；所以在善法中應保持念食，在惡法上應遠離念食、意思食。有世尊開示為證：【如是我聞　一時佛住舍衛國祇樹給孤獨園。爾時世尊告諸比丘：「有五蓋、七覺分，有食、無食，我今當說。諦聽！善思！當為汝說。譬如身依食而立，非不食；如是，**五蓋依於食而立**，非不食：貪欲蓋以何為食？謂觸相；

於彼不正思惟，未起貪欲令起，已起貪欲能令增廣，是名欲愛蓋之食。何等爲瞋恚蓋食？謂障礙相；於彼不正思惟，未起瞋恚令起，已起瞋恚蓋能令增廣，是名瞋恚蓋食。何等爲睡眠蓋食？有五法；何等爲五？微弱、不樂、欠呿、多食、懈怠；於彼不正思惟，未起睡眠蓋令起，已起睡眠蓋能令增廣，是名睡眠蓋食。何等爲掉悔蓋食？有四法；何等爲四？謂親屬覺、人眾覺、天覺、本所經娛樂覺；自憶念，他人令憶念而生覺；於彼起不正思惟，未起掉悔令起，已起掉悔令其增廣，是名掉悔蓋食。何等爲疑蓋食？有三世；何等爲三？謂過去世、未來世、現在世；於過去世猶豫，未來世猶豫，現在世猶豫；於彼起不正思惟，未起疑蓋令起，已起疑蓋能令增廣，是名疑蓋食。

譬如身依於食而得長養，非不食；如是，**七覺分依食而住**，依食長養，非不食。何等爲念覺分不食？謂四念處不思惟，未起念覺分不起，已起念覺分令退，是名念覺分不食。何等爲擇法覺分不食？謂於善法撰擇、於不善法撰擇，於彼不思惟，未起擇法覺分令不起，已起擇法覺分令退，是名擇法覺分不食。何等爲精進覺分不食？謂四正斷；於彼不思惟，未起精進覺分令不起，已起精進覺分令退，是名精進覺分不食。何等爲喜覺分不食？有喜、有喜處法，於彼不思惟，未起喜覺分不起，已起喜覺分令退，是名喜覺分不食。何等爲猗覺分不食？有身猗息及心猗息，於彼不思惟，未生猗覺分不起，已生猗覺分令退，是名猗覺分不食。何等爲定覺分不食？有四禪，於彼不思惟，未起定覺分不起，已起定覺分令退，是名定覺分不食。何等爲捨覺分不食？有三界，謂斷界、無欲界、滅界，於彼不思惟，未起捨覺分不起，已起捨覺分令退，是名捨覺分不食。

何等爲貪欲蓋不食？謂不淨觀，於彼思惟，未起貪欲蓋不起，已起貪欲蓋令斷，是名貪欲蓋不食。何等爲瞋恚蓋不食？彼慈心思惟，未生瞋恚蓋不起，已生瞋恚蓋令滅，是名瞋恚蓋不食。何等爲睡眠蓋不食？彼明照思惟，未生睡眠蓋不起，已生睡眠蓋令滅，是名睡眠蓋不食。何等爲掉悔蓋不食？彼寂止思惟，未生掉悔蓋不起，已生掉悔蓋令滅，是名掉悔蓋不食。何等爲疑蓋不食？彼緣起法思惟，未生疑蓋不起，已生疑蓋令滅，是名疑蓋不食。

譬如身依食而住、依食而立，如是，七覺分依食而住、依食而立。何等爲念覺分食？謂四念處思惟已，未生念覺分令起，已生念覺分轉生、令增廣，是名念覺分食。何等爲擇法覺分食？有擇善法，有擇不善法；彼思惟已，未生擇法覺分令起，已生擇法覺分重生、令增廣，是名擇法覺分食。何等爲精進覺分食？彼四正斷思惟，未生精進覺分令起，已生精進覺分重生、令增廣，是名精進覺分食。何等爲喜覺分食？有喜，有喜處；彼思惟，未生喜覺分令起，已生喜覺分重生、令增廣，是名喜覺分食。何等爲猗覺分食？有身猗息、心猗息思惟，未生猗覺分令起，已生猗覺分重生、令增廣，是名猗覺分食。何等爲定覺分食？謂有四禪思惟；未生定覺分令生起，已生定覺分重生、令增廣，是名定覺分食。何等爲捨覺分食？有三界；何等三？謂斷界、無欲界、滅界；彼思惟，未生捨覺分令起，已生捨覺分重生、令增廣，是名捨覺分食。」佛說此經已，諸比丘聞佛所說，歡喜奉行。】（《雜阿含經》卷二十七第715經）

語譯如下：【如是我聞 一時佛住舍衛國祇樹給孤獨園。這時世尊告訴諸比丘說：「有五蓋、七覺分，有食、無食，我現在應當爲大家宣說。諦聽！善思！當爲汝說。譬如身體依於飲食而建立，不能離開飲食；同樣的道理，五蓋也是依於食而建立的，不能離食而有五蓋：貪欲蓋是以什麼爲食呢？貪欲蓋是以觸的法相爲食；在觸覺上面生起了不正確的思惟，使得尚未生起的貪欲生起了，已經生起的貪欲能使它增廣起來，所以是由觸覺而生起貪欲的，這就是貪欲蓋的食。什麼是瞋恚蓋的食呢？是說障礙的法相；對於障礙自己順心境界的法相，心中生起了不正確的思惟，尚未生起的瞋恚蓋就因爲障礙而生起了，已經生起的瞋恚蓋也因爲障礙而更加的增廣了，所以說障礙就是瞋恚蓋的食。什麼是睡眠蓋的食呢？睡眠蓋的食共有五種；如何是這五種呢？就是身體疲累、不樂於目前的境界、打呵欠、食物吃太多了、心中懈怠；對於眼前的境界生起不正思惟時，尚未生起的睡眠蓋就會生起，已經生起的睡眠蓋就會增廣，這就是說有五種現象境界是睡眠蓋的食。什麼是掉悔蓋的食？共有四種。如何是掉悔蓋的四種食呢？是說對於親屬的覺知、對於人類眾生的覺知、對於天界眾生的覺知、對於以前所經歷過的娛樂上面的覺知；對這四種境界，由於自己主動的憶念起來，或者是由別人的提醒而使自己憶念起這些覺知，所以就出生了這些覺知；因爲有這些覺知，就對這些覺知生起了不正確的思惟，使得尚未生起的掉悔生起了，使得已經生起的掉悔更加增廣了，所以這四種覺知就是掉悔蓋的食。什麼是疑蓋的食呢？這就有三世法作爲疑蓋的食了；什麼是疑蓋的三種食呢？是說對過去世、未來世、現在世有疑；對於過去世實有或實無，產生了猶豫；對於未來世實有或實無，產生了猶豫；對於現在世是實有或是虛妄，產生了猶豫；在這些法相上面生起了不正確的思惟，使得尚未生起的疑蓋生起了，使得已生起的疑蓋更加的增廣了，對這三世法相的猶豫就是疑蓋之食。

譬如色身依於食物而得生長、養護，並非不食而能生長及養護的；同樣的道理，七覺分也是依食而安住、依食而生長養護的，並非不食就能生長或養護七覺分的。什麼是念覺分的不食呢？這是說，對四念處的法義不曾加以思惟，尚未生起的念覺分不能生起，已經生起的念覺分漸漸的退失了，這就是念覺分的不食。什麼是擇法覺分的不食呢？是說對於善法的抉擇、對於不善法的抉擇，在對於善、不善法的抉擇上面不曾加以思惟，所以使得尚未生起的擇法覺分不能生起，使得已生起的擇法覺分退失了，這就是擇法覺分的不食，使得擇法覺分沒有獲得長養。什麼是精進覺分的不食呢？是說在四正斷這個法上面，不曾作確實的思惟，尚未生起的精進覺分就不能生起，已生起的精進覺分就退失了，這就是精進覺分的不食，使得精進覺分不能獲得長養。什麼是喜覺分的不食呢？這是說二個法：有喜、也有喜處法，在這個喜與喜處的法相上面不作思惟，使得尚未生起的喜覺分不能生起，使得已生起的喜覺分退失了，這就是喜覺分的不食，使得喜覺分不能獲得長養。什麼是猗覺分的不食呢？猗有二種：身上有樂觸而對五欲得以止息，以及心中有樂受而對五欲得以止息；對於這兩個法不加以思惟，使得尚未生起的初禪樂觸、樂受覺分不能生起，使得已出生的樂觸、樂受覺分退失了，這就是猗覺分的不食，使得猗覺分不能獲得長養。什麼是定覺分的不食呢？有第四禪的境界相，對於這個四禪中的境界相不加以思惟、修證，使得尚未生起的定覺分不能生起，或者使得已生起的定覺分退失了，這就是定覺分的不食，使得第四禪的境界不能生起或不能得到長養。什麼是捨覺分的不食呢？是說有三種功能，也就是說斷除我見的功能、離五欲的功能、滅盡三界有的功能；對於這三法的功能，不加以思惟，使得尚未生起的捨覺分不能生起，也使得已生起的捨覺分退失了，這就是捨覺分的不食，使得捨覺分不能生起、不能獲得長養。

什麼是貪欲蓋的不食呢？是說不淨觀，對於不淨觀加以思惟，使得尚未生起的貪欲蓋不再生起了，已經生起的貪欲蓋加以斷除，這就是貪欲蓋的不食。什麼是瞋恚蓋的不食呢？修行者以慈心來思惟諸法，使得尚未出生的瞋恚蓋不生起，也使已生起的瞋恚蓋消滅了，這就是瞋恚蓋的不食。什麼是睡眠蓋的不食呢？修行人明白的觀照及思惟睡眠，使得尚未生起的睡眠蓋不生起，使得已生起的睡眠蓋消滅，這就是睡眠蓋的不食。什麼是掉悔蓋的不食呢？修行者寂靜的安止下來思惟掉悔蓋的內容與過失，使得尚未生起的掉悔蓋不生起，也使已生起的掉悔蓋消滅了，這就是掉悔蓋的不食。什麼是疑蓋的不食呢？修行者對緣起法加以思惟，使得尚未生起的疑蓋不生起，使得已生起的疑蓋消滅了，這就是疑蓋的不食。

譬如**色身都是依於食物而久住於世間**，是依於食物而建立的，沒有食物就不可能使色身存在人間；同樣的道理，**七覺分也是依食而安住、也是依食而建立的**。什麼是念覺分的食呢？是說將四念處加以思惟之後，尚未生起的念覺分就使它生起，已經生起的念覺分就要使它不斷的輾轉出生，以及使它繼續增廣，這就是念覺分的食。什麼是擇法覺分的食呢？擇法覺分有二種：有抉擇善法的，也有抉擇不善法的；修行者思惟抉擇諸法以後，尚未生起的擇法覺分就會生起，已經生起的擇法覺分就會重新再出生、也會漸次的增廣，這就是擇法覺分的食。什麼是精進覺分的食呢？修行者對四正斷加以思惟，所以使得尚未生起的精進覺分生起了，使得已經生起的精進覺分一再的重生、並且漸次增廣，這就是精進覺分的食。什麼是喜覺分的食呢？喜有二種：有喜，也有喜處；

修行者思惟喜和喜處，使得尚未生起的喜覺分生起了，也使得已經生起的喜覺分一再出生、並且次第的增廣了，這就是喜覺分的食。什麼是猗覺分的食呢？猗有二種：有身受樂觸的止息、還有心得樂受的止息等二種思惟（這是指初禪到第三禪的樂受），使得尚未生起的快樂覺分生起了，也使得已經生起的快樂覺分一再的重新出生、並且逐漸的增廣，這就是快樂覺分的食。什麼是定覺分的食呢？這是說有第四禪的思惟；使得尚未生起的定覺分生起了，也使得已經生起的定覺分一再的出生、並且次第的增廣起來，這就是定覺分的食。什麼是捨覺分的食呢？『捨』這個法有三種功能；是哪三種呢？是說斷捨我見的功能、無五欲貪著的功能、滅盡三界有的功能；修行者思惟這個捨覺分，使得尚未生起的捨覺分生起了，也使得已經生起的捨覺分一再的重新出生、並且使捨覺分增廣，這就是捨覺分的食。」佛說此經已，諸比丘聞佛所說，歡喜奉行。】

由此可知：三界中的一切法都有食，因食而得出生、長養、增廣或滅壞。從意識心與意根相應的意思食、念食上面來看，凡是善、惡、無記法的學習與思惟，以及一再的受熏與思惟，都屬於念食，念食就是意思食，因爲意識的行爲一定會導致意根的心行改變或增廣。但是由上面的經文開示來看，意思食一直都有相對的二面：經由善法思惟與觀行，使得善法得到意思食的生長養護，就使得不善法相對的消減或滅失了。或者說，經由不善法的思惟與熏習，使得不善法一再的重新出生與長養，相對的也會使得善法損滅。所以，食的意思，是包含學習、一再的受熏而成爲種子——功能差別。不單只是色身需要物質食物的食，法身慧命、解脫境界等善法也是一樣，也是一樣要有食，才能出生、長養，才能成就解脫果或佛菩提果，這就是食的眞實意義。

換句話說，五蘊身心各都有食；三界有情各都有食，沒有一法是無食的。假使所證眞心仍是有食的境界，就是錯誤的大乘見道；假使所證解脫道是不離食的意識境界，就是未斷我見的三界有境界，是未斷我見的凡夫；或者是尚未成就究竟佛道的菩薩，所以仍然有食，用以增長法身慧命；直到成爲究竟佛時，不再有任何受熏，所以不再轉變心中的一切種子，才能說是念食、識食都已斷盡，所以只有佛地境界才算是離食的；但示現於人間的應身，爲了能使眾生親近學法而仍然必須有摶食，但其實是已經遠離摶食的；只是爲了利益眾生而受人身的緣故，必須受食。修習解脫道及佛菩提道的佛子們，都可以藉此來實際觀察自身所修證的解脫道，看看自己的知見是否符合 佛的意旨，然後再對自己在解脫道中的證境加以抉擇及定位，可以免除大妄語及僭越的果報。

念食又名意思食。如何斷除意思食？佛有一次這樣子開示說：【「云何比丘觀察意思食？譬如聚落城邑邊有火起，無煙、無炎；時有士夫聰明黠慧，背苦向樂，厭死樂生；作如是念：『彼有大火，無煙無炎。行來當避，莫令墮中，必死無疑。』作是思惟，常生思願，捨遠而去。觀意思食亦復如是，如是觀者，意思食斷；意思食斷者，三愛則斷；三愛斷者，彼多聞聖弟子於上更無所作，所作已作故。」】（《雜阿含經》卷十五）

語譯如下：【「如何是比丘應該正確觀察的**意思食**呢？譬如聚落、城邑的旁邊有大火生起，這大火聚是沒有青煙、也沒有火焰的；當時有一個在世間法中很聰明黠慧的人，背離苦痛而轉向快樂，厭惡死亡而樂於生存；他這樣子想：『那裡有大火，沒有青煙，也沒有火焰。我走到那裡時應該迴避，不要墜入火中；我若墜入其中的話，必死無疑。』他這樣子思惟以後，在路上常常生起這樣的思惟與願望，所以就捨離火聚而從遠方走過去。修行者觀察意思食也是這樣子觀察與思惟的，像這樣子觀察與思惟的人，意思食就可以斷除；意思食斷除的話，三界愛就斷除了；三界愛斷除了的人，那些多聞的聖弟子們對於解脫

道的修證，想要再往上進修的話，就沒有可以再向上進修的了，因為在解脫道上面所應該作的一切事情，他都已經作好了的緣故。」】

這意思就很明白了：意思食是很難被發覺到的，因為這種食的法相很微細，沒有人會注意到意識、意根在三界萬法中的熏習都是意識與意根的長養及流轉的食「物」。換句話說，只要在三界萬有的法相上面不斷的熏習，不斷的錯誤認知「離念靈知與處處作主的心是常住不壞心」，其結果就是使他對三界萬法及對自己的執著越來越強、越來越廣大，就永遠都不可能使意識與意根願意自我消失，就會不斷的想要在「**我**」**所觸知**的三界萬法的境界加以觸知而不願自我消失，就會在捨離色身時再去受生，如是流轉不絕的重複生死的過程。假使對於意思食也能詳細的加以觀行，了知意思食的虛妄性而斷除它，就會離開意思食，則將使意識與意根對三界萬法的執著滅除掉，不樂於接觸六塵境界，樂於遠離一切善惡境界及捨受境界，於一切境界都無所愛，捨壽時不願再使意識與意根繼續存在，所以不再入胎、也不受生於天界，意識與意根就消失而不再出現於三界中，就成為無餘涅槃，永遠離開三界生死的流轉了。

第五節　識食與八背捨

識食的意思是說：純由本識心中所現之法以為其食，用以維持其身命，這是第八識自身的識食，完全不依外法為食而保全生命的存在：【何等為識食？地獄眾生及無色天，是名識食。】（《長阿含經》卷二十第30經《世記經 忉利天品》）

佛陀又說：【「何等眾生以識為食？所謂地獄眾生及無邊、識處天……等。此諸眾生，皆用識持，以為其食。」】（《起世經》卷七）

地獄眾生存在的事實，一直是印順法師極力反對的；他私心中認為地獄的說法是後來的大乘經中才提出來的說法，只是聖人方便勸善的施設而已，不是眞的有地獄存在。但是在四阿含中就已經有地獄的說法存在了，而且說得很詳細，並且是在最早結集的《長阿含經》中所說，確實是佛陀的親口宣說，不是後人杜撰的；而且在許多確定為佛說的阿含部諸多經典中都有說到，不是只有一部阿含的經典有說到地獄的存在。

地獄眾生都是以識種為食而生存著，都不依靠物質色法而保持其果報身、業報身。當地獄眾生的惡業果報尚未償盡時，共業眾生的地獄業報都是依附於原有的世界而存在的；就像是無色界眾生雖無形色，也還是依附於原有的欲界、色界的世界而存在著。當所有眾生的業報已盡，地獄就毀壞而不存在了；縱使他們的業報尚未報盡，可是此界有情因爲世界毀壞而轉生他方世界時，尙未償盡果報的地獄眾生，也會隨同轉生他方世界中的地獄繼續受報。

地獄眾生的所有活動，都是屬於內相分中的生活，不是依外在世界的物質世間色法而生存的，所以都屬於內相分。也正因爲都是內相分，所以痛苦可以痛到無量無邊，遠超過人間的痛苦而不會悶絕，只有死亡而又重新再出生地獄身。也因爲他們都是以識食而存活的，不是依外在的色法而存活的，所以他們都是依惡業種子而報得惡受種子的流注，所以色身都很廣大，受苦就可以無量無邊，可以超過人間極多倍而實現因果律。

地獄眾生的色身、生活環境，既然都屬於內相分，所以純依識種、業種的流注爲食，以維持其生命狀態。如是境界，猶如夢中境界一般無二，但與夢境有所差異：夢中境界若極惡劣，導致極爲痛苦或極爲驚惶時，便會醒來，脫離夢境便離痛苦，不會永受重大的「身覺」與精神的痛苦；在未醒之時，夢境極爲眞實，眾生正在夢中之時不知是夢，便在其中感受種種色身及心靈上的苦樂。然而地獄之中無有睡眠之法，地獄境界亦非睡眠境界，故無醒來離苦之時。地獄眾生因業報故，恆常受諸痛苦；因其中之苦有重、有輕，依極重之苦受而說較輕之苦為無苦；但是不論其苦輕重，都無醒來離苦之時，只有極重痛苦無法承受而死亡時可以短暫離苦；然而果報未盡故，本識中流注業種現行時的業風吹起，又復活轉過來，繼續承受種種「身覺」及心理上的苦痛。這是阿含諸經中開示世界悉檀時 佛所常說的事實。因為是純以識種的流注為其生命中的食，藉以維持地獄眾生的生命形態，所以說地獄眾生唯有識食。

地獄眾生識食之境界中，本來亦有觸食、念食，譬如地獄眾生在火熱地獄時，身受極不可愛的熱觸，這也是觸食；由是緣故常常思念清涼樹蔭，這就是念食、意思食。隨後走到樹下，正欲受清涼之觸時，樹葉突然變成刀劍，向下刺入地獄眾生身中，受諸苦痛，這也是觸食；以如是緣故，地獄眾生又思念曠野無樹之處，也是念食、意思食。雖有如是念食、觸食，但因地獄眾生在地獄中純屬受報而非熏習，故不說地獄眾生的意識與意根有觸食、念食，故說地獄眾生為識食者。

復次，眼識的食，是說色塵的粗略相，……乃至身識的食是說細滑觸的粗略相，意識之食是說五塵及法塵之粗相、細相、極細相，意根之食是說法塵上的極粗相，如來藏之食是說七識心一切熏習所成的種子。

識食與八背捨有何關係？依照前面所說識食的原理可以知道：意識心若住於初禪到四禪的境界中，則其境界已經成爲眼、耳、身、意四識之食；若是住於空無邊、識無邊、無所有處、非想非非想等定境中，則無眼、耳、身識之食，純是意識與意根之食；若是住於無想定或滅盡定中，就成爲單有意根之食的境界。如果是有意識之食，那個境界一定是三界有之無常法，所以說四禪八定境界悉屬三界有的境界，並非出於三界外的涅槃境界，以此緣故 佛說應修八背捨，成爲俱解脫。無想定境界是色身我見未斷者，雖然知道應該滅除意識覺知心而入涅槃，但因爲不知或不信有本識常住不滅，恐怕墮入斷滅境界中，所以保留色界天身而滅除意識覺知心，誤以爲是無餘涅槃境界；其實無想定中意識雖然斷滅了，但仍然有意根的意思食的法相存在，並非已無食相，所以仍然是三界有的境界，未出三界生死法。所以眞修阿含解脫道的行人，應該了知八背捨的道理，以免錯將三界有爲境界當作已出三界的境界。

想要修八背捨的人，應當次第而修，所應先修的內容，則是先修遠離欲界識食：【諸賢！云何比丘心不住內？諸賢！比丘離欲、離惡不善之法，有覺、有觀，離生喜樂，得初禪成就遊。彼識著離味，依彼、住彼，緣彼、縛彼，識不住內。】（《中阿含經》卷四十二）這是說初禪的境界相，雖然是離欲界之法，捨壽後不再受生於欲界中，已離欲界生；除非是初禪退失者，否則都名爲離欲界生而得初禪喜樂之禪定，簡稱離生喜樂定。發起初禪者，並不是單有輕安、一心的境界，而是必定伴隨著胸中的樂觸的；若未伴隨著胸中的樂觸，最多只是證得未到地定，絕非已證初禪。一般人其實都是屬於欲界定，因爲在欲界定中已有輕安與心一境性了，未到地定中則是進一步捨離輕安覺受的，住於未到地定中時並不返觀自己住於心一境性中。若只有輕安而未得身樂，公開說是已得初禪，也是未證言證的一種，罪雖不及大妄語業，亦自非輕。已經確認具足獲得初禪的五支功德時，才可以說是親證初禪者：一心、覺、觀、喜、樂。若確認已經證得初禪而不退失了，因此就可以說自己是已經證得**初背捨**的人，已經背捨欲界五欲貪愛而名爲離欲界食的緣故。然因初禪中仍是涅槃外法，不屬於涅槃境界，所以說是**住外**而**不住內**，故說仍被初禪境界所縛，不住於內法中。

離欲界食以後，得初禪，尚應捨離初禪覺觀境界中身識與意識之食：【復次，諸賢！比丘覺、觀已息，內靜一心，無覺無觀，定生喜、樂，得第二禪成就遊。彼識著定味，依彼、住彼，緣彼、縛彼，識不住內。】（《中阿含經》卷四十二）初禪中的覺與觀，不離色、聲、觸三塵，還有眼、耳、身三識存在，仍是三界中的叢鬧境界，不是寂靜的涅槃境界；這種境界相，也是無常法，依於色界身、色界定、意識心而有，所以須背棄而遠離之，乃修第二背捨。第二種背捨修習成功時，即可發起第二禪，背捨了初禪；在第二禪等至境界中，滅了眼、耳、身識，沒有初禪中的色、聲、觸三塵的存在，所以只餘意識覺知心住於二禪定境中，這時已能遠離五塵中的覺與觀，此人雖然仍在欲界而不住於欲界覺觀中，故名無覺無觀三昧；這個定味勝妙於初禪，心中大喜，故名為喜。當他出於定境之外，就會自然的住在初禪等持位中，身中亦如初禪一般出現胸腔中的身樂覺觸，故名為樂；以此緣故，名為定生喜樂定。他已經背捨涅槃外之初禪境，這是第二背捨。然而樂著於二禪境界者，仍非眞實涅槃境界，仍是涅槃外境，故說此時**識住於外**，**不住於內**。

接著進修第三背捨：【復次諸賢！比丘離於喜欲，捨、無求遊，正念正智而身覺樂，謂聖所說、聖所捨，念、樂、住室，得第三禪成就遊；彼識著無喜味，依彼住彼，緣彼縛彼，識不住內。】（《中阿含經》卷四十二）已見道者若已了知第二禪中的過患，即便修捨，捨離二禪境界，心無所求；由此緣故，背捨第二禪境界，不住於二禪等至中，住於二禪後之未到三禪地定境中；意識覺知心已確實捨棄二禪境界而無所著時，即可發起第三禪境界，正念、正智而發起身樂類似初禪，但更微細而勝妙，更覺安適寂靜；這就是諸聖所說已捨二禪境界後的心中境界，念念向於意識心中安住。此時意識覺知心雖無二禪定境中之大喜，已背捨其中大喜而住於三禪中；此時若不知三禪之過患，轉被三禪所繫縛，不能前進涅槃內法。此時已證解脫果的佛弟子加以觀察：三禪仍非涅槃內法，仍是涅槃外法，故說此時識住於外，不住於內。此時已背捨第二禪境界了。

接著進修第四背捨：【復次諸賢！比丘樂滅、苦滅，喜、憂本已滅，不苦不樂，捨、念清淨，得第四禪成就遊；彼識著『捨及念』清淨味，依彼住彼，緣彼縛彼，識不住內。】（《中阿含經》卷四十二）三禪境界既不是涅槃內法，所以應背捨之。三禪境界中也有苦：恐懼三禪快樂境界得而復失，由是故知三禪境界不可常保，是無常法；既知是無常之法，應當捨之。如是修第四背捨：背捨三禪。背捨三禪境界之後，身樂已滅，三禪已捨故，身樂無常恐懼之苦亦隨之而滅，極微細之念想亦不存在，對於三禪境界已經無所貪愛，由是滅除喜、憂；如是不苦、不樂，捨一切身覺境界，亦捨離種種念想，凡所有念都是想要清淨的遠離境界而安住，即是第四禪境界；此時息脈俱滅，心得寂靜。然而此時仍非涅槃內境，仍是三界中無常之有；此時意識覺知心轉被第四禪捨除一切境界、捨除種種境界念的清淨定所繫縛。雖然這個繫縛遠輕於前三禪境界，但仍是涅槃外境，故名識不住內；若欲證取涅槃內境，仍須捨之。

接著進修第五背捨：【復次諸賢！比丘度一切色想，滅有對想，不念若干想；無量空，是無量空處成就遊；彼識著空智味，依彼、住彼，緣彼、縛彼，識不住內。】（《中阿含經》卷四十二）於第四禪中，觀察色界之法，緣於意識心之色界定境而由微細之四大所成，故有色界身、心；凡有色之法必定無常、災患，所以再修背捨，棄背第四禪境界而捨離之，轉入空無邊處，成就空無量處無色界定境，成就第五背捨。此時已背捨第四禪境界有，但是轉被空無邊處繫縛；此時意識覺知心愛著於實證色空的世俗智慧，貪著空無邊處的法味，住於空無邊處而被繫縛，仍不是涅槃內境，故說識住於外。

接著進修第六背捨：【復次諸賢！比丘度一切無量空處，無量識；是無量識處成就遊；彼識著識智味，依彼、住彼，緣彼、縛彼，識不住內。】（《中阿含經》卷四十二）在空無邊處定境中，觀察空無邊處之覺知心，緣於空無邊，心量廣大而擴散之後，定力恐有退失之虞，亦是緣於外法，不如向心內安住，定境可以保持及增長，亦不會向心外而求涅槃，乃又背捨了空無邊處，轉向意識自心中安住，名爲**識處住**。但是觀察意識覺知心種子——意識之功能差別——無量無邊，故名此處爲識無邊處，或名無量識處。此時已背捨空無邊處，成就第六背捨；但因此一境界仍非涅槃內法，不能入住涅槃之中，所以說意識覺知心轉被識無邊處所繫縛，依識無邊處而住，緣此、住此，依此、縛此，故說識不住內。

接著進修第七背捨：【復次諸賢！比丘度一切無量識處，無所有；是無所有處成就遊，彼識著無所有智味，依彼、住彼，緣彼、縛彼，識不住內。】（《中阿含經》卷四十二）此時行者觀察識無邊處之過患，修背捨而遠離識無邊處，離無量識處，轉入無所有處安住，背捨了識無邊處；既不緣於空無邊，亦不緣於識無邊，住於無所有中，名爲證得無所有處，依此定境而安住不動，成就第七背捨。此時意識覺知心執著無所有的智慧法味，依無所有處、緣無所有處而住，所以被繫縛於此境界中，仍非涅槃內法，故說識不住內，繫縛於無所有處。

接著進修第八背捨：【復次諸賢！比丘度一切無所有處，非有想非無想；是非有想非無想處成就遊，彼識著無想智味，依彼、住彼，緣彼、縛彼，識不住內。諸賢！如是比丘心不住內。】（《中阿含經》卷四十二）修行者在無所有處中詳細觀察，若有智慧，即可了知無所有處中仍有覺知心現行，對於無所有處定境仍有了知性存在，故名有想（想亦是了知），由此緣故，修行者即欲滅想——滅除了知性。若是我見未斷者，不能棄捨意識覺知心，即故意滅除意識的了知性而保留意識覺知心繼續存在，此即是非想非非想定境界。爲何離想而又名爲非非想？乃是因爲在此定境中，意識覺知心的了知性其實並未滅除，只是不再返觀意識自己，也不再面對無所有處定境而已，這只是滅除意識覺知心的證自證分罷了，所以意識了知性其實仍是繼續存在的；既然意識覺知心繼續存在，就不可說是眞正的無想，所以又名爲非非想的定境；但因爲覺知心不起返觀之作用，正在非非想定中時並不知道自己仍然有了知性存在，所以又名非想；如是，合非想與非非想而名爲非想非非想定。如是已經背捨了無所有處，行者若已經斷除我見，此時滅除意識覺知心，意根的受與想二個心所法就會跟著滅除，就成爲滅盡定，八背捨就完成了，已經成爲俱解脫者。所以入滅盡定是以離想（離了知性）而入，不是以入滅盡定想、也不是以入涅槃想而入。假使有八背捨的智慧，就能從第四禪等至位中滅除了知性的意識覺知心，直接進入滅盡定；或是鈍根之人漸次進入非想非非想定或無所有處定，然後進入滅盡定，都稱爲識住於內，因爲已不與本識心外的三界境界相應。

斷我見之後，修證俱解脫境界時，親證四禪、四空定的境界而不執著，能背捨而入滅盡定者，都可名爲**識住於內**：【諸賢！云何比丘心住內？諸賢！比丘離欲、離惡不善之法，有覺有觀、離生喜樂，得初禪成就遊；彼識不著、離味，不依彼、不住彼，不緣彼、不縛彼，識住內也。復次諸賢！比丘覺觀已息，內靜一心，無覺無觀，定生喜樂，得第二禪成就遊；彼識不著定味，不依彼、不住彼，不緣彼、不縛彼，識住內也。復次諸賢！比丘離於喜、欲捨、無求遊，正念正智而身覺樂，謂聖所說、聖所捨、念樂住室，得第三禪成就遊；彼識不著，無喜味，不依彼、不住彼，不緣彼、不縛彼，識住內也。復次諸賢！比丘樂滅、苦滅，喜憂本已滅，不苦不樂，捨念清淨，得第四禪成就遊；識不著捨及念清淨味，不依彼、不住彼，不緣彼、不縛彼，識住內也。】（《中阿含經》卷四十二）

只要是對三界中境界有所喜樂、執著者，即是識住，都是識食。這一段經文意思是說，修學八背捨的人，在四禪、四空定不斷轉進的結果，會使他的識食越來越輕微，最後就是證得滅盡定，成就俱解脫果；如果對三界中的任何定境有喜樂、執著，就是識食，就說是**識住於外**。這意思是說，凡是對欲界、色界、無色界等境界有所貪愛者；也就是說，對意識相應的境界有所喜愛者，都是不住於內者，就是不離識食的人，都不能解脫三界生死苦。如果有人已經斷除識食，雖然仍舊住於欲界、色界、無色界境界中，但是對一切三界境界都無所著，就是識住內，不住外，識食就不存在了，這就是**識食**與**八背捨**間的關係。

凡是熏習諸法而成就了種子（成就功能差別），都是識食；眞正修學解脫道的人，應該滅除一切法、滅除識陰與意根一切心識的功能，才能進入無餘涅槃，永離三界生死苦。譬如熏習惡法，成爲第八識心中之識食，就是後有種子之積集，就不離食集：【一時佛遊舍衛國，在勝林給孤獨園。爾時世尊告諸比丘：「**有愛**者，其本際不可知；本無**有愛**，然今生有愛，便可得知所因有愛。有愛者則有習，非無習；何謂有**愛習**？答曰：無明爲習。無明亦有習，非無習；何謂**無明習**？答曰：五蓋爲習。五蓋亦有習，非無習；何謂五蓋習？答曰：三惡行爲習。三惡行亦有習，非無習；何謂三惡行習？答曰：不護諸根爲習。不護諸根亦有習，非無習；何謂不護諸根習？答曰：不正念、不正智爲習。不正念、不正智亦有習，非無習；何謂不正念、不正智習？答曰：不正思惟爲習。不正思惟亦有習，非無習；何謂不正思惟習？答曰：不信爲習。不信亦有習，非無習；何謂不信習？答曰：聞惡法爲習。聞惡法亦有習，非無習；何謂聞惡法習？答曰：親近惡知識爲習。親近惡知識亦有習，非無習；何謂親近惡知識習？答曰：惡人爲習。是爲具惡人已，便具親近惡知識；具親近惡知識已，便具聞惡法；具聞惡法已，便具生不信；具生不信已，便具不正思惟；具不正思惟已，便具不正念、不正智；具不正念、不正智已，便具不護諸根；具不護諸根已，便具三惡行；具三惡行已，便具五蓋；具五蓋已，便具無明；具無明已，便具『有』愛。如是，此『有』愛展轉具成。」

「明、解脱亦有習，非無習；何謂明、解脱習？答曰：七覺支爲習。七覺支亦有習，非無習；何謂七覺支習？答曰：四念處爲習。四念處亦有習，非無習；何謂四念處習？答曰：三妙行爲習。三妙行亦有習，非無習；何謂三妙行習？答曰：護諸根爲習。護諸根亦有習，非無習；何謂護諸根習？答曰：正念、正智爲習。正念、正智亦有習，非無習；何謂正念、正智習？答曰：正思惟爲習。正思惟亦有習，非無習；何謂正思惟習？答曰：信爲習。信亦有習，非無習；何謂信習？答曰：聞善法爲習。聞善法亦有習，非無習；何謂聞善法習？答曰：親近善知識爲習。親近善知識亦有習，非無習；何謂親近善知識習？答曰：善人爲習。是爲具善人已，便具親近善知識；具親近善知識已，便具聞善法；具聞善法已，便具生信；具生信已，便具正思惟；具正思惟已，便具正念、正智；具正念、正智已，便具護諸根；具護諸根已，便具三妙行；具三妙行已，便具四念處；具四念處已，便具七覺支；具七覺支已，便具明、解脫。如是，此明、解脫展轉具成。」佛說如是，彼諸比丘聞佛所說，歡喜奉行。】（《中阿含經》卷十《本際經》、《食經》）

此經文語意明顯而不隱諱，不須語譯，讀者再讀、細讀之後，加以思惟，自可了知經文眞義。此經文中的主要意思是說：熏習惡法而成爲第八識中之種子，使第八識心中積集了惡法想要再現行的習性種子以後，種子成就了，就是識食；意思是已經成就後有種子的積集了，前七識熏習的無明種子、善惡業種子、習氣種子的積集而存在本識中，就是前七識之食，識的熏習即是識食故。已積集後有種子於第八識中，就是已經成就識食的集，就一定會導致後世輪轉生死不斷。如是後有種子、業種子、無明種子的積集，就是識食的**食集**；若無識食，則無後有種子的集；若無後有種子的集，就不會有後世的入胎與出生，生死就可以了斷，由此緣故而說滅除**識食**者即可解脫生死（乃至滅除異熟生死習氣種子的**食集**，就可以滅除第八識心體的異熟性，可以解脫於異熟果而成就佛果，這也是**食集的滅**）；如是，滅除食集的方法，就是**食滅之道**，這是二乘法解脫道中**聖所說**、**聖所修**、**聖所證**、**聖所歎**的眞實解脫之道。若是有人想要親證解脫道，卻一直放不下意識覺知心自己，一直放不下處處作主的自己，正好是識食的集，下一世就一定會再有五蘊熾盛之苦，不免生老病死……等眾苦。

又：由此段經文中所說者，可知**識食**亦可函蓋意思食、觸食、摶食。也就是說，在遠離惡知識所教導的惡法熏習，在親近善知識而熏習正法，以及在觀行**食義**、**食集**、**食滅**、**食滅道**的過程中，都是不離**觸食**與**念食**的；若離觸食與念食，就無法成功熏習解脫道善法，善法的識食就不可能成就；識食不成就的緣故，善淨法的修習欲也將不能發起；所以惡法的熏習固然是食集，但是善淨法的熏習也是食集；只因爲善淨法的熏習是熏習離欲、離我執、離食集之**食滅道**，不同於惡法的熏習是執著於欲、執著於自我，所以不名爲食集；因爲善淨法的食集，必定會導致斷除食集、斷除三界愛，獲得食滅而出離三界生死的結果，所以不名爲食集。

若如藏密雙身法的樂空雙運具足淫欲的觸食、念食、識食，然後誤以爲是離欲、不執著自我，就成爲加重三界愛，特別是加重欲界愛而成爲惡法的觸食、念食及識食；若是堅持認定淫樂第四喜中的離念靈知爲眞如、佛性，堅持不移，就成爲我見與我執的惡法熏習，成就了惡法的觸食、念食及識食，後世種子流注出來，必將更堅強的執取如是意識心爲常住心，更堅強的執取樂空雙運境界中的淫樂覺受，成就常見外道「五欲自咨時即是涅槃」的邪見與境界。若是因此而謗正法，謗如來藏爲外道神我之法，即是意識對惡法的觸食、念食，也函蓋了意根對惡法的念食，同時成就了識食，謗法惡業種子具足成就，捨壽之後即因此等種子流注而入地獄中。但是善法食及惡法食的成就，都由如理作意或不如理作意的思惟而成就；多數人則是由於善知識或惡知識的教導而輾轉成就，所以學法之前選擇善知識，就成爲非常重要的事情。

四食並不是單說色身有食而已，其實每一識也都有食相，但第八識非有食亦非無食；前六識若有食，意根即一定有食。前七識若所有食，即成爲第八識的食相；而第八識自身其實無食，食相都是前七識所有，只因第八識收藏前七識食的種子而方便說爲有食，其實還是無食的。若前七識的食相滅盡，第八識則無種子收藏之食；所以在識陰六識的食相存在時，就一定會有意根的食相及第八識的食相存在。但如何是六識之食、禪定之食？譬如《中阿含經》卷四十二《分別觀法經》如是云：

【尊者大迦旃延告諸比丘：「諸賢等！共聽我所說。諸賢！云何比丘心出外灑散？諸賢！比丘眼見色，識食色相，識著色樂相，識縛色樂相；彼色相味結縛，心出外灑散。如是，耳、鼻、舌、身，意知法，識食法相，識著法樂相，識縛法樂相；彼法相味結縛，心出外灑散；諸賢！如是比丘心出外灑散。諸賢！云何比丘心不出外灑散？諸賢！比丘眼見色，識不食色相，識不著色樂相，識不縛色樂相；彼色相味不結縛，心不出外灑散。如是，耳、鼻、舌、身，意知法，識不食法相，識不著法樂相，識不縛法樂相；彼法相味不結縛，心不出外灑散，諸賢！如是比丘心不出外灑散。諸賢！云何比丘心不住內？諸賢！比丘離欲、離惡不善之法，有覺有觀、離生喜樂，得初禪成就遊；彼識著離味，依彼住彼，緣彼縛彼，識不住內。復次諸賢！比丘覺觀已息，內靜一心，無覺無

觀，定生喜樂，得第二禪成就遊，彼識著定味，依彼住彼，緣彼縛彼，識不住內。」》（《中阿含經》卷四十二《分別觀法經》）

上面這一段經文的意思是：如果證得禪定而不能知曉禪定境界的虛妄性，所以對禪定境界有所執著的話，這也是墮入意識的識食境界中，仍然是心住於外的凡夫。證得初禪乃至第四禪境界的人，都仍是心不住內的凡夫，何況是離念靈知境界只是欲界定中的一念不生境界而已，尚且不到未到地、不到初禪的一念不生境界，何況能是入涅槃的眞識心？正是墮入意識境界中而不自知。乃至平實不斷的說明、分析之，而仍然有人繼續認定他自己在欲界定範圍中的離念靈知心即是涅槃心，仍然認定將來死後可以用欲界中的離念靈知意識心進入無餘涅槃中，這都是住於外法的凡夫知見。佛門錯悟的大師與學人們，讀過上面這一段經文以後，詳細思惟過了，也就應當從離念靈知中覺醒遠離了。

至於意根以什麼爲食呢？阿含中如此說：《「諸賢！云何比丘不受而恐怖？諸賢！比丘不離色染，不離色欲，不離色愛，不離色渴；諸賢！若有比丘不離色染，不離色欲，不離色愛，不離色渴者，彼欲得色、求色、著色、住色：『色即是我，色是我有。』欲得色、著色、住色：『色即是我，色是我有』已，識捫摸色；識捫摸色已，變易彼色時，識轉於色；識轉於色已，彼生恐怖法，心住於中。因心不知故，便怖懼、煩勞，不受而恐怖。如是，覺（受）、想、行，比丘不離識染，不離識欲，不離識愛，不離識渴。諸賢！若有比丘不離識染，不離識欲，不離識愛，不離識渴者，彼欲得識、求識、著識、住識：『識即是我，識是我有。』彼欲得識、求識、著識、住識：『識即是我，識是我有』已，識捫摸識；識捫摸識已，變易彼識時，識轉於識；識轉於識已，彼生恐怖法，心住於中。因心不知故，便怖懼、煩勞，不受而恐怖。諸賢！如是比丘不受、恐怖。】（《中阿含經》卷四十二《分別觀法經》）

意根是一切世俗人所不知的心，心理學家往往說為潛意識，雖然與意根本質不很符合，也都是推測之說，但也只能以潛意識來為世俗人指稱意根了！也只有如此指稱，世俗人才能較為理解意根。意根是普遍執著一切法的，是執著六識、六塵、五色根的；特別是執著六識，多數時候將六識當成是自己的功能，執著六識為自我，導致不能解脫生死。今將經文語譯如下，可知此意：

【「諸位賢德！什麼是比丘不受而恐怖呢？諸位賢德！有的比丘不能離開色身的貪染，不能離開對色身的欲求，不能離開對色身的貪愛，不能離開對色身保持常住的渴求；諸位賢德！如果有比丘像這樣子不離色染、不離色愛、不離色渴的話，他心裡面就會想要獲得色身、想要求得色身、就會執著於色身、就會住著於色身中，認定『色身就是我，色身是我所有。』想要得到色身、執著於色身、安住於色身，心中認定『色身就是我，色身是我所有』以後，意識就體會及執取色身；意識體會及執取色身以後，當意識覺知觀察到他的色身有變易時，意識就在色身上觀察、運轉；意識這樣運轉於色身以後，他心中就生起恐怖的感覺了，他的意根與意識心就會執著於色身之中。這位比丘因爲心中不知道色身不是我、不是我所能永遠保有的緣故，便生起恐怖與畏懼、心中就有煩勞，對這個事實不能接受而有恐怖的心情。

就像是對色身這樣子的看法，在受、想、行三陰上面，乃至比丘在識陰上面，不能離開對意識等六識的染污執著，不能離開對識陰六識的貪著，不能離開對識陰六識愛取，不能離開識陰六識常住的渴望。諸位賢德！如果有比丘不能離開對於受想行陰的貪染乃至對識陰六識的貪染，不能離開識陰六識常住的欲望，不能離開對識陰六識的貪愛，不離識陰六識常住的渴求者，他想保持識陰六識常住、希望六識常住、執著於六識、安住於六識中，認爲『識陰六識就是我，識陰六識是我所有的。』他這樣子想要一直使六識常住、想要一直保有識陰六識、執著識陰六識、安住於識陰六識的境界中，認爲『識陰六識就是我，識陰六識是我所有的』以後，意識覺知心就體會這識陰六識的自我；意識體會執著這識陰六識以後，當他發覺到識陰的無常性、變易性時，意識覺知心就運轉於這六識上面；意識運轉於無常的六識以後，他在心中就生起恐怖的覺受了，意識覺知心就執著於識陰六識中，恐怕墮入斷滅境界中。因爲意識覺知心不知識陰六識本來無常、無我的緣故，一直想要使識陰成爲**常住**的眞我，但是卻不能成功，所以心中就恐怖畏懼、就有了煩勞；不能接受識陰六識都是無常、無我，所以心中生起了恐怖，害怕落入斷滅境界中。諸位賢德！這樣子就是有的比丘不能接受佛法、恐怖佛法的事實。」】

語譯之後，色陰、受想行陰乃至識陰虛妄的意思，也就很明白了；由此阿含中的開示，可以了知一件事實：眼識能見，正當初見之時就已經是**眼識有食相**了，不是等到生起語言文字來分別時才說是眼識的食相。耳識能聽，正在聽時就已經是耳識有食相了，不是等到生起語言文字分別時才說是耳識有了食相；……乃至身識有覺性，正在覺知冷熱痛癢之時，亦如密宗喇嘛與女徒弟合修雙身法，到達性高潮時一念不生領受樂觸之際，已經是身識有食相了，不是等到覺知心中生起語言文字分別樂觸時才說是身識的食相。意識覺知心處在樂空雙運的一心受樂而保持離念之時，已經是意識覺知心的食相成就了；或如靜坐時的離念靈知境界中，正當這個離念靈知心才剛接觸離念境界中的六塵當下，就已經領受、分別完成了，所以正當離念靈知心觸知六塵，或觸知離五塵的定境法塵時，已經是意識具有食相了，不是等到意識心中生起語言文字分別時才說是識食。

所以，能見之性是眼識功能、能聞之性是耳識功能、能嗅之性是鼻識功能、能嚐之性是舌識功能、能覺之性是身識功能、能知之性是意識功能，正當見性、聞性……乃至覺、知性正在運作之時，其實都已經是在識陰的食相範圍之中了；有食相，即是三界食，即非出三界之心；唯有自身無食的第八識心，才能常住於三界外，成爲涅槃心。所以只要覺知心生起時，就已經是了知六塵的；正在了知六塵時，心中若不知其虛妄性，執以爲實，心住於外，不住於內，正是六識之食。有食即是三界中法，不是可以出三界以外繼續存在的實相法；因爲食是三界有法，是維持三界有情生命的必要條件，是三界中的生死有爲法。

意根不但執取色身為自我所有，也是一直將六識的功能據為己有的，所以意根對六識的能見、能聞……乃至能覺、能知之性，都是極為執著的，不單是執著六塵而已；意根執取六識之功德作為自己所有的功德，但是意根卻不會思惟，也不會返觀自己，所以一向都是把自己以外的七個識據為己有，將自己的自性及其餘七識的功能當作是自己所有的功能；所以意根很不願意失去其餘七識的自性，就不願意滅除自己而使第八識住於無餘涅槃中，這就是凡夫性。一般人所以為的解脫，都是認為能作主的意根與能分別、思惟、返觀的意識心可以常住不壞而離開生死，想要以這二個心進入無餘涅槃境界中而離開生死；當他們終於知道：「**進入無餘涅槃中時，其實是滅掉作主的自己、滅掉能知的自己。**」當他們知道無餘涅槃中是全然無我、無自己存在的：十八界中的任何一界，五蘊中的任何一蘊都要滅除掉，自我不復存在了。這時，一向落在我見與我執中的凡夫們，心中就害怕起來，就不願斷除我見、不願實證無餘涅槃了。

所以一般人聽聞眞正善知識的開示而作觀行以後，心中確認自己是虛妄的，卻仍然是凡夫而證不了初果的智慧解脫境界，都是因為不願斷滅意識、意根自我所致；所以凡夫是決定不信涅槃中沒有覺知心、作主心的，不肯承認自己已經現觀確定的離念靈知心虛妄的眞相；這就是已有智慧而極爲執著自我的人，不肯接受斷除自我的智慧，繼續心口如一的反對「離念靈知虛妄不實」的正理。他們都不肯讓處處作主的意根及時時了知的意識覺知心斷滅，這就是凡夫的落處。不幸的是：現代所謂證悟的南、北傳佛法中的大法師們，都落在意識心中，都同樣的誤認離念靈知意識心爲常住心；或如印順認爲直覺就是眞實心，落在六識的心所法上；這些人都不肯斷除這種邪見，所以就斷不了我見；只能另外發明創造新的佛法，來解釋自己**落入斷見之後再建立的常見思想不是常見**，所以就有了**意識細心常住說**，也有了**滅相眞如不會再斷滅**的邪思出現。

這些人都是落在意識心境界上，不能現觀意識覺知心的虛妄，不肯認定意識覺知心的虛妄，當然會執取意識心爲常住心，當然就無法證得第八識如來藏眞實心了。這就是不能斷除我見的人，參禪求悟般若智慧時一定會墜入的陷阱；只有斷除了我見，徹底否定了離念靈知意識心及識陰或意根心所法（直覺）的人，才有可能不承認意識心爲眞，才有可能外於意識與意根，另行尋覓第八識如來藏。由此緣故，不論是單修南傳聲聞菩提解脫道的人，或是兼修北傳大乘佛菩提道的人，斷我見這件事——聲聞菩提的見道——永遠都是首要之務。

但是想要斷我見，一般而言，都得要依止眞正的善知識；不論是依止善知識而修學，或是細讀眞正善知識的著作，都屬於依止善知識。但是最重要的事是：**得先判斷所依止對象是否爲眞正的善知識**。爲何依止善知識會如此的重要呢？這是因爲有二個原因而使大師與學人產生大妄語的現象：第一是一般人學佛之後，都願意斷除我見而證初果，但是卻都一般無二的錯以爲覺知心中不生語言文字時就是常住眞心，不再是意識心了；然後又誤以爲覺知心不執著自己，使自己保持在覺知心常住而不執著自己的能覺能知境中，就是已經斷除我執、成爲四果羅漢了。由於這樣的錯誤認知、錯悟修證，所以當他能夠安住於一念不生境界中，而且不對自己生起執著時，卻想要繼續保持自己的恆常存在，落入我執之中，自認爲已證第四果而出世弘法，成爲以盲引盲的一代大師。第二種人則是被這一類的大師所誤導，跟在未證謂證的大師後面，繼續修定而不是斷除我見與我執，師徒都將在死後一樣進入大妄語的果報中。

從二乘解脫道來說，眞正的善知識，一定可以教導**識食**的道理；藉著識食的解說，讓學人可以從另一方面來認識三界有；這可以在執著較重的人完成意識覺知心虛妄的觀行，卻仍然不願斷除我見時，藉以幫助學人斷除我見、取證初果解脫。**識食**境界都是虛妄法，都是緣生法；有智慧的人，都可以在識食的認知與觀行上面，細加觀察以後就斷除了我見，三縛結也就跟著斷除了。只看凡夫位的修行者願不願意捨棄以前受自大法師邪教導的邪見，細心加以深入觀察。眞正修學解脫道而不迷信大法師名聲，沒有大法師情結的佛弟子們，都可以從實際的觀行中，自行取證初果解脫，自行斷除三縛結，自己以經典印證。

但是，佛法一向背俗，世之所貴，道之所賤；道之所珍，世之所輕；世人最最看重的是覺知心的意識自己、作主的意根自己；學佛數十年來，被教導的也是看重意識與意根自己，總是同大師一樣的認爲：覺知心、作主心不再貪著五欲而離言語時就變成眞常心了！如今一旦要信受平實所說的意識覺知心、作主的意根都是虛妄心，全都要滅掉才能取證無餘涅槃，眞是情何以堪？所以，縱使大師與學人們讀過這本書，也經由觀行而確實證明意識與意根的虛妄了，仍將不太容易接受平實的說法，很可能仍會繼續在一生中堅持意識心是常住心。更何況背後還有徒眾會不會流失、名聞利養是否會受損的考慮？

至於已經捨棄名師情結，對自我的貪愛已經微薄的人，只是因爲被假善知識誤導，以致無法眞正斷除我見、我執；現在只要接受了正確的教導，再如實觀行識食的意涵以後，我見與我執就可以斷除，就知道自己可以永離生死，不會再害怕墜入無盡生死的可怕境界中，就敢在捨壽時滅除五陰自我，不會再對外法五陰的滅失生恐怖心了！這就是南傳佛法的阿含道的證境。有經文爲證：

【「諸賢！云何比丘不受、不恐怖？諸賢！比丘離色染、離色欲、離色愛、離色渴，諸賢！若有比丘離色染、離色欲、離色愛、離色渴者，彼不欲得色、不求色、不著色、不住色：『色非是我，色非我有。』彼**不欲得色**、**不求色**、**不著色**、**不住色**：『色非是我，色非我有』已，識不捫摸色；識不捫摸色已，變易彼色時，識不轉於色；識不轉於色已，彼不生恐怖法，心不住中；**因心知故**，**便不怖懼**、**不煩勞**、**不受**、**不恐怖**。如是，覺（受）、想、行，比丘離識染、離識欲、離識愛、離識渴；諸賢！若有比丘離識染、離識欲、離識愛、離識渴者，彼**不欲得識**、**不求識**、**不著識**、**不住識**：『識非是我，識非我有。』彼不欲得識、不求識、不著識、不住識：非是我、識非我有已，識不捫摸識；識不捫摸識已，變易彼識時，識不轉於識；識不轉於識已，彼不生恐怖法，心不住中。**因心知故**，**便不怖懼**、**不煩勞**、**不受**、**不恐怖**。諸賢！如是比丘不受、不恐怖。」】（《中阿含經》卷四十二《分別觀法經》）

語譯如下：【「諸位賢德！如何是比丘不受諸法、也不恐怖呢？諸位賢德！比丘應該遠離對色身的貪染、遠離對色身的執著、遠離對色身的愛惜、遠離對色身的渴求；諸位賢德！如果有比丘能遠離色身的貪染、遠離色身的執著、遠離色身的愛惜、遠離色身渴求的話，他就**不會想要一直保有色身、不求色身的常住、不執著於色身、也不想住在色身的境界中**，他將會這樣子認為：『色身不是我，色身不是我所能永遠擁有。』他不想一直保有色身、不求色身的常住不壞、不執著色身、也不想住在色身所有的境界中，當他認為『色身不是我，色身也不是我能永遠擁有』以後，意識覺知心就不再於色身的種種法上面喜樂領受；意識覺知心不再喜樂領受色身上的種種法以後，當色身有變易衰老時，意識覺知心就不會在色身上用心了；意識覺知心不在色身上面用心以後，他對於色身的變易衰老，就不會生起恐怖的感覺，覺知心就不會在色身的變易衰老上面用心了；**因為心裡知道色身無常、不是我、不是我所的緣故，這位比丘心中就不再有恐怖與畏懼，心中也不再煩勞，也不接受色身上的種種感受而認作真實，心中也就不再恐怖色身的變易與老化、死亡了。**就像是這樣，受陰、想陰、行陰乃至識陰也都一樣的看待，所以這位比丘遠離了對識陰的貪染、遠離對識陰境界的欲求、遠離對識陰的貪愛、遠離對識陰常住的渴望；諸位賢德！如果有比丘遠離了對識陰的貪染、遠離對識陰的欲求、遠離對識陰的貪愛、遠離對識陰境界有所渴求的話，他已經不想在來世再生起受、想、行、識陰，他也不想再保有來世的受想行識四陰，不再執著受想行識，也不再領納受想行識的韻味，認爲：『受想行識不是眞實的我，受想行識不是我所能永遠擁有的。』他**不想再有另一個來世擁有的受想行識，不想再求得來世的受想行識，也不執著受想行識，也不想再安住於受想行識的境界中**；當他認爲『受想行識不是眞實的我、受想行識不是我能永遠擁有』以後，意識覺知心就不再體會領納受想行識的韻味了；意識不再領受四陰的韻味以後，當受想行乃至識陰有所變易時，意識就不在識陰的變易乃至即將滅失的事情上用心了；識不再運轉於識陰的變易、滅失等事以後，對於識陰覺知心的變易與滅失，都不再關心了，這位比丘就不會出生恐怖的法相出來，覺知心就不會老是在注意自己是否正在變易與消失中，願意滅掉自我。**因為心中知道這些真理的緣故，便不會再恐怖畏懼，心中也不再煩勞，所以就不樂意再接受識陰自己的存在，心中也沒有恐怖了。**諸位賢德！就像是這樣子，比丘正確的觀行以後，就不再接受我見與我執，知

道死後不會再去入胎或受生於天界中，心中就不再有生死輪迴的恐怖了。」】

識陰六識對於色、受、想、行的寶愛與熏習，都是識食；乃至識陰返觀自己以後，對自己有了寶愛、貪有的熏習，也都是識食。由於識食的緣故，所以就增長了我見與我執，所以捨壽後轉入中陰身時，不肯讓中陰身毀壞，但是卻不可得，中陰身仍然壞滅了；當第二次的中陰身再度生起時，他就會因爲我見與我執的緣故，想要繼續保持作主的意根自己，想要繼續保持覺知心的自己繼續存在，就一定會再尋求有緣父母而重新入胎爲人，所以就輪迴生死不斷。這都是因爲**識有食**的緣故。假使把**識食**斷了，捨壽轉入中陰境界時，就願意在第二個中陰身即將毀壞時把自己滅除，就成爲中般涅槃的無餘涅槃了。

若無正確的佛法熏習，熏習到錯誤的知見時，就不可能實證聲聞涅槃了。所以錯誤的佛法熏習也是識食，會使人不斷的執著識陰離念靈知心；不願讓識陰離念靈知滅失，就一定會再重新入胎而繼續生死輪迴。如果能夠了知上面所說「識有了知時即是識食」的道理，不但對色身不再有執著貪愛，也會對意識離念靈知所住的三界境界不再有自我貪愛與執著，因此就對受、想、行三陰也沒有執著與貪愛，就會在中陰境界中願意滅除離念靈知心自己，不再去入胎，識陰就滅了；意根無所緣，只好跟著滅了，就成爲無餘涅槃了。（在二乘法中，說識陰不再出生了—說識陰不再對自己有所貪愛與執著了—其實就是意根也接受了這一點，所以識陰願意自我滅除時就是意根也願意滅除時，所以就成爲無餘涅槃了。）

由於過去的六觸爲食，引生現在的六處爲食；再由現在的六處爲食，引生未來的六觸爲食，如是生死輪迴不斷，這就是三世的識食。如何是三世識食？解脫道的經中說：【尊者大迦旃延告諸比丘：「諸賢等！共聽我所說。諸賢！云何比丘**念過去**耶？諸賢！比丘實有眼，知色可喜、意所念，愛色，欲相應；心樂，捫摸本，本即過去也。彼爲過去識欲染著，因識欲染著已，則便樂彼；因樂彼已，便念過去；如是，耳、鼻、舌、身，實有意知法可喜，意所念，愛法，欲相應；心樂，捫摸本，本即過去也！彼爲過去識欲染著，因識欲染著已，則便樂彼；因樂彼已，便念過去；諸賢！如是，比丘念過去也。諸賢！云何比丘**不念過去**？諸賢！比丘實有眼，知色可喜，意所念，愛色，欲相應；心樂，捫摸本，本即過去也！彼爲過去識不欲染著，因識不欲染著已，則便不樂彼；因不樂彼已，便不念過去；如是，耳、鼻、舌、身，實有意知法可喜，意所念，愛法，欲相應；心樂，捫摸本，本即過去也。彼爲過去識不欲染著，因識不欲染著已，則便不樂彼；因不樂彼已，便不念過去，諸賢！如是比丘不念過去也！」

「諸賢！云何比丘**願未來**耶？諸賢！比丘若有眼、色、眼識未來者，彼未得欲得，已得心願；因心願已，則便樂彼；因樂彼已，便願未來。如是，耳、鼻、舌、身，若有意、法、意識未來者，未得欲得，已得心願；因心願已，則便樂彼；因樂彼已，便願未來，諸賢！如是，比丘願未來也！諸賢！云何比丘**不願未來**？諸賢！比丘若有眼、色、眼識未來者，未得不欲得，已得心不願；因心不願已，則便不樂彼；因不樂彼已，便不願未來；如是，耳、鼻、舌、身，若有意、法、意識未來者，未得不欲得，已得心不願；因心不願已，則便不樂彼；因不樂彼已，便不願未來，諸賢！如是，比丘不願未來也！」

「諸賢！云何比丘**受現在法**？諸賢！比丘若有眼、色、眼識現在者，彼於現在識欲染著，因識欲染著已，則便樂彼；因樂彼已，便受現在法；如是，耳、鼻、舌、身，若有意、法、意識現在者，彼於現在識欲染著；因識欲染著已，則便樂彼；因樂彼已，便受現在法，諸賢！如是比丘受現在法也！諸賢！云何比丘**不受現在法**？諸賢！比丘若有眼、色、眼識現在者，彼於現在識不欲染著；因識不欲染著已，則便不樂彼；因不樂彼已，便不受現在法；如是耳、鼻、舌、身，若有意、法、意識現在者，彼於現在識不欲染著；因識不欲染著已，則便不樂彼；因不樂彼已，便不受現在法，諸賢！如是，比丘不受現在法。」】（《中阿含經》卷四十三《溫泉林天經》）

語譯如下：【尊者大迦旃延告訴諸比丘說：「諸位賢德！一起共聽我所說的法。諸位賢德！如何是比丘**憶念過去**呢？諸位賢德！比丘確實有眼能知色法令人覺得喜樂，這些色法是意根與意識都體驗過的經驗而想念著，所以就貪愛色法，想要常常與色法相應；心中愛樂色法，常常回想以前曾經領受的色法，以前曾經領受的色法就是過去的色法呀！他被過去識陰對色法的貪欲所染污與執著，因爲識陰對色法的貪染執著以後，就喜樂於過去的色法；因爲喜樂過去的色法以後，便會常常想念過去經歷過的色法境界；就像是這樣子，耳、鼻、舌、身也是一樣的；乃至確實有意知法而使人覺得喜愛，對於意根與意識所懷念貪愛的種種法，一直想要與這些法相應；覺知心樂於以前經歷過的種種色法、聲法……乃至法塵的境界，所以就會常常懷念以前經歷過的六塵境界相，懷念的六塵境界相就是過去的六塵觸啊！他被已經過去的識欲所貪染與執著，因爲這個識欲對過去的法塵貪染執著以後，就會樂於所經歷過的種種法；

因爲樂於曾經體驗過的種種法以後，便會想念過去的種種法，諸位賢德！這就是比丘想念過去的種種法啊！」

「諸位賢德！如何是比丘**不想念過去**呢？諸位賢德！比丘確實有眼能知色法的可愛，意識覺知心所想念的過去可愛的色塵，想要再度相應；心中樂於住在所曾經歷的色法境界中，懷念體會所經歷過的境界，所經歷過的境界就是過去啊！他因爲已經對過去的色不想貪染與愛著，因爲意識不想貪染與愛著以後，就會不再樂於安住那個境界中；因爲不再愛樂安住那個過去經歷的境界以後，便不再想念過去；就像這樣子，耳、鼻、舌、身與意識也一樣，確實有個意識能覺知種種法的境界，是令人覺得喜樂的；這是意識所想念的可愛法塵境界，所以意識就想要再度與那種法塵境界相應；覺知心樂於所經歷過的可愛法塵境界，體會及想念那個境界，那個境界就是說過去的境界啊！他因爲過去的識對這種境界不想要貪染與愛著，因爲意識不想貪染愛著以後，就不再樂於那種境界；因爲不再樂於那種境界以後，就不再懷念所經歷的過去境界，諸位賢德！就像是這樣子，這位比丘不再憶念過去了。」

「諸位賢德！如何是比丘**對於未來有所希望**呢？諸位賢德！比丘如果有

眼、色、眼識可以領受未來色，他對尚未得到的未來眼、色、眼識也是想要獲得的，對於已經得到的眼、色、眼識，心中也是希望可以常在的；因為心中有了希望以後，就樂於未來的眼、色、眼識；因為樂於未來的眼、色、眼識以後，便也希望擁有未來當得的眼、色、眼識。就像這樣子，因為有耳聲耳識、鼻香鼻識、舌味舌識、身觸身識，乃至有意、法、意識；假使比丘知道有意、法、意識的未來領受，就對尚未到來的意、法、意識也想要獲得，所以對眼前已得的意、法、意識也是願意常住不壞的；因為心中有這樣的希望以後，就希望一直保有那種境界；因為樂於這種意、法、意識境界的緣故，所以就希望未來也一直都這樣擁有意、法、意識的境界，諸位賢德！就像是這樣，這就是某些比丘對未來有所憧憬啊！」

「諸位賢德！如何是比丘**不對未來有憧憬**呢？諸位賢德！比丘如果知道眼、色、眼識有未來的話，對於未得的眼、色、眼識並不想要獲得，眼前已經得到的眼、色、眼識，心中也不樂意久住；因為心中對自己的眼、色、眼識不樂於久住以後，就不再喜樂貪愛眼、色、眼識；因為不再喜樂貪愛眼、色、眼識以後，便不再對未來的眼、色、眼識有所憧憬；就像這樣，比丘知道未來仍然會有耳聲耳識、鼻香鼻識、舌味舌識、身觸身識、意法意識，如果意、法、意識也是有未來的話，尚未得到的根、塵、識，他心中並不想在未來獲得；眼前已經得到的，他心中也沒有喜愛貪著；因爲心中沒有希望與願樂以後，就不再喜樂、執著於六根、六塵、六識；因爲心中不再喜樂執著以後，就對未來的六根、六塵、六識沒有獲得的願樂，諸位賢德！這就是比丘不願樂於未來的六根、六塵、六識啊！」

「諸位賢德！如何是比丘**領受現在法**？諸位賢德！比丘如果有眼根、色塵、眼識現前存在的話，他對於現在的眼識生起了樂欲而有染著；因爲對現在的眼識有樂欲及染著以後，就喜樂貪愛現在的眼識；因爲樂貪現在的眼識以後，便領受了現在的色塵諸法。就像這樣，耳根聲塵耳識、鼻根香塵鼻識、舌根味塵舌識、身根觸塵身識、意根法塵意識也一樣：假使眼前有意根、法塵、意識現前存在的話，他對於現在的意識有所貪愛與染著；因爲對現前的意識有所貪愛與染著以後，便樂於使現前的意根、法塵、意識繼續存在；因爲這樣子喜樂眼前的意根、法塵、意識以後，便領受現在的種種法，諸位賢德！這就是比丘領受現在的種種法啊！」

「諸位賢德！如何是比丘**不領受現在的種種法**？諸位賢德！比丘如果有眼根、色塵、眼識現在前的話，他對於現在的眼識沒有貪愛與染著；因爲對現在的眼識沒有貪愛與染著以後，就不樂於現在的眼識；因爲不愛樂現在的眼識以後，便不領受現在的色塵諸法。就像這樣，耳根聲塵耳識、鼻根香塵鼻識、舌根味塵舌識、身根觸塵身識、意根法塵意識，假使仍然有意根、法塵、意識現前存在的話，這位比丘對現在的耳鼻舌身意識，也都像對待眼識一般的不想貪愛與執著；因爲對識陰六識都不想貪愛執著以後，就不再貪愛這六根、六塵與六識了；因爲不貪愛這六根、六塵、六識以後，就不再領受現前存在的一切法，諸位賢德！就像是這樣子，而說這位比丘已經**不領受現在法**了。」

不領受現在法，**不貪戀過去**、**現在**、**未來的六識與六塵**，**就沒有識食了**，我執就斷滅了。因爲六識對十八界自性的熏習與貪愛都斷除了，都不想在六塵境界中讓六識自己繼續存在，對於自我貪愛的熏習都已滅盡了，這就是識食已經滅除了；這樣就可以在捨壽時滅除十八界的自我，不再有未來世的十八界法繼續出生，這就是證得無餘涅槃了。假使懂得滅除識食，確實作到識食的斷除，就知道無餘涅槃的境界中其實是沒有任何六塵境界的，也是滅除了意根與六識心的。離念靈知只是意識或識陰六識的自性，也是必須滅除而不該繼續存在的，否則就是識食仍在，就無法取證無餘涅槃了。這時只剩下無餘涅槃中的本際單獨存在，正是第八識如來藏離六識的見聞知覺性、離意根的作主性而單獨存在，沒有了六根、六塵與六識，沒有任何境界出現被自己所知，也沒有覺知心可以反觀自我是否繼續存在了。知道這個眞實義，就是懂得修證解脫道的二乘行者。假使連識食境界最粗重層次中的離念靈知心對六塵的觸貪，都無法斷除，想要繼續保有六塵中的見聞知覺性，而說能證解脫、能教導他人親證解脫，那是無智慧的凡夫所說的話，不然就是明知錯誤而公然誤導眾生。

對六塵諸法的熏習不斷，對**六識自己常住**的邪見不斷的熏習，都能積集後有種子，所以名爲識食，所以諸識都有食相；但是諸識熏習及收集後有種子以後，這一切後有種子都由第八識如來藏所持受，這就是第八識之食，但第八識自身其實是無食的。如阿含部經中所說：【如是我聞　一時佛住舍衛國祇樹給孤獨園，爾時世尊告諸比丘：「有四食資益眾生，令得住世，攝受長養。何等爲四？一、粗摶食，二、細觸食，三、意思食，四、識食。」時有比丘名曰頗求那，住佛後扇佛；白佛言：「世尊！誰食此識？」佛告頗求那：「我不言有食識者，我若言有食識者，汝應作是問。我說『識是食』，汝應問言：『何因緣故有識食？』我則答言：『能招未來有，令相續生。』有『有』故有六入處，六入處緣觸，……】】（《雜阿含經》卷十五第 372 經）

語譯如下：【如是我聞 一時佛住舍衛國祇樹給孤獨園，這時世尊告訴諸比丘說：「有四種食，資助利益眾生，使得眾生可以住在世間，攝受這四種食而得長養生命。有哪四種食呢？第一是粗團食，第二是細觸食，第三是意思食，第四是識食。」當時有一位比丘名字叫作頗求那，站在佛的身後以扇子扇佛；他向佛稟白說：「世尊！是誰在吃這個識？」佛告訴頗求那：「我不是說有誰在吃識，我如果說有人在吃識的話，你才可以這樣子問。我說『識（識即是分別）就是食』，你應該這樣子問：『是什麼因緣而說有識食？』我就答覆你說：『分別、了知、領納六塵，這件事能招引未來世的三界有，使得三界有相續不斷的出生。』有了『未來有的種子』所以就有六入處（十二處），再由六入處緣於觸，……】

佛說：識即是食。識就是了知、了別的意思，當六識中的任何一識生起時，祂就隨即對所觸的客塵生起了知了！譬如眼識剛生起時，立刻就了知色塵相了，這就是眼識的食相，了知即是識食，所以 佛說「識是食」；了別所面對的客塵六塵，就是識陰六識的食。換句話說：眼識因爲現起時一定有能見之性，所以眼識甫生起時就已經了別色塵了，不可能眼識生起時有能見之性而不了別色塵的，所以眼識的食，其實是從能見之性來的；而眼識的了別色塵，並不是等到意識心中生起語言文字來分別時才說已有識食。耳識甫生起時就已經完成聲塵的了別了，不可能耳識生起時不了別聲塵的，所以耳識的食就是從能聞之性來的。同理，舌識、鼻識、身識、意識，當意識覺知心生起時，就已經了知六塵了，不可能意識覺知心起現行時而不能了知的，所以了知之性就是意識心的識食。當修行人斷除對於六識自性的自我貪愛時，他就不會再想要留在六塵中了；不想留在六塵中，就只能滅除六識自己。當他已經有了這種正知見的建立時，他就是初斷識食的初果人了，因爲他原有的我見已經斷除了。

依識食之理，證實原始佛法中說有第八識如來藏：【爾時世尊告諸比丘：「有四食資益眾生，令得住世攝受長養。何等爲四？謂一、粗摶食，二、細觸食，三、意思食，四、識食。此四食何因、何集、何生、何觸？謂此諸食，愛因、愛集、愛生、愛觸。此愛，何因、何集、何生、何觸？謂愛，受因、受集、受生、受觸。此受，何因、何集、何生、何觸？謂受，觸因、觸集、觸生、觸觸。此觸，何因、何集、何生、何觸？謂觸，六入處因、六入處集、六入處生、六入處觸。六入處集是觸集，觸集是受集，受集是愛集，愛集是食集；食集故，未來世生、老、病、死、憂、悲、惱苦集，如是純大苦聚集。如是，六入處滅則觸滅，觸滅則受滅，受滅則愛滅，愛滅則食滅；食滅故，於未來世生、老、病、死、憂、悲、惱苦滅，如是純大苦聚滅。」佛說此經已，諸比丘聞佛所說，歡喜奉行。】（《雜阿含經》卷十五第 377 經）。第 371 至 378 經皆如是說。

語譯如下：【爾時世尊告訴諸比丘：「有四種食資助利益眾生，使得眾生可以住在世間而攝受長養生命。如何是四種食呢？這是說第一、粗團食，第二、細觸食，第三、意思食，第四、識食。這四食以何爲因、如何廣集、如何出生、爲什麼而觸？這是說，這四種食，都是以愛爲因、因愛而廣集、由愛而出生、因爲貪愛而觸種種法。這個貪愛，又是以什麼爲因、如何廣集、如何出生、爲什麼而有觸？是說這個貪愛，以受爲因、因受而起貪、因受而生愛、因受觸而起貪愛。這個受，又是以什麼爲因、因什麼而廣集、因什麼而出生、以什麼而觸？這是說，受以觸爲因、受以觸而廣集、受因觸而生、受因觸而有觸塵。這個觸，是以什麼爲因、以什麼爲集、因什麼而出生、以什麼法而觸？這是說，觸是以六入處（十二處）爲因、由六入處（十二處）而集、由六入處而出生、由六入處來觸。六入處的集就是觸的集，觸的集就是受的集，受的集就是愛的集，愛的集就是食的集；由食集的緣故，未來世的生、老、病、死、憂、悲、惱苦就廣集了，就像是這樣子，有了純粹是苦的蘊處界等大苦聚集了。」

「就像是這樣子，六入處（十二處）滅了以後就會使觸跟著滅，觸滅了以後就會使受跟著滅，受滅了以後就會使愛跟著滅，愛滅了以後就會使食跟著滅；食滅了的緣故，於未來世本來應該會有的生、老、病、死、憂、悲、惱苦也就跟著滅了，這樣子，純大苦的蘊處界聚集的苦也就滅除了。」佛說此經已，諸比丘聞佛所說，歡喜奉行。】

換句話說，想要滅除四食的話，就得滅除貪愛，就得探討貪愛的由來；探討之後，知道貪愛是由三種受、五種受而引生的，就應該滅除對於受的貪愛；可是想要滅除對於受的貪愛，就得探討爲何會對種種的受生起了貪愛？探討了爲何會對種種受生起貪愛，就知道是從六入處而生起了受，所以才會對於受生起貪愛。所以，若想要滅除對於受的貪愛，就得滅除六入處的執著，六入處就是六塵及處處作主的意根心與五色根；六入處滅了，就不會再有受生起。因爲受是六識經由六根觸知六塵而來的，所以觸心所就應該滅除；可是觸心所是從哪裡來的呢？探討的結果是：觸心所是因爲有了六根、六塵等六入處才生起的。所以想要斷除觸心所的話，就得斷除對於六根、六塵的執著。

摶食的集，意思食的集，觸食的集，識食的集，都是因爲六根與六塵的生起與運作，才會有四種食不斷在進行，所以六入處（十二處）的集就是觸的集，觸的集就是受的集，受的集就是愛的集，愛的集就是四種食的集；由四種食集的緣故，未來世的生、老、病、死、憂、悲、惱苦就廣集了。所以，想要滅除食集的話，就得滅除六入；六入就是眼見色之性出現及運作，耳聞聲之性出現及運作，……乃至身覺觸之性出現及運作，意識覺知心了知諸法之性的出現及運作。永遠滅除了這六識的自性功能，遠離能見之性、能聞之性、……能覺之性乃至能知之性，也就沒有食集了，就可以獲得無餘涅槃的解脫。滅除了**認定六識自性常住不壞**的見解，就是滅除了我見，就是斷除第一分的識食，證得初果解脫功德。

假使知道斷除識食的道理了，但是心中卻仍然執著而不能放捨，那又應該如何幫助自己來斷除識食呢？ 佛云：【「諸比丘！云何觀察識食？譬如國王，有防邏者捉捕劫盜，縛送王所；如前須深經廣說，以彼因緣，受三百矛苦覺，晝夜苦痛。觀察識食亦復如是，如是觀者識食斷知；識食斷知者，名、色斷知；名、色斷知者，多聞聖弟子於上更無所作，所作已作故。」佛說此經已，諸比丘聞佛所說，歡喜奉行。」】（《雜阿含經》卷十五．第 373 經）

這就是說，對於眞修阿含解脫道而求一世就能出離生死的人來說，在六識面對六塵時，每觸知一次六塵，都要當作是被槍矛刺中一次一樣的看待；假使每天觸知三百次的六塵，就等於是被三百支長矛刺中一樣的苦痛；這樣子每天被三百矛刺中而晝夜苦痛，就不想再讓六識的能見、能聞……能覺、能知之性再度生起，這就是懂得斷除識食的有智慧者。當他每天這樣子觀行以後，終於可以斷除對識陰六識、受陰、想陰、行陰的執著，也可以斷除對於六根的執著而離欲界，就成爲證知自己確實已經是斷除名色貪愛的四果聖人了。這樣子斷除對於名色貪愛的聖人，於解脫道上面所應作的修行工作都已經做完了，於解脫道中應修的梵行，再也沒有可以作的事情了，這就是慧解脫的四果阿羅漢。

第六節　滅四食者方證解脫

四食的內容與道理既然已經知道了，就應該懂得確實斷除四食，這才是眞正在修證解脫道的人。想要斷除四食的人，應當要先知道四食的內容，然後要知道四食的苦、四食的集、四食的滅、四食滅除之道，這樣才是具足了知四食的四聖諦。像這樣子了知四食的四聖諦以後，就能確實斷除四食的貪愛；斷除了四食以後，就能確實知道自己已經親身證得解脫了。

如佛所言，食集，則有覺知心不滅，則有生死：【如是我聞　一時佛住王舍城迦蘭陀竹園。爾時世尊告尊者舍利弗：「如我所說，波羅延那阿逸多所問：『若得諸法教，若復種種學，具威儀及行，爲我分別說。』舍利弗！何等爲學？何等爲法數？」時尊者舍利弗默然不答，第二、第三亦復默然。佛言：「**真實**，舍利弗！」舍利弗白佛言：「**真實**，世尊！世尊！比丘**真實**者，厭、離欲、滅盡、向：食集生，彼比丘以食故生厭、離欲、滅盡、向，彼食滅；是眞實滅，覺知已，彼比丘厭、離欲、滅盡、向，是名爲學。」「復次，**真實**，舍利弗！」舍利弗白佛言：「**真實**，世尊！世尊！若比丘**真實**者，厭、離欲、滅盡，不起諸漏，心善解脫，彼從食集生；若**真實**，即是滅盡；覺知此已，比丘於滅生厭、離欲、滅盡，不起諸漏，心善解脫，是數法。」佛告舍利弗：「如是！如是！如汝所說，比丘於**真實**，生厭、離欲、滅盡，是名法數。」如是說已，世尊即起，入室坐禪。爾時尊者舍利弗知世尊去已，不久，語諸比丘：「諸尊！我不能辯世尊初問，是故我默念住。世尊須臾復爲作發喜問，我即開解如此之義。正使世尊一日一夜乃至七夜，異句異味問斯義者，我亦悉能乃至七夜以異句異味而解說之。」

時有異比丘往詣佛所，稽首禮足，退住一面。白佛言：「世尊！尊者舍利弗作奇特未曾有說，於大眾中，一向師子吼言：『我於世尊初問，都不能辯，乃至三問，默然無答。世尊尋復作**發喜問**，我即開解。正使世尊一日一夜乃至七夜，異句異味問斯義者，我亦悉能乃至七夜異句異味而解說之。』」佛告比丘：「彼舍利弗比丘實能於我一日一夜，乃至異句異味七夜所問義中悉能，乃至七夜異句異味而解說之。所以者何？舍利弗比丘善入法界故。」佛說此經已，彼比丘聞佛所說，歡喜奉行。】（《雜阿含經》卷十四第 345 經）

語譯如下：【如是我聞 一時佛住王舍城迦蘭陀竹園。爾時世尊告訴尊者舍利弗說：「如同我以前所說過的彌勒慈氏曾經這樣問：『如果已經得到諸法的教導，或者是種種所學的法義，以及如何具足威儀及行門，請為我演說分別。』舍利弗！什麼是所學的法義？什麼是種種的法？」這時尊者舍利弗默然不答，世尊第二、第三次再問時，舍利弗尊者也是一樣的默然不答。佛就說：「**真實的法**，舍利弗！」舍利弗聽了，就對佛稟白說：「**真實法**，世尊！世尊！所說的比丘**真實的法**，就是厭惡蘊處界、離六塵欲望、滅盡一切法、趣向**真實**：當食集的情形出現時，那位比丘因為發覺自己有四種食的集，所以就生起了厭惡四食的心、遠離觸知六塵的欲望、滅盡了這種觸知六塵的欲望、趣向涅槃，所以他的四種食集就跟著滅除了；這就是**真實**的滅，覺知到自己是**真實**而滅除觸知六塵的欲望了，四食的集已經滅了，那位比丘就有了厭惡六塵的心、遠離觸知六塵的欲望、滅盡觸知六塵的欲望、就趣向涅槃了，這就是佛法中所應學的。」佛又說道：「還有呢？**真實**，舍利弗！」舍利弗又向佛稟白說：「**真實**，世尊！世尊！如果比丘依**真實**而修行的話，厭惡世間、離世間種種欲、滅盡一切貪愛，不再生起種種有漏的心行，心善於安住解脫境界中，他是從食集的證知而出生這種證境的；如果是依**真實**而修證的話，那就是滅盡四食的集；確實覺知到這個證境以後，那位比丘證得食滅之道，對四食生起厭惡心、離開四食的欲望、滅盡四食的貪愛，不再生起種種有漏的心行，心就善於安住在解脫之中，這就是所應學的種種法。」佛告訴舍利弗說：「正是這樣子！正是這樣子！就像你所說的一樣。比丘**在真實法**中修行，生起厭惡四食的心、遠離四食的欲望、滅盡了四食，這就是修證解脫時應該學的種種法。」這樣說完了以後，世尊隨即起身，進入室中坐禪。這時尊者舍利弗知道世尊離開了以後，過後不久，就告訴諸比丘說：「諸位尊者！我不能辯白世尊第一次的發問，由於這個緣故，我只能默然不起一念而安住不動。世尊於三問之後不久，又爲我作了發起歡喜心的問話，我聽了就心開意解這樣的道理。如今眞的理解了以後，就算是世尊一日一夜乃至七夜，以種種不同的語句、不同的法味來問我這個道理的話，我也都能在一日一夜乃至七夜，以不同的語句、不同的法味而解說出來。」

當時有另一位比丘聽了，就走向佛靜坐的地方，稽首頂禮佛足以後，退步而安住在一邊，又向佛稟白說：「世尊！尊者舍利弗方才作了很奇特的未曾有說，他在大眾中，如同以前師子吼一樣的說：『我對於世尊第一次的發問，都不能辯白，乃至三次的發問都默然無答。世尊不久又作發喜之問，我就心開意解。此後就算是世尊一日一夜乃至七夜，以不同的語句、不同的法味而問這個法義的話，我也都能一日一夜乃至七夜，以不同的語句、不同的法味而解說出來。』」佛告訴比丘說：「舍利弗比丘確實能對我所問的法，於一日一夜中以不同的語句、不同的法味，於一日一夜乃至七日七夜中，都能以不同的語句、不同的法味而解說出來。爲什麼呢？因爲舍利弗比丘善入諸法界的緣故。」佛說此經已，彼比丘聞佛所說，歡喜奉行。】語譯之後，斷除四食貪愛的道理，也就容易理解而不必另行重複解說了，但卻要依止本識眞實恆存來斷四食。

滅除了四食的人，才可能證得解脫，有經爲證：【尊者舍梨子問曰：「賢者大拘絺羅！頗有事，因此事，比丘成就見、得正見，於法得不壞淨、入正法耶？」答曰：「有也！尊者舍梨子！謂有比丘知不善、知不善根。云何知不善？謂身惡行不善，口、意惡行不善，是謂知不善。云何知不善根？謂貪不善根，恚、癡不善根，是謂知不善根。尊者舍梨子！若有比丘如是知不善及不善根者，是謂比丘成就見、得正見，於法得不壞淨，入正法中。」尊者舍梨子聞已，歎曰：「善哉！善哉！賢者大拘絺羅！」尊者舍梨子歎已，歡喜奉行。】（《中阿含經》卷七《舍梨子相應品、大拘絺羅經》）

斷除不善、斷除不善根者，與識食有何關聯？此謂斷除不善及斷除不善根者，都是斷除識食之正行；乃至斷除對於善行、善業、善果之執著者，亦是斷除識食；起不善心，則墮入識食之中；造作不善行，亦是成就識食之法；增長不善根，亦是識食；乃至起善心、造作善行、行一切善而執著善業果報者，皆名識食；此謂如是善惡身行、口行、意行者，皆必然會成就善惡業種子而成為八識心王之食故。若能斷除識食，則能成就解脫之道果；若能細觀四食者，亦能成就二乘無生果及大乘無生法忍果；是故，識食之理，凡夫應知，學人應學，智者應觀；由是緣故，今說識食之理。識食之理，於唯識學中，即是熏習之義也！凡有識食之法，皆名熏習；熏習成就之後，即是成就如來藏中種子，執藏於如來藏中，名為識食；於今世或未來世中待緣而現，即名**種子生現行**之意。今世、往世造作種種善惡業行而成就識食者，即是**現行熏種子**之意；如是唯識學中所說熏習之理者，即是識食之義，學人及諸悟者悉應知之。

既知熏習之理即是識食，則應當更深入了知識食之內容，然後才能深入了知食苦、食集、食滅、食滅道等四聖諦：【「云何於食如實知？謂四食。何等為四？一者粗摶食，二者細觸食，三者意思食，四者識食，是名為食；如是，食如實知。云何食集如實知？謂當來有愛，喜、貪俱，彼彼樂著，是名食集；如是，食集如實知。云何食滅如實知？若當來有愛，喜、貪俱，彼彼樂著，無餘、斷捨、吐盡、離欲、滅、息沒，是名食滅；如是，食滅如實知。云何食滅道跡如實知？謂八聖道：正見、正志、正語、正業、正命、正方便、正念、正定，是名食滅道跡；如是，食滅道跡如實知。若多聞聖弟子於此食如實知，食集如實知，食滅如實知，食滅道跡如實知，是故多聞聖弟子，於正法、律正見具足，直見成就；於佛不壞淨成就，來入正法，得此正法，悟此正法。」】（《雜阿含經》卷十四）

學人讀已思惟，又復深入思惟四食之理，了知四食之內容以後，則應進斷四食，證取解脫果；欲證解脫果者，應當對食義、食集、食滅、食滅道等四諦都如實了知，然後才有可能取證解脫道。此段經文中，已詳細說明四食之四聖諦，**語譯**之後即可如實了知，不必另作發揮解釋了：

【「如何才是對於四食已經如實了知呢？這是說食有四種。有哪四種食呢？一者粗摶食，二者細觸食，三者意思食，四者識食，這就是我所說的四種食；像這樣子，就是對於四種食已經如實了知。如何是對於四食的廣集已經如實了知呢？這是說未來將會繼續出生對於三界有的貪愛，這種貪愛三界有的心，是與喜樂三界有的心態同時存在的；對於三界有的貪愛，以及喜樂三界有的錯誤心態，就叫作四食的廣集；像這樣子了知以後，就是對於四食的廣集已經如實了知。如何是四食已滅的如實了知呢？如果是在未來會有三界有的貪愛，對三界有生起喜樂與貪愛的心，以及對樂著於三界有及貪愛心的境界，已經不存在了、斷除了這種貪愛與喜樂、吐棄乾淨了、離開三界有的所有欲望、心得寂滅、息沒了一切的攀緣心，這就稱爲食集的現象已經滅除了；像這樣子，就是食集的現象滅除的意涵已經如實了知。如何是食集的現象滅除的方法也如實了知呢？就是說了知八聖道，八聖道就是正見、正志、正語、正業、正命、正方便、正念、正定，確實了知這八種修行的正確方法，就叫作食集現象滅除的方法；像這樣子，食滅的方法已如實了知。如果多聞的聖弟子們已經對於這四食如實了知，對於食集如實了知，對於食滅如實了知，也對食滅的方法如實了知，由於這個緣故，多聞佛法的聖弟子們，在正法與佛法戒律上面的正見已經具足了，就直截了當的看見解脫道的成就了；這位聖弟子也會成就他對佛的永不毀壞的清淨心，這樣子進入正法中，得到這個正法，領悟這個正法。」】

識食的識共有三種心：貪著五欲，在欲界五塵與法塵上領受，即是意識之食；意根受到意識的誤導，所以也在欲界中的五欲諸法上面貪著，成就了意根末那識的食；阿賴耶識雖是被動性而從來都不貪著的心，但是祂在意識與意根有食的時候，祂就會產生一種體性，收藏欲界諸法中的貪愛種子，這就是阿賴耶識在欲界中的食，這就是欲界識食了，但是祂其實都無貪愛故無食。有情六、七、八識貪著色界、無色界的情況也像是這樣，並無不同；不同的只是所貪的客塵，改變爲色界的禪定境界法，無色界的意識心境界法的貪著。假使有人能捨棄欲界五塵的貪愛，他的意識、意根、阿賴耶識就離開欲界食，斷了欲界識食的集；如果能捨棄色界中的意識心境界貪愛，就滅掉了色界識食的集；如果能捨棄對於無色界的意識貪愛，就離開了無色界識食的集，這就是八背捨中所進修的次第解脫門。但是因爲色界境界是幫助修行者遠離欲界食的，也是幫助修行人遠離欲界而進向涅槃的，所以方便說爲**無食**的境界；向無色界進發的道理也是一樣的，都是方便說爲無食的。但這是在未來進入非想非非想定時有因緣可以滅盡我見的前提下而說的，這個道理，阿含部的經文中已經說過了：

【如是我聞　一時佛住舍衛國祇樹給孤獨園。爾時世尊告諸比丘：「有食念者，有無食念者，有無食、無食念者；有食樂者，無食樂者，有無食、無食樂者；有食捨者，有無食捨者，有無食、無食捨者；有食解脫者，有無食解脫者，有無食、無食解脫者：

云何食念？謂五欲因緣生念。云何無食念？謂比丘離欲、離惡不善法，有覺有觀、離生喜樂，初禪具足住，是名無食念。云何無食、無食念？謂比丘有覺有觀息，內淨一心，無覺無觀、定生喜樂，第二禪具足住，是名無食、無食念。云何有食樂？謂五欲因緣生樂、生喜，是名有食樂。云何無食樂？謂息有覺有觀，內淨一心，無覺無觀、定生喜樂，是名無食樂。云何無食、無食樂？謂比丘離喜貪，捨心住，正念正知安樂住，彼聖說捨，是名無食、無食樂。云何有食捨？謂五欲因緣生捨，是名有食捨。云何無食捨？謂彼比丘離喜貪，捨心住，正念正知安樂住，彼聖說捨，第三禪具足住，是名無食捨。云何無食、無食捨？謂比丘離苦息樂，憂喜先已離，不苦不樂，捨、淨念、一心，第四禪具足住，是名無食、無食捨。云何有食解脫？謂色俱行。云何無食解脫？謂無色俱行。云何無食、無食解脫？謂彼比丘貪欲不染，解脫；瞋恚、愚癡心不染，解脫；是名無食、無食解脫。」佛說此經已，諸比丘聞佛所說，歡喜奉行。】

（《雜阿含經》卷十七第 483 經）

語譯如下：【如是我聞　一時佛住舍衛國祇樹給孤獨園。這時世尊告諸比丘：「有的人心中有食的欲望，有的人心中沒有食的欲望，有的人已經沒有食的現象、心中也沒有食的欲望；有的人對於食產生了愛樂貪著，有的人對於食沒有愛樂貪著，有的人已經離開食了、心中對食也沒有愛樂貪著；有的人已對食生起捨心了，有的人對食還沒有生起捨心，有的人是已經沒有食的行為了、也沒有對食加以捨離的必要了；有的人對於食已經解脫了，有的人還沒有食的解脫，有的人已經離開食的行為了、也沒有求取食的解脫之必要了：

如何是食的欲望？是說以五欲境界作為因緣而生起了食（享受五欲）的欲望。如何是沒有了五欲食的欲望？是說比丘已經離開五欲的境界了、也遠離惡不善法了，因此生起有覺有觀、離生喜樂的初禪境界，在初禪中具足領受而安住下來了，就說他是沒有五欲食的欲望了。如何是沒有食、也沒有食的欲望？是說比丘把初禪中的覺與觀都息滅了，離開眼、耳、觸等三塵了，內心清淨而不攀緣於初禪境界中的三塵，六識心只剩下意識一心，安住於意識自己單獨一心的禪定境界中，沒有了初禪中的三塵覺觀；這時已不是依於離五欲的梵心而證得初禪定境，是純依禪定的定力而出生了二禪定境，比丘享受二禪等至位中滅除欲界五識、初禪三識以後純是一心的喜樂，這樣子在第二禪定境中具足領受之後安住了下來，這就是離開識食、也沒有識食的欲望了。

如何是有識食的愛樂呢？是說由於五欲的因緣而對五欲出生了愛樂、出生了歡喜，這就稱爲『有食樂』。如何是『無食樂』？是說息滅了初禪中的三塵覺、觀，內淨一心而住在意識自己心中的境界裡，這時已經沒有五塵、三塵的覺與觀，就是定生喜樂的二禪定境，這就名爲『無食樂』。如何是『無食、無食樂』呢？是說比丘離開了二禪**定生喜樂**境界的貪愛，以捨棄定生喜樂境界的覺知心安住於未到三禪的境界中，心中不憂愁二禪境界的失去，知道這是修證更高層次的三禪等至所必須經歷的過程與境界，所以正念正知而住；久之，忽然發起第三禪境界，身得快樂、心得安樂，如是安住，就是那些聖人們所說的背捨，這就名爲『無食、無食樂』。如何是『有食捨』呢？是說以五欲爲因緣而出生了捨心，這個就稱爲『有食而捨棄』。如何是無食而捨棄？是說彼比丘們離開了初禪、二禪的歡喜與貪愛，以棄捨初禪、二禪的捨心而安住於二禪後的未到地定中，以正念正知而住之後，終於發起身心俱樂的境界，身心安樂而住，即是那些聖人們所說的背捨，在第三禪境界具足的安住以後，就稱爲『沒有食而背捨了食』。如何是『無食、無食捨』呢？是說比丘們不但離開了苦，也息滅了三禪境界之樂，對於捨離三禪境界並不憂心，對於離開二禪的歡喜心也已經先行捨離，終於進入到不苦也不樂的境界中，捨棄了二禪的心喜、三禪的身心俱樂，這時只是清淨的離念一心境界，捨離了憂喜，在第四禪中長時間的安住不退了，這就稱爲『沒有食、也沒有食的捨棄』。

如何是『有食也有解脫』呢？是說遠離識食之時卻與色身同時運行的。如何是『沒有食而解脫』呢？是說意識心與無色身的境界同時存在而運行著。如何是『沒有食、也沒有食解脫』呢？是說那些比丘們已經不受貪欲的染污，心得解脫；並且也對色界的瞋恚、無色界的愚癡也都不會有所染污了，心得解脫，這就稱爲『沒有食、也沒有食解脫』。」佛說此經已，諸比丘聞佛所說，歡喜奉行。】所以，只要是安住於內心境界中，不緣於外五塵、外三塵的境界，並且已經斷了我見，在二乘法中就說是已經離食了，已經是解脫者。又如：

【爾時世尊告諸比丘：「有四食資益眾生，令得住世，攝受長養。何等爲四？一者摶食，二者觸食，三意思食，四者識食。諸比丘！於此四食有貪有喜，識住增長，乃至純大苦聚集。譬如樓閣宮殿，北西長廣，東西窗牖；日出東方，光照西壁。如是，比丘！於此四食有貪有喜，如前廣說，乃至純大苦聚集。若於四食無貪無喜，如前廣說，乃至純大苦聚滅。」】（《雜阿含經》卷十五第 376 經）

在二乘法解脫道中，只要是覺知外塵中的一切法、領受了五塵中的一切法，即是成就識食；成就識食的人就是食集，有識食功能聚集者，即不得解脫。如果能滅除五塵、三塵，就可以獲得第四禪境界的果證，這個人只要是已經滅了我見，他就可以在第四禪境界中取證無餘涅槃，那就稱爲食滅。已斷我見的初果人，對於食義、食集、食滅的道理已經知道了，接著只要滅除了五塵、三塵的執著與領受，就可以確實滅除識食，就可以出離三界生死；所以食滅的方法就是在斷我見之後，接著修證初禪、二禪、三禪，然後滅除三禪中的身心俱樂覺觀；若能滅除三禪的覺觀，純依第四禪捨諸法、意念清淨的意識自心定境中而住，就能轉入滅盡定，就是識食已滅，就是已證俱解脫果的四果人了。捨壽時，可以在第四禪境界中，把意識、意根滅除而不使中陰身生起，就入現般涅槃了。所以，滅除識食的道，就是斷我見以後進修第四禪，成爲俱解脫。

《中阿含經》卷十：【爾時世尊告諸比丘：「有愛者，其本際不可知。本無有愛，然今生有愛，便可得知：所因有愛。有愛者，則有食，非無食。何謂有愛食？答曰：無明爲食。無明亦有食，非無食。何謂無明食？答曰：五蓋爲食。五蓋亦有食，非無食。何謂五蓋食？答曰：三惡行爲食。三惡行亦有食，非無食。何謂三惡行食？答曰：不護諸根爲食。不護諸根亦有食，非無食。何謂不護諸根食？答曰：不正念、不正智爲食。不正念、不正智亦有食，非無食。何謂不正念、不正智食？答曰：不正思惟爲食。不正思惟亦有食，非無食。何謂不正思惟食？答曰：不信爲食。不信亦有食，非無食。何謂不信食？答曰：聞惡法爲食。聞惡法亦有食，非無食。何謂**聞惡法食**？答曰：**親近惡知識**爲食。親近惡知識亦有食，非無食。何謂親近惡知識食？答曰：惡人爲食。

是爲具惡人已，便具親近惡知識；具親近惡知識已，便具聞惡法；具聞惡法已，便具生不信；具生不信已，便具不正思惟；具不正思惟已，便具不正念、不正智；具不正念、不正智已，便具不護諸根；具不護諸根已，便具三惡行；具三惡行已，便具五蓋；具五蓋已，便具無明；具無明已，便具有愛；如是，此有愛展轉具成。」】

遵循這一段佛語聖教，大家都應該遠離惡知識，才能獲得解脫果的親證。若不能遠離惡知識，不但無法遠離食集，乃至由於惡法及邪見熏習，連四種食的道理都不懂，不免跟隨惡知識積集種種惡法食，使得邪見食增長廣大而永遠不能斷除我見；也將因爲惡法食的緣故，使得意識、意根的自我執著日益增長廣大，永遠無法斷除我執；甚至於最粗淺的**內我所見**——能見之性乃至能覺能知之性——也都無法斷除而誤認爲常住不壞我，不斷的增長五陰，使得五陰越來越熾盛，當然永遠都無法取證解脫果，更別說是出離三界生死苦了。

追隨惡知識熏習「佛法」，就是**惡法食**；有惡法食的人，永遠無法斷我見、證初果；追隨惡知識的結果，也有可能被惡知識教導或唆使，隨同惡知識一起誹謗正法及賢聖善知識，還自以爲是在大力破邪顯正、護持正法，心中得意洋洋，自認爲有護法的大功德；於是**以善心而造惡業，成就惡業果**，等到捨壽時至、息脈將斷時方知過失，已經無法言語動轉，來不及補救了！所以本節所說歸結到一個正理：學法前、學法時，都應當分辨眞假善知識，然後依止而修學之，遠離**惡法食**。若有已被印證之情事，應當加以檢查：**與經典一一比對，與眞善知識所說之正理，一一比對**。如實作已，然後決定是否繼續依止，方能遠離惡法食，善法得生，證果有望。

第七節 四食與佛菩提修證之關係

二乘涅槃，應以滅除四食爲事，方能得入無餘涅槃；但大乘成佛之道，重要的是在一切種智的成就，而以實證般若總相智爲初階；唯有具足圓滿成就一切種智，才能使大圓鏡智、成所作智發起，才能使平等性智、妙觀察智具足圓滿，這時異熟果種斷盡，使得佛地八識心王成爲清淨法界，這樣才是眞正的成佛之道。單修解脫道，單修蘊處界的緣起性空觀，不可能成就佛道，最多只是成就解脫果而成爲阿羅漢，永不可能成佛。但一切種智的成就，既然是以常住三界中聞熏及實證如來藏一切種子爲最重要的理證與事修，那就不許滅盡四食，而須藉由保留善法食的四食來攝受四大、五蘊身心，成就未來無量劫中的世世菩薩色身及一切法，讓如來藏中含藏的一切種子漸漸全部現起，才能滿證一切種智。但是要使如來藏中的一切種子現起，卻必須有識食的出現與功能，方能流注如來藏中的一切種子而具足證知，然後才能實證佛地的究竟無生滅身。所以菩薩在悟後無量劫中都是不滅除識食的，都是有食而無食集的。

在四阿含中，也有類似的記載，其實是二乘聖人聽聞大乘經典而知道四食的道理，在　佛滅後三月隨即結集在四阿含中，成爲阿含道的聲聞佛法，其實本是大乘法中說的安樂食：【如是我聞　一時佛住舍衛國祇樹給孤獨園。爾時世尊告諸比丘：「有四種食，長養眾生，四大增長攝受。何等爲四？謂摶食、觸食、意思食、識食。如是，福德潤澤，爲安樂食；何等爲四？謂於佛不壞淨，於法、僧不壞淨，聖戒成就。是故，諸比丘當作是學：我當成就**於佛不壞淨，於法、僧不壞淨，聖戒成就**。」佛說此經已，諸比丘聞佛所說，歡喜奉行。】（《雜阿含經》卷三十第 838 經）在卷四十一第 1131 經中亦如是說。這道理也能使二乘無學聖人不會急取無餘涅槃，就能有聖人繼續住持二乘解脫道正法，不會在斷盡我執而成爲俱解脫以後，就急著入無餘涅槃。

收藏分段生死及變易生死的種子，就是第八識如來藏之食。但四食的意思，主要是在說明眾生輪轉四生三有的原因，也就是宣示：我見、我執、我所執能導致眾生輪迴生死，專在意根與識陰六識的食上面開示。如果滅了四食，我見、我執、我所執就都滅除，就能離開三界分段生死了，以這樣的正理來說四食。可是從大乘法來說，執藏變易生死種子其實也是食的一種，所以如來藏也有食；當如來藏的食斷盡了，就是變易生死已經斷盡了，這才是究竟的解脫，不僅是斷除分段生死而已。但是二乘法中不須親證如來藏，只要斷除名與色的我見、我執、我所執就已斷除分段生死，可以出離三界生死了，所以阿羅漢不必了知如來藏是否也有食，也不必斷除如來藏的極微細食。但是四食種子都在如來藏中收存及現行，若無如來藏，非但七識之食不能成就，乃至一切眾生都不可能存在，更何況能有三乘菩提？所以二乘聖人斷盡聲聞道中所說的四食以後，也仍然是有如來藏食的；由是緣故，說三乘法對於食的宣說，必定會有所不同，都是隨眾生心應所知量而為宣說的，這就是諸佛的為人悉檀。

由此緣故，在聲聞法中會說如來藏是離食的，說離四食的如來藏妙義才是摩訶衍。因為如來藏從來不熏習三界中的六塵諸法，也是從來不對六塵生起愛染的，所以聲聞法中說是離識食的。如阿含部《央掘魔羅經》卷三說：【一切眾生命，皆由飲食住；是則**聲聞乘**，斯非**摩訶衍**；所謂摩訶衍，離食常堅固。云何名為一？謂**一切眾生，皆以如來藏，畢竟恒安住**；云何名為二？所謂名與色，是則聲聞乘，斯非摩訶衍。名及色異種，聲聞緣覺乘；解脫唯有名，不說有妙色。一切諸如來，解脫有妙色；猶如於掌中，觀察菴羅果。】語譯如下：【一切眾生的生命都是由於有食才能安住、生存的；這種說法其實只是聲聞乘的說法，這不是大乘法；所謂的大乘法，是離食而又能常恆堅固不壞，不是二乘法中所說依食才能存在的。如何名為一法呢？是說一切眾生，都是以如來藏的緣故，才能依於種種食而生存在三界中，而且永遠都依如來藏一法而常住於三界中，不會斷滅；如何名為二法呢？也就是大家所說的名與色，這是必須依靠四食才能存在的，如此說名與色二法依四食而安住的說法，其實是聲聞乘的說法，這不是大乘法。受想行識等四種名的種子以及色陰的種子是不相同的，這是聲聞與緣覺乘觀行修習的解脫法；這種二乘法中所說的解脫是依受想行識等四個名滅除了我執而說是證得解脫，從來不說有解脫後的勝妙色陰繼續存在三界中。然而十方一切如來，證得究竟解脫以後卻永遠都擁有殊妙的色身常住於三界中；猶如在自己的手掌中，來觀察清淨的菴摩羅果一樣的分明。】

所以，在二乘法中，說一切眾生依食而住，如是故說四食之法；如果能斷除四食，就可以出離三界生死苦。但是，食是三界中法；人間若無摶食，人的生命就無法存在於人間，菩薩就無法久住人間而利樂人類及天人了；欲界天也一樣要靠微細物質的摶食，才能維持天人生命的存在。在摶食的境界中，同時有觸食、念食、識食的存在，但以粗摶食為最主要；因為在人間，如果沒有了粗摶食，連人身都無法久住，何況是依人身五色根而存在的離念靈知意識心，當然更無法久住人間了。至於色界天人則是以意根之思、以意識之念爲食，若無意識覺知心以禪定正念而制心一處，發起禪悅作爲色界天食，色界天人就無法生存；但是色界天中其實也是同時有觸食、識食存在的，只是以制心一處的定力爲最主要，所以說是以念爲食。無色界天的有情，亦是以意識覺知心的定境相應爲食，若無四空定的定力境界，就無法生存於無色界中，此時已無觸食，所以獨立於色界的念食、觸食以外，仍然有意識制心一處的定力境界爲食，所以仍有識食。由此看來，三界中的有情都是有食的，因食而得生存。

既是有食，當然就是三界中法；如果想要離開三界生死，就不該墮入與四食相應的心中（與四食相應的心都是涅槃外法），否則就無法取證無餘涅槃，何況能證知涅槃所依的本識如來藏？對於單求二乘解脫道而求遠離三界生死的二乘行者來說，遠離四食境界，不要墮入離念靈知意識的識食境界中，而誤以爲已證涅槃，如是遠離大妄語業，避免求升反墮，才是二乘聲聞法中求證解脫的行者們，都應該特別注意的地方。

第五章　如來藏與七識心

第一節　十二因緣之名色緣識——六識身、七識身

修學因緣觀的人，一直都無法親證辟支佛的果證，其原因都是因爲不懂十二因緣觀與十因緣觀的關聯所致，也都是因爲把十因緣等同於十二因緣觀，誤認爲只是廣說與略說、增說與減說的不同，所以就無法證得因緣觀的眞實理，連我見都斷不了，何況是成爲辟支佛？若不修學十因緣觀，就一定無法親證十二因緣觀；有聞思智慧的人，由十二因緣中，可以理解到名色與識陰的關係，但不能從中理解到名色與如來藏的關係，於內有恐懼的緣故，我見就無法斷除，當然無法實證因緣觀而獲得斷我執的解脫功德。有智慧的人，必須進而聞熏及思惟十因緣法，並且是聽聞眞正善知識解說的十因緣正確法義以後，才能理解到名色與本識如來藏的關係，我見才有可能斷除，繼續深觀之後才能斷除我執。但這個古今許多大師們都不明白的法理，保留到下一節及第三節中再來詳細說明。今先舉經中所說十二因緣中「名色緣識」——名與色是因爲緣於往世識陰六識身及意根而有——的眞實義，加以說明，然後再講解十因緣法：

【如是我聞　一時薄伽梵在室羅筏，住誓多林給孤獨園，與無量無數聲聞、菩薩、天、人等俱。爾時世尊告比丘眾：「吾當爲汝宣說緣起『初、差別』義，汝應諦聽、極善思惟；吾今爲汝分別解說。」比丘眾言：「唯然！願說！我等樂聞。」佛言：「云何名『**緣起初**』？謂依此有故彼有，此生故彼生：所謂無明緣行，行緣識，**識緣名色**，名色緣六處，六處緣觸，觸緣受，受緣愛，愛緣取，取緣有，有緣生，生緣老死，起愁嘆苦憂惱，是名爲純大苦蘊集。如是名爲『**緣起初**』義。」

「云何名爲『**緣起差別**』？謂無明緣行者，云何無明？謂於前際無知，於後際無知，於前後際無知；於內無知，於外無知，於內外無知；於業無知，於異熟無知，於業異熟無知；於佛無知，於法無知，於僧無知；於苦無知，於集無知，於滅無知，於道無知；於因無知，於果無知，於因已生諸法無知；於善無知，於不善無知；於有罪無知，於無罪無知；於應修習無知，於不應修習無知；於下劣無知，於上妙無知；於黑無知，於白無知；於有異分無知，於緣已生或六觸處如實通達無知。如是於彼彼處如實無知，無見無現觀，愚癡無明黑闇，是謂無明。」

「云何爲行？行有三種：謂身行、語行、意行，是名爲行。**行緣識者，云何爲識？謂六識身**：一者眼識，二者耳識，三者鼻識，四者舌識，五者身識，六者意識，是名爲識。識緣**名**、**色**者，云何爲**名**？謂四無色蘊：一者受蘊，二者想蘊，三者行蘊，四者識蘊。云何爲**色**？謂諸所有色、一切四大種及四大種所造。此色前**名**總略爲一，合名**名色**，是謂名色。」

「名色緣六處者，云何六處？謂六內處：一眼內處，二耳內處，三鼻內處，四舌內處，五身內處，六意內處，是謂六處。六處緣觸者，云何爲觸？謂六觸身：一者眼觸，二者耳觸，三者鼻觸，四者舌觸，五者身觸，六者意觸，是名爲觸。觸緣受者，云何爲受？受有三種：謂樂受、苦受、不苦不樂受，是名爲受。」

「受緣愛者，云何爲愛？愛有三種：謂欲愛、色愛、無色愛，是名爲愛。愛緣取者，云何爲取？謂四取：一者欲取，二者見取，三者戒禁取，四者我語取，是名爲取。取緣有者，云何爲有？**有**有三種：謂欲有、色有、無色有，是名爲有。有緣生者，云何爲生？謂彼彼有情，於彼彼有情類，諸生等生趣，起出現蘊，得界得處得諸蘊，生起命根出現，是名爲生。生緣老死者，云何爲老？謂髮衰變，皮膚緩皺，衰熟損壞，身脊傴曲，黑黶間身，喘息奔急；形貌僂前，憑據策杖；惛昧羸劣，損減衰退，諸根耄熟，功用破壞，諸行朽故，其形腐敗，是名爲老。云何爲死？謂彼彼有情，從彼彼有情類終盡壞沒，捨壽捨煖，命根謝滅，棄捨諸蘊，死時運盡，是名爲死。此死前老，總略爲一，合名老死，如是名爲『**緣起差別**』義。比丘！我已爲汝等說所標緣起『初、差別』義。」時薄伽梵說是經已，聲聞、菩薩、天、人等眾，聞佛所說，皆大歡喜，得未曾有，信受奉行。】（阿含部《緣起經》：《大正藏》2-547）

謹先**語譯**如下：【如是我聞：一時薄伽梵在室羅筏城，安住於祇樹給孤獨園，與無量無數聲聞、菩薩、天、人等同在一起。爾時世尊告訴比丘眾：「我現在將爲你們宣說緣起初說（略說）之義，以及緣起的差別義，你們都應該詳細的聽清楚、並且要很正確的加以思惟，我現在就爲你們分別解說。」比丘大眾回答說：「我們都專心的聽！希望世尊爲我們說明！我們大家都樂於聽聞。」

佛說：「什麼是**緣起法初說**的道理？是說依於這個有，所以才會那個有；這個法出生了的緣故，所以才會有那個法跟著出生：也就是我所說的無明緣於行，行又緣於六識，六識緣於受、想、行及色陰，受、想、行及色陰又緣於六入處，六入處緣於觸，觸緣於受，受緣於愛，愛緣於取，取緣於有，有緣於生，生緣於老死，有了老死所以就生起了愁嘆悲苦憂惱，這是我所說的純大苦蘊的聚集。這就是**緣起之初**的道理。」

「如何稱作**緣起的差別**呢？是說：無明緣於行這句話。如何是無明呢？是說對於上一世無知，或者對於未來世無知，甚至於對前世、後世都無知；也是說對於內六根無知，或者對於外六塵無知，甚至對於內六根與外六塵都無所知；也是說對於業的造作無所知，或者對於前後世的異熟果報無所知，甚至對於業異熟和報異熟都無所知；也是說對於佛的境界無所知，或者對於佛法無所知，或者對於僧伽無所知；是說對於苦的現象無所知，或者對於苦集的道理無所知，或者對於苦滅無所知，對於苦滅之道無所知；也是說對於果報之因無所知，對於果報的內容無所知，對於過去因已經在現在出生了的諸法無所知；是說對於善法無所知，對於不善法無所知；對於有罪無所知，對於無罪也無所知；對於應修習的法無所知，對於不應修習的法也無所知；對於下劣境界無所知，對於上妙境界也無所知；對於黑業無所知，對於白業也無所知；對於有變異的事情無所知，對於緣已出生或六觸處的如實通達也都無所知。如是，對於以上所說的種種法處的如實都無所知，沒有發起應有的見解，也沒有現前的觀察出（謂無明是緣起法之最初）

來，像這樣子愚癡無明黑闇，這就是所說的無明。」

「如何是行呢？行有三種：是說身行、語行、意行，這就是行。在『行緣識』這一句話裡面，如何是識呢？是說六識身：一個心是眼識，一個心是耳識，一個心是鼻識，一個心是舌識，一個心是身識，一個心是意識，這六個識合起來就是『行緣識』中所說的**識**。在『**識**緣名色』這一句話中，什麼是名呢？是說四種無色蘊：一個是受蘊，一個是想蘊，一個是行蘊，一個是識蘊，這四蘊合起來時就稱爲『名』。什麼是名色中的色呢？是說所有種種的物質色法、一切地水火風四大種及四大種所造的色身。在這個**色**之前所說的**名**，總略爲一個法而說是名；名與色合起來而說是名色，這就是說名色。」

「在『名色緣六處』這句話中，什麼是六處呢？是說六種內處：眼內處、耳內處、鼻內處、舌內處、身內處、意內處，這就是說六處。在『六處緣觸』這句話中，什麼是觸呢？是說六觸身：一者眼觸、二者耳觸、三者鼻觸、四者舌觸、五者身觸、六者意觸，這就是觸。在『觸緣受』這句話中，什麼是受呢？受有三種：是說樂受、苦受、不苦不樂受，這就是受。」

「在『受緣愛』這句話中，什麼是愛呢？愛有三種：是說欲界愛、色界愛、無色界愛，這就是愛。在『愛緣取』這句話中，什麼是取呢？是說四種的取著：一者對五欲的取著，二者對自己錯誤的見解取著不捨，三者是對戒律的精神無所知而施設了錯誤的禁戒，並且加以取著，四者是對於自己說過的錯誤言語，不許別人與自己有不同的說法而加以取著，這四種取著就是取。在『取緣有』這句話中，什麼是『有』呢？『有』有三種：是說欲界的有、色界的有、無色界的有，這就是『有』。在『有緣生』這句話中，什麼是生呢？是說各個不同的有情眾生，各自身處於種種不同有情的種類中，種種出生等等有情生，生起及出現了五蘊、四蘊等，所以得到了生命的功能、得到了十二處、得到了五蘊、四蘊等，導致五蘊的生起而使命根出現了，這就是『生』。在『生緣老死』這句話中，什麼是老呢？是說頭髮開始稀少、變白，皮膚弛緩而且起皺紋了，衰弱、過度成熟而導致損壞，色身的脊樑彎曲不直，老人斑間錯的散佈在身上，動作稍微快了一些就使呼吸開始喘急起來；身形面貌向前俯傾了，得要依憑手杖來行走；精神也昏昧而變差了，比以前年輕時損減而衰退了，五根也都老化而快要熟爛了，原有的良好功用已經破壞，身口意行都已經老朽陳舊了，所以身形似乎是迂腐而即將敗壞了，這就是老。什麼是死呢？是說各種不同的有情眾生，各從他們原來的有情類中終止一生、身體毀壞開始要消失了，這時捨棄了壽命與身上的煖觸，命根遷謝而滅失了，於是棄捨了原來的五蘊，到了這個死亡的時候，一生該受的命運已經終了，這就稱之爲死。這個死亡之前的老，與死總略爲一個法，就合起來稱爲老死；就像是這樣子的差別，就是緣起差別的道理。比丘！我已爲你們大家說明剛才開始時所標明的**緣起略說**與**緣起差別**的義理。」這時佛說完了這部經以後，聲聞、菩薩、天、人等眾，聞佛所說，皆大歡喜，得未曾有，信受奉行。】

在順觀十二因緣「行緣識、識緣名色」二句所說的識，以及逆推十二因緣中所說的「名色緣識」的識，都是指前六識合爲一心而說的，是說識陰六識心；這是在阿含解脫道中才如此說，因爲二乘人不曾證得第八識心體，所以不懂第八識的眞義，因此在這裡所講的識是指前六識。而且，在二乘菩提的阿含解脫道中，如果說到順、逆十二因緣觀的**行緣識**、**識緣行**時，所說的行都是六識行與身行、口行，不是指七、八識。過去世的識陰六識不斷的緣於身口意行，所以不願成爲斷滅空，就會繼續受生於三界中，於是就一定會有未來世的名色，於是就會有生老病死……等苦。在這一段經文中所說的**行緣識**，是說因爲過去世名色身口意三行都緣於**六識**心行的緣故，在過去世中使**六識**種子熏習諸法而不斷絕，就會想要使未來世的六識種子不斷的再生起，一定會再受生於三界中，所以順觀十二因緣中的**行緣識**的**識**是指六識心。假使不使六識心一再的現行於六塵中，二乘法所應斷的識食就斷除了，就不會一直想要讓六識心在無量世中不斷的出生，就不會一直受生而獲得名色，就不會有生死等苦患。

但是眾生都被無明所籠罩，不懂這個道理，一心一意想要保護六識心繼續在六塵中存在及運作，就導致未來世世都會不斷的入胎而重新獲得名色，未來世就一定會不斷的有識陰六識生起，就會有識陰六識心所法的受與想出現；加上必須擁有的五色根存在，於是就有身行、口行、意行的出生不斷，就又具足了受想行三陰，於是合稱這四陰爲名，而將意根也方便包含在名中，於是來世的名與色就具足了！這都是由於往世不斷的使識陰六識熏習世間法而不願滅失所致；假使沒有往世識陰六識的行，沒有往世識陰六識作爲行的所緣，就不會由於前世熏習諸行的動力而有此世的識陰出生，就不會有來世的名與色出現，所以說行緣識、**識緣名色**。逆觀時就成爲**名色緣識**：緣於往世的識陰等諸行，所以有此世及後世的名與色，就一直處於生死苦惱中。

也就是說，當六識心不斷的熏習六塵諸法時，就會使六識心不斷的想要現行運作，一定會執著自己的存在，不願意見聞覺知的自性消失，就不得不在死後去入胎受生，重新取得五色根，否則就不可能會有來世的人身與六識出現；既然要入胎重新取得人身，才能有來世的六識心出現，投胎之後當然就會再度有來世的色身與名中受想行識了；由於識陰六識不肯自我斷滅，這種熏習會導致來世不斷出生名與色，所以說流轉門的「識緣名色」，造成生死循環的鎖鍊不斷。所以，名師教導徒眾們要保持覺知心不滅、不斷，訓示徒眾們要常常保持覺知心的警覺性常在，正是在幫助徒眾們堅固我執與我見，師徒就都永遠不能證得初果，永遠不免生死苦；這樣是在鞏固您的無明，是在遮障您取證解脫果的，不是在幫助您解脫的。以上是純從十二因緣的流轉法中來說「行緣**識**、**識**緣名色」時，這時所說的**識**當然是指意識或眼識等六識的合說。

這與四阿含其他經典講解十因緣法時，從名色往前推究時所說「齊**識**而還」的「名色緣**識**、**識**緣名色，猶如束蘆相依而轉」的另一個**識**，意義大不相同，且留待後面的第二節與第四節中再來詳細的舉證與說明，此處暫置不言。因爲在這一節的十二因緣**流轉門**中所說的十二有支，都是屬於**假號法**、**因緣法**，不是**真實法**、實義法。只有在還滅門中，向前推溯名色從哪裡來？由何法出生？推溯名色以什麼爲緣，並且同時以什麼爲根本因才能出生時，才會說到實義法，不單只是說到流轉門的十二有支假號法而已；這才是**有因有緣世間集**、**有因有緣世間滅**的道理。獨因或獨緣，都不能使五陰世間集；獨因或獨緣，也不能使五陰世間滅。這個道理，留到下一節中再來說明，這裡暫且表過不談。

流轉門的十二因緣爲何說每一有支都是**假號法**而不是實義法？有經爲證：【聞如是　一時佛在舍衛國祇樹給孤獨園，爾時世尊告諸比丘：「我今當說第一最空法，汝等善思念之。」諸比丘對曰：「如是，世尊！」爾時諸比丘從佛受教。世尊告曰：「彼云何爲名第一最空之法？若**眼**起時則起，亦不見來處；滅時則滅，亦不見滅處；除**假號法**、**因緣法**。云何**假號**、**因緣**？所謂**是有則有**，**此生則生**：無明緣行，行緣識，識緣名色，名色緣六入，六入緣更樂，更樂緣痛，痛緣愛，愛緣受，受緣有，有緣生，生緣死，死緣愁憂苦惱，不可稱計，如是苦陰成此因緣。**無是則無**，**此滅則滅**：無明滅則行滅，行滅則識滅，識滅則名色滅，名色滅則六入滅，六入滅則更樂滅，更樂滅則痛滅，痛滅則愛滅，愛滅則受滅，受滅則有滅，有滅則生滅，生滅則死滅，死滅則愁憂苦惱皆悉滅，盡除**假號**之法。**耳鼻舌身意**法亦復如是，起時則起，亦不知來處；滅時則滅，亦不知滅處，除其**假號**之法。彼**假號法**者，**此起則起**，**此滅則滅**；此六入亦無人造作，亦名色六入法；六入亦無人造作，由父母而有胎者亦無因緣而有，此亦**假號**；**要前有對**，**然後乃有**。猶如鑽木求火，以前有對，然後火生；火亦不從木出，亦不離木；若復有人劈木求火，亦不能得；皆由因緣合會，然後有火。此六情起病亦復如是，皆由緣會，於中起病；此六入起時則起，亦不見來；滅時則滅，亦不見滅，除其**假號**之法，因由父母合會而有。」爾時世尊便說此偈……。】（《增一阿含經》卷三十）

語譯如下：【聞如是 一時佛在舍衛國祇樹給孤獨園，爾時世尊告訴諸比丘：「我如今應當爲你們講說第一最空的妙法，你們眾人要善於思惟、憶念不忘。」諸比丘回答說：「如是，世尊！」爾時諸比丘從佛受教。世尊告訴眾人說：「那個法爲什麼叫作第一最空之法呢？以眼識來說：如果眼識生起的時候就生起了，也看不見祂從什麼地方生出來；斷滅時就斷滅了，也看不到祂滅了以後去到何處；要這樣子除掉**假號法**、因緣法。什麼是**假號**、因緣呢？就是在講：這個法有了就會有那個法，這個法出生了就會出生那個法。**也就是說**，有了無明就會有行，有了行就會有六識，有六識等三行熏習就會有來世的名與色，有了名與色就會有六入處（十二處），有了六入處就會有六識對六塵的領納功能，有六識對六塵的領納功能就會有對六塵的觸，有了六塵觸就會執取六塵中的境界而不肯捨離六塵境界，有了對六塵境界的執取就會產生欲界愛、色界愛、無色界愛；有這三種愛，就會出生三界法中的四種受（欲受、見受、戒受、我受），有了這四種受的執著不捨，就會有來世三種後有的種子（欲界有、色界有、無色界有），有了來世後有的種子就會有來世的出生，有了出生就會有死亡，有死亡就會有對五陰的愛別離等愁憂苦惱，這些苦惱多到無法說明與計算；就像是這些有支一樣，都是由五種苦陰來成就這個流轉門的因緣法。」

「沒有了這個法也就沒有那個法，這個法滅了那個法也就跟著滅了：往世的無明滅除了就能滅除身口意行，身口意行滅了就不會有六識想要出生，往世六識不會想要再出生就不會引生此世的名與色，沒有此世的名與色也就不會有此世的六入處（十二處），沒有六入處就沒有六入，……貪愛滅了就不會有苦樂捨受；苦樂捨受都不在了，就不會產生來世的有；來世的有滅了就不會有來世的出生，沒有來世的出生就不會有來世的死，來世的死亡現象不會出現了就不會有死時的愁憂苦惱，這樣子，就全部除掉了**假借名稱而說的十二因緣法**。」

「眼識的**假號法十二因緣**如是，耳、鼻、舌、身、意等五識的**十二因緣假號法**也是一樣的；耳鼻舌身意識生起時就忽然生起了，也不知祂們五識來自何處；這五識斷滅時就忽然斷滅了，也不知這五識滅了以後去到何處，都是藉著因緣而出生、而斷滅的，都沒有實在不壞的本質，這樣就除掉這五識的十二因緣支**假號之法**。那個**假號法**的意思就是說：這個法生起時那個法就跟著生起，這個法消滅時那個法就跟著消滅；這個六入也是沒有人去造作出來的，也是名與色所擁有的六入，不是六入自己有常住不壞的本質，這個六入也沒有人去把它製造出來；由父母的緣故而有胎身的事情，也不是因爲父母特地加以製造的因緣才有的，而是因緣法中自然而有的，這也是**假號之法**，不是佛法中的眞實義；都是要前頭有一個相對的法，然後才會有這個法。」

「就像是鑽木求火一樣，因爲前頭有一個相對的木，然後才會有火的出生；可是出生了的火也不是從木材生出來的，但也不能離開木材；因爲假使有人說火是從木材生出來的，當他把木材一分一分的劈開來找火，也是找不到火的；都是由於木材爲**因**，加以人工**眾緣**的和合聚會，然後才會有火自然從木材中出生的。我們人類六識對六塵的領受而生起的生死病也是像這樣子，都是由於前**因**與後**緣**的和合聚會，然後在**因**、**緣**聚合之中生起了生死煩惱眾病；這六入生起時就這樣子自然而生起，也看不見六入是怎麼來的；這六入斷滅時就這樣子自然的斷滅了，也看不見六入是滅到何處去，這樣子觀察以後就除掉六入**假號之法**了，這六入其實是因為由於父母的合會以後出生了名色而有的。」】

這就是先宣示眼識的十二因緣法，是說眼識的十二因緣支都是**假號法**；假使沒有眼識的十二因緣假名而說的種種法，就沒有眼識的出生與斷滅，就沒有眼識可說了，所以眼識也是**假號之法**。同一個道理，耳、鼻、舌、身、意等五識也一樣，都是因為這五識各有自己的十二因緣法，才會有這五識的出生；而這五識的十二因緣法，每一支也都是假藉名稱而說明的法，所以這五識的十二因緣法也都是**假號法**；因為有假名而說的十二因緣法，才會有這五識連同意識等六識的出生，所以意識等六識都是**假號之法**，並沒有自在的本質，都是藉緣而生的法：**所謂此有故彼有，此生故彼生；此起故彼起，此滅故彼滅**。這就是假號法，因為只牽涉到**緣**而不牽涉到**因**——以前緣為因，所說的因是**緣因**。

假使有人能從六識的每一識，都詳細的現前觀察十二因緣法，就能知道解脫道的眞相了：眼識是**假號法**，意識等五識也是**假號法**；眼識的十二因緣法是**假號法**，意識等五識的十二因緣法也是**假號法**；所以意識等六識自身及一一識的十二因緣法都是**假號法**，都沒有自在常住的本質。這樣子現觀以後，我見一定會斷除的；接著就會了知十二因緣法都是假號法，不是眞實法；自然也能了知解脫道中的緣起性空法是假號法，不是眞實法。這樣如實觀行以後，一定可以斷除我見，取證初果，親斷三縛結；除非讀過以後不作現觀，那就只是常識而已；而且將會自以爲確實斷了我見，其實還是不可能斷除我見的。一定要經過實質上的獨處思惟、現前一一觀察以後，才有可能斷除**六識心常住不壞**的我見，才能眞正的取證聲聞初果。在這個流轉門中所說的意識等六心的十二因緣法——緣起性空——都是**假號之法**，不是眞實義；所以在這個六識十二因緣法中所說的「行緣識、識緣名色」的**識**，講的都只是意識等六識心，仍然沒有講到還滅門實義法的第八識心。十因緣法的實義門第八識的法義，留待後面第一節及第四、第五節中的十因緣觀裡面再作說明。關於假號之法，亦有經云：

【聞如是 一時佛在舍衛國祇樹給孤獨園，爾時世尊告諸比丘：「今當說因緣之法，善思念之，修習其行。」諸比丘白佛言：「唯然！世尊！」爾時諸比丘從佛受教。世尊告曰：「彼云何名爲因緣之法？所謂無明緣行，行緣識，識緣名色，名色緣六入，六入緣更樂，更樂緣痛，痛緣愛，愛緣受，受緣有，有緣生，生緣死，死緣憂悲苦惱，不可稱計。如是成此五陰之身。」

「彼云何名爲無明？所謂不知**苦**、不知**習**、不知**盡**、不知**道**，此名爲無明。彼云何名爲行？所謂**行**者，有三種，云何爲三？所謂身行、口行、意行，是謂爲行。彼云何名爲**識**？所謂六識身是也！云何爲六？所謂眼耳鼻舌身意識，是謂爲識。云何**名**爲名？所謂名者，痛、想、念、更樂、思惟，是爲名。彼云何爲**色**？所謂四大身及四大身所造色，是謂名爲色。色異名異，故曰名、色。彼云何**六入**？內六入云何爲六？所謂眼耳鼻舌身意入，是謂六入。彼云何名爲**更樂**？所謂更樂身；云何爲六？所謂眼耳鼻舌身意更樂，是謂名爲更樂。彼云何爲**痛**？所謂三痛；云何爲三？所謂樂痛、苦痛、不苦不樂痛，是謂名爲痛。彼云何名爲**愛**？所謂三愛身是也：欲愛、有愛、無有愛。云何爲**受**？所謂四受是；云何爲四？所謂欲受、見受、戒受、我受，是謂四受。彼云何爲**有**？所謂三有；云何爲三？欲有、色有、無色有，是名爲有。彼云何爲**生**？所謂生者，等具出家；受諸有、得五陰、受諸入，是謂爲生。彼云何爲**老**？所謂彼彼眾生於此身分齒落髮白，氣力劣竭，諸根純熟，壽命日衰，無復本識，是謂為老。云何為死？所謂彼彼眾生展轉受形，身體無溫，無常變易，五親分張，捨五陰身、命根斷壞，是謂為死。」

「比丘當知：故名為老病死，此名為因緣之法。廣分別其義，諸佛如來所應施行，起大慈哀，吾今已辦。當念在樹下露坐，若在塚間；當念坐禪，勿懷恐難。今不精勤，後悔無益。」……】（《增一阿含經》卷四十六第5經）誠恐讀者猶如印順法師等大師一般誤會經文眞義，今語譯如下，佛意可知：

【我聞如是　一時佛在舍衛國祇樹給孤獨園，爾時世尊告訴諸比丘說：「如今應當為你們宣說因緣之法，你們應該善於思惟而憶念不忘，修學熏習這個法行。」諸比丘向佛稟白說：「我們一定會這樣子修行的！世尊！」這時諸比丘們隨從佛說而受教導。世尊告訴比丘們說：「那個法為什麼叫作因緣之法呢？就是說：因為有無明所以有行，因為有行所以有六識；因為六識的運作熏習，所以有後世的名與色，因為有名與色所以有六入，因為有六入所以有領受，因為有領受所以有觸覺，因為有觸覺所以有境界上的貪愛，有境界上的貪愛所以有苦樂捨受，有了苦樂捨受所以有了後有的種子，有了後有的種子所以就有後世的出生，有了出生就會有死亡，因爲有死亡就有對五陰愛別離……等憂悲苦惱，這些苦惱無法說得完。就是這樣因緣聚會而成就了這個五陰之身。」

「那因緣法中的無明是什麼呢？就是說不懂**苦的道理**、不懂**苦怎樣熏習集合的道理**、不懂**苦滅盡的道理**、不懂**滅盡一切苦的方法**，這樣就叫作無明（無明就是不懂種種的四聖諦）。那個因緣法中的行是什麼呢？我所說的行，有三種行，如何是三種的行呢？是說身行、口行、意行，這就是我所說的行。那個因緣法中『行緣**識**』中的**識**，是怎麼說**識**的呢？就是我所說的**六識身**！爲何說是六個識呢？就是眼、耳、鼻、舌、身、意識，這六識就是『行緣**識**』中所說的**識**。爲什麼叫作名呢？所說的名，是領受、是了知、是憶念、是苦樂捨的感受、是思惟，這就是名。爲什爲說是色呢？是說地水火風等四大本身以及這四大集合而創造出來的色身，這就是我說爲名、爲色。四大色法及色身，與屬於精神層次的名互相有異，所以就合起來稱爲名色。那個因緣法中的六入是什麼呢？就是指**內六入**；爲什麼說有六種入呢？就是所說的眼勝義根的色入、耳勝義根的聲入、鼻勝義根的香入、舌勝義根的味入、身勝義根的觸入、意根與意識的法入，這就是所說的內六入。那個因緣法中的更樂是什麼呢？就是六種更樂身；爲什麼有六種呢？所說的六種就是眼觸、耳觸、鼻觸、舌觸、身觸、意觸，這就是說六種根與識對六塵的領受，稱爲更樂。那個因緣法中的痛又是什呢？就是所說的三種痛覺(受)；是哪三種呢？就是所說的快樂的痛覺、苦惱的痛覺、不苦不樂的痛覺，就是所說的痛(受)。那個因緣法中的愛是什麼呢？就是我所說的三愛身：欲界愛、色界愛、無色界愛。什麼叫作受呢？就是我所說的四受；有哪四種受呢？第一是欲界五欲境界的受，第二是對自己不正確的見解不肯捨棄而永遠執取的受，第三是對於無關解脫的錯誤施設的戒法，以及取相爲戒的不了義戒都加以執受，第四是對於『色身、識陰我』誤認爲『眞實的我』而受持，這就是說四受。那個因緣法中的**有**是指什麼呢？就是我所說的三有；云何爲三？欲界有、色界有、無色界有，這就是**有**。那個因緣法中所說的生是什麼呢？所說生，平等的函蓋了出家人在內；也就是說，領受了三界有、獲得五陰而領受六入、四入、一入，這就是我所說的生。那個因緣法中所說的老是什麼呢？就是說所有眾生在這個身體上面顯示出來的齒落髮白、氣力減少乃至沒有氣力、五色根都已經很老化了，壽命一日比一日衰頽，六識不像以前那樣的精明了，這就是老。什麼是死呢？就是說彼彼眾生一世又一世展轉來去而領受的各種不同身形，老到最後，身體失去溫暖，無常而變易了，五種最親愛的有色根互相分離而不能配合運作了，只能捨棄五陰身、命根斷壞了，這就是死。」

「比丘們應當知道：由於這些緣故所以名為老、病、死，**這些法就稱為因緣之法**（所以緣起法所說的緣起性空觀，都是以前因作為後緣的因緣法，都是只在世俗法的蘊處界中來說的，從來都不曾涉及實相，故名假號法）。廣泛而深入為大眾分別其中的義理，就是諸佛如來所應該做的事情；為你們眾人而生起大慈哀的心，我如今已經做了。你們應當常常想起這件事情：自己應該到樹蔭下的空地靜坐，或是在墳園墓地之中，應該常常想到坐禪思惟因緣法，千萬不要害怕落入斷滅境界而心懷恐懼。現在若不精勤觀行思惟而斷我見、我執，等到將來才想要後悔時，是對自己沒有益處的。」……】

由阿含四聖諦的法義觀察，我們可以說十二因緣法的流轉門，是含攝在四聖諦的苦聖諦、苦集聖諦中的；十二因緣法的還滅門，是含攝在苦滅聖諦及苦滅道聖諦中的，八正道則是含攝在四聖諦中的苦滅道諦中。同樣的道理，涅槃的取證也是含攝在四聖諦中的，二乘法中的三十七道品也是含攝在四聖諦中的。同理，大乘法也不離四聖諦：般若也是含攝在四聖諦中，但卻是改以實相法界的**本來常住性**，來說明蘊處界的八苦、三苦，名爲大乘苦聖諦。以實相法界的**本來自性性**，來說明實相法界能出生五苦陰，來說明出生流轉性的萬法生滅的緣起性空的無常苦，來顯示緣生法的蘊處界是染污性、是集藏生死苦的體性，名爲大乘苦集聖諦。又以實相法界的**本來清淨性**，來顯示蘊處界其實本來無苦可言，都是因爲不知六根的自己虛妄，不知六識的自己虛妄，也不知道外六入不曾被自己直接領受，也不知道所領受的六塵境界都是內六入，就對五陰及外六塵生起了虛妄的覺知、認作眞實，所以在種種身心的緣起法中普遍的計度而生起煩惱貪著，因此而成就了苦種的積集。如果能了知一個道理：滅除了我見、我執、所知障中過恆河沙數的上煩惱，就可以成爲不受生死流轉的清淨八識心王，一切苦就滅了，這就是大乘法中的苦滅聖諦。

再從實相法界的**本來涅槃性**，依另一層面來說明一切眾生本來就常住涅槃中，本來具足可以成佛的一切功德，只是因爲種子不淨、無明所障，所以導致眾生流轉生死不能斷絕，受苦無量；假使能將第八識中所含藏的七識心相應的染污種子修除，就回復到本來涅槃的法身佛如來藏自住境界，不再被染污法所遮障，從此可以和如來藏中的一切種子相應了；在此眞相的指導下，不需要去滅除五苦陰來成就佛道與涅槃，應該世世受生而修除第八識心中所含藏的七識心的染污種子，不但滅掉了見惑與思惑，而且把所有的習氣種子也滅除了，對法界的一切種子也都了知無餘了，這樣的修行方法，能使我們達到本識與七識種子都究竟清淨的地步，不需要再修行來改變種子，斷了種子變易的極微細生死苦；這樣能使我們達到這個目標的修行方法，就是大乘法中的苦滅道聖諦。

所以，般若正理及方廣唯識增上慧學的理論與行門，都是屬於大乘苦滅道聖諦所含攝的。然而這個道理，絕非只證阿含解脫道粗淺智慧的二乘聖人所能想像的；只有菩薩在親證第八識心體以後，前後歷經三大阿僧祇劫，不斷的追隨諸佛的教導，如實修行般若妙智，再進入諸地境界而修學一切種智以後，才有可能知道這些極微細、極深妙的實相眞實四聖諦，不墮於四阿含解脫道的假號法中，成爲實證眞實法的菩薩；這就是四地菩薩在滿心位之前必須觀行的內容，也是五地菩薩在滿心位前必須更加深入重新再作細相觀行的內容，這就是大乘四、五地菩薩所修的四聖諦粗相觀、細相觀。

所以，二乘解脫道的觀行、般若中道的觀行（簡稱中觀），以及方廣諸經的唯識增上慧學，也都是含攝在大乘四聖諦中，所以四聖諦有三乘之分，是函蓋大、小乘一切法的，是函蓋三乘菩提的，是有三乘四聖諦差別的；但是這個廣義的四聖諦，不是二乘聖人所能少分了知的。不但四聖諦如此，十二因緣觀也是如此，也是有三乘差別不同的。但是十二因緣觀，卻也是含攝在四聖諦的苦集諦與苦滅諦中，這也是大乘法中的地上菩薩才能理解、才能爲人提出說明的。這種四聖諦的觀行，講出來時一定會成爲長篇大論，一般淺機的學佛人都是不耐煩聽聞與閱讀的；當他們聽聞或閱讀時，會覺得是在辨析法理而不是在修行或傳法；都會誤認爲是在解析佛法道理，覺得如同學術研究、分析佛法；因爲他們無法眞正的確實觀行到深細入微，他們目前的證境也不需要對此觀行到極深細、極微妙，所以都不會喜歡聽聞或閱讀。所以四聖諦並不是二乘法中專有的，而是函蓋一切法的，但也是有三乘差別不同的。

言歸正傳，於四阿含諸經中，所言**識緣名色**或**名色緣識**之**識**，曾說爲六識身或七識身者，尚有如下經典：1.《增一阿含經》卷三十一〈力品〉第三十八分之一第四經。2.《增一阿含經》卷四十二〈結禁品〉第四十六第三經。於《長阿含經》卷十《大緣方便經》雖亦曾如此說，但也在十因緣法中兼述名色所緣之識爲本識入胎識。在本節中已舉雜阿含部及增一阿含部說明十二因緣中的「行緣識、識緣名色」的**識**都是指識陰六識。但必須爲佛門四眾指出一個原則，以便大眾容易理解因緣法觀行的原則：凡是**假號法**的十二因緣觀，其中**識緣名色**所說的**識**都是指識陰六識全體；若是**實義法**的十因緣觀，逆觀到**名色緣識**、**齊識而還**、**不能過彼**時，又說到「**名色由識，有識故有名色**」時，此時的**識**才是說**能生名色**的**第八識**。這個原則，您若能把握住了，因緣法的觀行就比較容易，也是可以親自實證因緣觀而斷我見及三縛結的。凡我佛門四眾，奉讀阿含的因緣法時，應把握住這個原則，以免一生努力精進卻是唐費功夫而無所成。至於這個十因緣與十二因緣所說的識，以及二者互相關聯的道理，將在下一節及第三節中，詳細的加以說明。古今許多大師與學人努力作因緣觀及聲聞解脫道的觀行，但是絕大多數人一生努力觀行都是唐捐其功的；如今的佛學學術界（譬如佛學研究所）中，也有許多人藉著佛學的學術研究在研究因緣觀，但是都無法斷結證果，一生研究的結果都只是依文解義，甚至於將因緣法視同斷滅法的無我空，永遠都只是學術研究而無法走入眞正的因緣觀佛法之中，得不到絲毫的解脫功德受用，都是因爲沒有把握住這個前提所致。

第二節 十因緣之名色緣識——名色由識生

名色由識生，意為七識心都由本識所生，已隱說有第八識了，但大法師們竟然都不懂。十二因緣法是佛教多數佛弟子都知道的法，但為何百年來一直沒有人能因為修學因緣法而取證辟支佛果、下至初果？為何近代大法師們觀行以後連我見都斷不了？而十二因緣法的內容也就只是如此，似乎並不困難、並不深奧，為何卻無法在觀行以後見道？這當然有原因，是您必須正視的問題，除非您只是附庸風雅的學佛，隨波逐流的混在佛門中，不是眞的想要親證。在這一節中，平實將以淺顯的文字，敘述其中令人難以理解的眞理，說明十二因緣**為何必須經由十因緣的觀行才能實證**的道理；並且將從**阿含佛法**因緣觀的教證中，證實眞有第八識如來藏，而不是從大乘佛菩提道內容來說明本識的存有。您若能確認有常住不壞的本識如來藏常住不壞、性如金剛，就不會再對因緣觀有所恐懼，不怕自己斷盡我執而滅盡陰界入以後成為斷滅境界。如此一來，一定可以在了知十二因緣觀的內容與前提之下，經由現觀五陰、十二處、十八界、六入的虛妄以後，眞的斷除我見與三縛結，自然而然的預入聖流了。

【如是我聞　一時佛在拘流沙國劫摩沙住處，與大比丘眾千二百五十人俱。爾時阿難在閑靜處作是念言：「甚奇！甚特！世尊所說：『十二因緣法之光明甚深難解。』如我意觀，猶如目前。以何為深？」於是阿難即從靜室起，至世尊所，頭面禮足，在一面坐，白世尊言：「我向於靜室默自思念：『甚奇！甚特！世尊所說〈十二因緣法之光明甚深難解〉，如我意觀，如在目前，以何為深？』」爾時世尊告阿難曰：「止！止！勿作此言！十二因緣法之光明甚深難解。阿難！此十二因緣難見、難知，諸天、魔、梵、沙門、婆羅門，未『見緣』者，若欲思量、觀察、分別其義者，則皆荒迷，無能見者。」

「阿難！我今語汝：老死有緣。若有問言：『何等是老死緣？』應答彼言：『生是老死緣。』若復問言：『誰是生緣？』應答彼言：『有是生緣。』若復問言：『誰是有緣？』應答彼言：『取是有緣。』若復問言：『誰是取緣？』應答彼言：『愛是取緣。』若復問言：『誰是愛緣？』應答彼言：『受是愛緣。』若復問言：『誰是受緣？』應答彼言：『觸是受緣。』若復問言：『誰為觸緣？』應答彼言：『六入是觸緣。』若復問言：『誰為六入緣？』應答彼言：『名色是六入緣。』若復問言：『誰為名色緣？』應答彼言：『識是名色緣。』若復問言：

『誰爲識緣？』應答彼言：『行爲識緣。』若復問言：『誰爲行緣？』應答彼言：『癡是行緣。』阿難！如是，緣癡有行，緣行有識，緣識有名色，緣名色有六入，緣六入有觸，緣觸有受，緣受有愛，緣愛有取，緣取有有，緣有有生，緣生有老死憂悲苦惱大患所集，是爲大苦陰緣。」

佛告阿難：「緣生有老死，此爲何義？若使一切眾生無有生者，寧有老死不？」阿難答曰：「無也！」「是故阿難！以此緣知：**老死**由**生**，緣生有老死，我所說者義在於此。」又告阿難：「緣**有**有**生**，此爲何義？若使一切眾無有欲有、色、無色有者，寧有生不？」答曰：「無也！」「阿難！我以此緣，知**生**由**有**，緣有有生，我所說者義在於此。」又告阿難：「緣**取**有**有**，此爲何義？若使一切眾生無有『欲取、見取、戒取、我取』者，寧有有不？」答曰：「無也！」「阿難！我以此緣，知**有**由**取**，緣取有有。我所說者，義在於此。」

又告阿難：「緣**愛**有**取**，此爲何義？若使一切眾生無有『欲愛、有愛、無有愛』者，寧有取不？」答曰：「無有。」「阿難！我以此緣，知**取**由**愛**，緣愛有取。我所說者義在於此。」又告阿難：「緣**受**有**愛**，此爲何義？若使一切眾生無有『樂受、苦受、不苦不樂受』者，寧有愛不？」答曰：「無也！」「阿難！

我以此緣，知愛由受，緣受有愛，我所說者義在於此。阿難當知：因愛有求，因求有利，因利有用，因用有欲，因欲有著，因著有嫉，因嫉有守，因守有護，阿難！由有護故，有刀杖諍訟，作無數惡。我所說者，義在於此。阿難！此爲何義？若使一切眾生無有護者，當有刀杖諍訟、起無數惡不？」答曰：「無也！」「是故阿難！以此因緣，知刀杖諍訟由護而起，緣護有刀杖諍訟，阿難！我所說者義在於此。」

又告阿難：「因守有護，此爲何義？若使一切眾生無有守者，寧有護不？」答曰：「無也！」「阿難！我以此緣，知護由守，因守有護，我所說者，義在於此。阿難！因嫉有守，此爲何義？若使一切眾生無有嫉者，寧有守不？」答曰：「無也！」「阿難！我以此緣，知守由嫉，因嫉有守。我所說者義在於此。阿難！因著有嫉，此爲何義？若使一切眾生無有著者，寧有嫉不？」答曰：「無也！」「阿難！我以此緣，知嫉由著，因著有嫉。我所說者義在於此。阿難！因欲有著，此爲何義？若使一切眾生無有欲者，寧有著不？」答曰：「無也！」「阿難！我以此緣，知著由欲，因欲有著。我所說者意在於此。阿難！因用有欲，此爲何義？若使一切眾生無有用者，寧有欲不？」答曰：「無也！」「阿難！

我以此義，知欲由用，因用有欲。我所說者義在於此。阿難！因利有用，此爲何義？若使一切眾生無有利者，寧有用不？」答曰：「無也！」「阿難！我以此義，知用由利，因利有用。我所說者義在於此。阿難！因求有利，此爲何義？若使一切眾生無有求者，寧有利不？」答曰：「無也！」「阿難！我以此緣，知利由求，因求有利。我所說者義在於此。阿難！因愛有求，此爲何義？若使一切眾生無有愛者，寧有求不？」答曰：「無也！」「阿難！我以此緣，知求由愛，因愛有求。我所說者義在於此。」又告阿難：「因愛有求，至於守護；受亦如是，因受有求，至於守護。」

佛告阿難：「緣**觸**有**受**，此爲何義？阿難！若使無眼、無色、無眼識者，寧有觸不？」答曰：「無也！」「若無耳、聲、耳識，鼻、香、鼻識，舌、味、舌識，身、觸、身識，意、法、意識者，寧有觸不？」答曰：「無也！」「阿難！若使一切眾生無有**觸**者，寧有受不？」答曰：「無也！」「阿難！我以是義，知**受**由**觸**，緣觸有受。我所說者義在於此。阿難！緣**名色**有**觸**，此爲何義？若使一切眾生無有名色者，寧有心觸不？」答曰：「無也！」「若使一切眾生無形色相貌者，寧有身觸不？」答曰：「無也！」「阿難！若無名色，寧有觸不？」答曰：「無也！」

「阿難！我以是緣，知**觸**由**名色**，緣名色有觸，我所說者義在於此。」

「阿難！**緣識有名色**，此為何義？若**識不入母胎**者，有名色不？」答曰：「無也！」「若**識入胎不出**者，有名色不？」答曰：「無也！」「若**識出胎**，嬰孩壞敗，名色得增長不？」答曰：「無也！」「阿難！若**無識**者，有名色不？」答曰：「無也！」「阿難！我以是緣，知**名色由識**，**緣識有名色**。我所說者義在於此。阿難！**緣名色有識**，此為何義？若識不住名色，則**識無住處**；若無住處，寧有生、老、病、死、憂悲苦惱不？」答曰：「無也！」「阿難！若無名色寧有識不？」答曰：「無也！」「阿難！我以此緣知：**識由名色**，**緣名色有識**。我所說者義在於此。阿難！是故**名色緣識**，**識緣名色**；名色緣六入，六入緣觸，觸緣受，受緣愛，愛緣取，取緣有，有緣生，生緣老死憂苦悲惱大苦陰集。阿難！**齊是為語**，**齊是為應**，**齊是為限**，**齊此為演說**，**齊是為智觀**，**齊是為眾生**。阿難！諸比丘於此法中，如實正觀**無漏心解脫**，阿難！此比丘當名為慧解脫。如是解脫比丘，如來終亦知，**如來不終亦知**，如來終不終亦知，如來非終非不終亦知。何以故？阿難！齊是為語，齊是為應，齊是為限，齊此為演說，齊是為智觀，齊是為眾生。如是**盡知已**，無漏心解脫比丘**不知**、**不見**，**如是知見**。」

（以下與「名色緣識」之法義無關，略而不錄。）】（《長阿含經》卷十《大緣方便經》）

這部經典中 世尊的所有開示，每一句都不可以錯過，每一句都不可以誤會，因爲這是您能否眞斷我見、實證因緣觀而入見道位的關鍵。今將經文語譯如下，請您務必對照經典原文，加以詳細比對及閱讀、思惟。要求您對照經典原文的目的，是使您對語譯不會有所懷疑；語譯的目的，是使您可以眞正的理解經文中 世尊的眞意；詳細思惟的目的，是使您可以確認經文中 世尊所說的本識眞相與蘊、處、界、入虛妄的眞相。有了原文與語譯的比對，有了語譯文字的詳細閱讀與理解，有了眞實的思惟與現觀，絕對不可能仍處於我見與三縛結中，除非仍然像以往一般：一向抱著對正法懷疑不信的態度。

【如是我聞 一時佛在拘流沙國劫摩沙住處，與大比丘眾一千二百五十人同在一起。這時阿難尊者在閑靜處思惟十二因緣觀以後，心中這樣子想：「眞的太奇妙、眞的太特別了，譬如世尊曾經說過：『十二因緣法的光明，太深妙、太難理解了。』如果是依照我的意思看來，十二因緣法就好像是在眼前一樣的分明，佛陀又是因爲什麼緣故而說十二因緣法很深呢？」這樣子思惟過了以後，阿難尊者就從靜坐的房中起身，來到世尊所在的地方，以額頭和臉面頂禮佛足之後，就在一邊坐了下來，稟白世尊說：「我剛才在靜室中，心裡這樣子思惟：『眞的太奇妙、眞的太特別了，譬如世尊曾經說過：〈十二因緣法的光明，太深妙、太難理解了。〉如果是依照我的意思看來，十二因緣法就好像是在眼前一樣的分明，佛陀又是因爲什麼緣故而說十二因緣法很深呢？』」這時世尊告訴阿難說：「停止！停止！不要說這種話！十二因緣法的智慧光明確實非常的深妙、很難以理解的。阿難！這個十二因緣是很難清楚的看見，是很難以了知的。諸天、天魔、梵天、出家修行的沙門眾、在家修行的婆羅門眾，凡是還沒有看見**緣起**（註）的人，如果想要思量、觀察、分別十二因緣的道理，就都會如同迷途於荒野的人一般，沒有人能看得見**緣起**的。」（平實註：「見緣」謂親見萬法的緣起：親見萬法從何而起。《中阿含經》卷七，佛也曾經開示說：「若見緣起便見法，若見法便見緣起。」是同一種道理，故說十二因緣不許離十因緣而存在。）

「阿難！我現在告訴你：老死是有所緣的。如果有人問說：『什麼是老死所緣的法？』應這樣答覆他說：『出生是老死所緣的法。』如果有人問說：『什麼是出生的所緣？』應這樣答覆他說：『有就是出生的所緣。』如果有人問說：『什麼是有的所緣？』應這樣答覆他說：『取就是有的所緣。』如果有人問說：

『什麼是取的所緣？』應這樣答覆他說：『愛就是取的所緣。』如果有人再問說：『什麼是愛的所緣？』應這樣答覆他說：『受就是愛的所緣。』如果有人再問說：『什麼是受的所緣？』應這樣答覆他說：『觸就是受的所緣。』如果有人再問說：『什麼是觸的所緣？』應這樣答覆他說：『六入就是觸的所緣。』如果有人再問說：『什麼是六入的所緣？』應這樣答覆他說：『名色就是六入的所緣。』如果有人再問說：『什麼是名色的所緣？』應這樣答覆他說：『六識就是名色的所緣。』如果有人再問說：『什麼是六識的所緣？』應這樣答覆他說：『行就是六識的所緣。』如果有人再問說：『什麼是行的所緣？』應這樣答覆他說：『無明就是行的所緣。』阿難啊！就像這樣子，緣於無明所以有六識及身口的行，緣於六識及身口的行所以有了來世的六識種子，緣於六識的種子就會有來世的識受想行四陰與色陰，緣於來世的識受想行四陰及色陰就會有六入，緣於六入就會有六塵境界的接觸，緣於六塵境界的接觸就會有苦、樂、捨受，緣於苦、樂、捨受就會對六塵、六識、六根生起貪愛，緣於陰界入的貪愛就會取受後有種子，緣於取受後有種子就會再有來世的三界有出生了，緣於出生就會有老死憂悲苦惱等重大災患所聚集的五陰，這就是大苦陰的緣起。」

佛告訴阿難說：「緣於出生就會有老與死，這是什麼意義呢？如果能使一切眾生都沒有出生的話，難道會有老死嗎？」阿難答曰：「不會的！」「由於這個緣故，阿難！從這個**緣起**就可以知道：老與死都是從出生而來的，緣於出生就會有老與死，我所說的緣起道理就在這裡。」佛又告訴阿難說：「緣於後有的種子就會有出生，這是什麼道理呢？如果能使一切眾生都沒有了欲界有、色界有、無色界有種子的話，難道還會有未來世的出生嗎？」阿難答覆說：「不會有出生的！」「阿難！我以這個**緣起**，知道出生是從後有種子而來的，緣於後有的種子就會有出生，我所說的緣起道理就在這裡。」又告訴阿難說：「緣於取就會有後有種子，這是什麼道理呢？如果能使一切眾生都沒有了『欲取、見取、戒取、我取』的話，難道還會有後有種子嗎？」阿難答覆說：「不會有的！」「阿難！我以這個**緣起**，知道後有種子是從四種取受的執著而來的，緣於四種取受就會有後有種子。我所說的緣起道理就在這裡。」

佛又告訴阿難：「緣於三界愛就會有四種取受的執著，這是什麼道理呢？如果能使一切眾生都沒有『欲界愛、色界愛、無色界愛』的話，難道還會有四種取嗎？」阿難答覆說：「不會有的。」「阿難！我由這個**緣起**，就知道四取是從貪愛三界法而生起的，所以緣於貪愛就有了四取。我所說的緣起道理就在這裡。」又告訴阿難說：「緣於受就會有貪愛，這是什麼道理呢？如果能使一切眾生都沒有『樂受、苦受、不苦不樂受』的話，難道還會有貪愛嗎？」阿難答覆說：「不會有的！」「阿難！我以這個**緣起**，就知道貪愛是從苦、樂、捨受而來的，緣於受就會有貪愛，我所說的緣起道理就在這裡。阿難啊！你應當知道：因爲貪愛所以才會有追求，因爲追求所以才會有利益，因爲利益才會有作用，因爲作用才會有欲望，因爲欲望才會有執著，因爲執著才會有嫉妒，因爲嫉妒才會有看守，因爲看守才會有持護，阿難！由於有持護的緣故，所以就有刀殺、杖擊、諍論、訴訟，才會造作難以計數的惡事。我所說的**緣起道理**就在這裡。阿難！這些是什麼道理呢？如果能使一切眾生都沒有持護的話，還會有刀殺、杖擊、諍論、訴訟而生起難以計算的惡事嗎？」阿難答覆說：「不會的！」「由於這緣故，阿難！由於這個因緣，就知道刀殺、杖擊、諍論、訴訟都是由持護而生起的，緣於持護才會有刀、杖、諍、訟等事，阿難！我所說的**緣起道理**就在這裡。」

佛又告訴阿難說：「因爲看守所以才會有持護的行爲，這是什麼道理呢？

如果能使一切眾生都沒有看守的話，難道還會有持護的行爲嗎？」阿難答覆說：「沒有了！」「阿難！我由於這個**緣起**，知道持護的行爲是由看守來的，因爲看守而有持護的行爲，我所說的緣起道理就在這裡。阿難！因爲嫉妒才會有看守，這是什麼道理呢？如果能使一切眾生都沒有了嫉妒心的話，難道還會有看守的行爲嗎？」阿難答覆說：「沒有了！」「阿難！我由於這個**緣起**，就知道看守的行爲是從嫉妒心來的，因爲嫉妒心所以才會有看守的行爲，我所說的道理就在這裡。阿難！因爲執著自己所擁有的眷屬、財物……等，所以才會有嫉妒，這是什麼道理呢？如果能使一切眾生都沒有執著的話，難道還會有嫉妒的心嗎？」阿難答覆說：「沒有了！」「阿難！我以這個**緣起**，知道嫉妒是由於心中有執著，因爲執著所以才會有嫉妒心，我所說的道理就在這裡。阿難！因爲有欲望才會有執著，這是什麼道理呢？如果能使一切眾生都沒有欲望的話，難道還會有執著嗎？」阿難答覆說：「沒有了！」「阿難！我以這個**緣起**，就知道執著是從欲望而出生的，因爲有欲望所以才會有執著，我所說的道理就在這裡。阿難！因爲有作用才會有欲望，這是什麼道理呢？如果能使一切眾生都沒有作用產生的話，難道還會有欲望嗎？」答覆說：「沒有欲望了！」「阿難！我以這個道理，知道欲望的生起是從作用來的，因爲有作用的產生才會有欲望，我所說的道理就在這裡。阿難！因爲利益才會有作用，這是什麼道理呢？如果能使一切眾生對任何事物都不能增益的話，難道還會有作用嗎？」答覆說：「沒有作用了！」「阿難！我以這個道理，知道作用是從增益來的，因爲增益的緣故所以產生了作用。我所說的道理就在這裡。阿難！因爲尋求而獲得所以有了利益，這是什麼道理呢？假使能使一切眾生都停止了尋求及獲得的話，難道還會有利益的獲得嗎？」答覆說：「不會有了！」「阿難！我以這個緣故，知道利益的獲得都是由於尋求，因爲尋求而有利益的獲得，我所說的緣起的道理就在這裡。阿難！因爲有貪愛才會有追求，這是什麼道理呢？如果能使一切眾生都沒有貪愛的話，難道還會有追求嗎？」答覆說：「不會有追求了！」「阿難！我以這個**緣起**的道理，知道追求是從貪愛而出生的，因爲貪愛所以有了追求的心，我所說的道理就在這裡。」佛又告訴阿難說：「因爲貪愛而有追求，次第演變而到了看守與持護的地步；受也是一樣的道理，因爲苦、樂、捨三受的緣故才會有了種種的追求，次第演變而到達看守與持護的地步。」

佛告訴阿難：「緣於觸而有受，這是什麼道理呢？阿難！如果能使眼根、色塵、眼識都消失的話，難道還會有觸嗎？」阿難答覆說：「沒有觸了！」「如果能使耳根、聲塵、耳識，鼻根、香塵、鼻識，舌根、味塵、舌識，身根、觸塵、身識，意根、法塵、意識都消失的話，難道還會有觸嗎？」答覆說：「沒有觸了！」「阿難！如果能使一切眾生都不觸六塵的話，難道還會有種種的受嗎？」答覆說：「沒有受了！」「阿難！我以這個道理，知道受是由觸爲緣而出生的，緣於觸才會有受出現，我所說的道理就在這裡。阿難！緣於名色就會有觸，這是什麼道理呢？如果能使一切眾生都**沒有名色**的話，難道還會有心能觸六塵嗎？」答覆說：「沒有心能觸六塵了！」「如果能使一切眾生都沒有色身的形狀與色塵中的觸覺相貌的話，難道還會有身上的觸覺嗎？」答曰：「沒有身體的觸覺了！」「阿難！如果沒有識陰六識及受想行，也沒有了色身，難道還會有根、塵中的觸嗎？」答覆說：「沒有根、塵中的觸了！」「阿難！我以這個**緣起**，知道根、塵的觸是由識陰及受想行，以及色身的和合運作而出生的，所以是緣於識陰六識、受想行及色身，才能觸六塵，我所說的道理就在這裡。」

「阿難！緣『**識**』**有名色**，這是什麼道理呢？如果『**識**』**不進入母胎**的話（此時還沒有識陰生起，所以仍無意識覺知心及前五識，也還沒有受、想、行三陰，當然這個入胎識是指第八識如來藏；至於第七意，名為根，在阿含中從來不稱為識，所以這個識也不是指意根，而是指第八識—本識），會有六識及受、想、行蘊及色身、意根嗎？」答覆說：「不會有的！」「如果**識入胎以後都不出胎**的話，還會有此世的名（意根、識陰六識、受、想、行）及色身出生嗎？」答覆說：「不會有六識及色身的。」「**識**如果半途**出胎**以後，嬰孩之身有惡因緣而隨即壞敗了，名（意根、識陰六識、受、想、行）及色身能夠增長嗎？」答覆說：「名（意根、識陰六識、受、想、行）及色身都不能增長的。」「阿難！如果沒有這個**入胎識**的話，會有名（意根、識陰六識、受、想、行）及色身存在嗎？」答覆說：「不可能有名（意根、識陰六識、受、想、行）及色身存在的。」「阿難！我以這個緣**起**，知道**色身及名**（意根、識陰六識、受、想、行）**都是由入胎識而出生的**，**緣於這個入胎識才會有名與色**。我所說的道理就在這裡。阿難！反過來說，**緣於名色而有識**，這又是什麼道理呢？如果入胎識不住在名與色之中，那麼**入胎識也就沒有住處**；如果沒有住在名與色身中，難道還會有生、老、病、死、憂悲苦惱嗎？」答覆說：「沒有生老病死等苦惱了。」「阿難！如果沒有色身與名（意根、識陰六識、受、想、行）**的出生，難道三界世間中還會看得到入胎識嗎？」**（註一）答覆說：「三界中再也看不到入胎識了。」「阿難！我以這個緣起，知道**識能夠出現在三界中，都是藉由名色來的**；**緣於名色，才會有入胎識在三界中出現與存在**，我所說的道理就在這裡。阿難！我由於這個緣故才說**名色緣識**，**識也緣名色**。名色緣於六入，六入又緣於觸的作用，觸的作用就緣於苦樂捨受，苦樂捨受就緣於貪愛，有了我與我所的貪愛就會緣於四取，有了四取就會緣於後有種子，有了後有的種子就會緣於後世的出生，後世的出生一定會再度緣於老死憂苦悲惱，於是後世的大苦陰又聚集起來了。阿難！十二因緣法，最多就只能講到十因緣的這個地步，**不可能再超過識緣名色**、**名色緣識**的道理，不可能有更多的因緣法了；**眾生所應該知道的因緣法也就到此為止，不可能超過這個地步了**。因緣法的推究也就到達這裡爲止，最多就只能推究到這個限度（註二），我也就爲眾生演說到這個地步。能推究到這個地步的人就是有智慧的觀行者，聖者爲眾生說因緣法時，也就只能說到這個**識緣名色**、**名色緣識**的地步，**不可以再超過名色緣識的識了**。阿難！諸比丘在這個法中，因爲如實正觀的緣故，才能夠以**無漏心**而獲得**解脫**，阿難！這樣觀行的比丘應當名爲慧解脫的阿羅漢。像這樣觀行而證得慧解脫的比丘，如來有什麼法終止了，他能夠知道；**如來有什麼法是不會終**

止的，他也能知道；如來終止與不終止的法，他也都能知道；如來不是終止、也不是沒有終止的意義，他也能夠知道。這是什麼緣故呢？阿難！因爲：比丘爲解說因緣法時只能講到這裡爲止，眾生所應了知的因緣法也是到這裡爲止，爲眾生說因緣法時也只能講到這個地步爲止，假使爲根器較差的人衍申解說時也只能以這個識爲最高限度，而不能無限制的一直衍伸下去；因緣法的智慧觀行也必須觀察到這裡，以此爲限而爲眾生解說了。像這樣子**全部都知道**了因緣法以後，以**無漏心**而得解脫的比丘卻是**不知也不見**的，他正是這樣子**了知與看見因緣法的解脫。**】（註一：入胎識若不出現在三界名色中，就是無餘涅槃境界，三界中就再也看不到這位解脫者的入胎識了。）（註二：這就是《雜阿含經》卷十二 佛在十因緣觀所講的「齊識而還、不能過彼」的意思）

由這一部經中的長文開示，佛在四阿含中確實是曾經**隱語密意**而說過有第八識的；因爲意識絕對無法入胎、住胎的，意識覺知心是在中陰身入胎時就永遠斷滅了，不能進入母胎中暫住的，更無法長住。而意根又只是六根之一，在四阿含中從來都不說是**識**，都只說是**根**；從來都是名之爲意，不曾說是識；所以這裡的經文講的入胎者既然說是識而不是根，這個識當然不是指意根、意識，而是入胎識、住胎識；入胎識、住胎識當然是指南傳阿含經典（尼柯耶）說的阿賴耶識，正是大乘經中講的如來藏識，正是聲聞部派佛教中某些部派所說的不可說我、有分識、窮生死蘊、根本識。相對於識陰意識等六識而言，意根當然是第七識；但是 佛在阿含解脫道的四部阿含諸經中，又都不說意根是識，一向都說意根爲意，一向都是歸類在六根之中；所以相對於意根而言，這個入胎識、住胎識當然就是第八識了。經過平實每一句、每一字全都語譯以後，佛所開示的如來藏第八識密意就很清楚的看得出來了！這就是平實要求您，必須把語譯的每一字、每一句比對經文的用意所在。

不但如此，佛在這些因緣法的末段中，更明白的指出阿羅漢們所證得的涅槃境界相：「如是解脫比丘，如來終亦知，如來不終亦知，如來終不終亦知，如來非終非不終亦知。」也就是說，像這樣子確認了眞正因緣法的觀行者，他在證得慧解脫時，雖然尚未證得入胎識，但是由於這樣子推理與現觀，知道必定是有一個入胎識，是能生名與色的第八識；由這個緣故，知道如來入涅槃以後仍有入胎識常住不斷、不壞；所以慧解脫阿羅漢們對於如來捨壽之後把五陰終止了，他很清楚的了知；或者從另一方面對於如來仍有入胎識、住胎識這個實際（如來藏）是否會終止滅壞，他也很清楚的了知；或者更有智慧的慧解脫比丘，同時對於如來捨壽後的五陰滅除，以及不滅除的入胎識實存，二者全都能了知；或者了知如來的五陰滅失不是眞的滅失，入胎識不滅失也不是眞的不滅失（因爲不會再出現於生死輪迴的三界中），他也都清楚的了知了。由此看來，阿含的解脫道中，確實已經密意**隱說**第八識了。若否定這個本識的實存，因緣觀是無法實證、無法斷結的。

雖然這位慧解脫的因緣觀成就者，還沒有親證第八識如來藏，但是從這個本識入胎、住胎時能夠出生名色諸法，這又不是意識、意根所能作得到的，也不是父母運用心力或工作力來製造出子女的名與色，而在入胎之時的名中識陰六識都還沒有出現或存在，當然不是由離念靈知意識心來製造胎兒色身的。又從意識離念靈知心要靠根與塵的接觸才可能生起，就可以判知確實是由入胎識來製造及出生色身與名等四陰，不是由離念靈知的意識等六心來製造、出生色身的。而名的部分，譬如離念靈知意識覺知心，也是被攝在名中的；而離念靈知在受想行等名出現之前，祂自己都還尚未被生起，怎能是出生名等諸法的心？三界世間也不可能「由尚未出生的自己」來出生自己，而離念靈知心自己又是夜夜眠熟即告斷滅不在的生滅法，又如何能保持自己的存在及出生名等諸法？既然如此，離念靈知一定是無常必滅之法，不可能是入胎識，不可能常住。反之，入無餘涅槃時所能滅除的就只是五陰名色，而離念靈知是意識心，攝在名色的名中，當然是一定要被滅除的名中意識心，不是本來就在的眞實心，如何能常住於無餘涅槃及母胎中？而入胎識是離念靈知及色身尚未出生以前就已經存在的了，阿羅漢的離念靈知心又尚未證得本識如來藏，又如何能滅除祂呢？怎能主張說「要滅除入胎識如來藏才能入涅槃」？慧解脫比丘從這些理路而作如理的思惟與觀行，知道滅盡五陰以後仍有入胎識獨存，但已不在三界中出現了，卻不是斷滅空，所以他對如來的終與不終，就有所了知了：如來有終的只是五陰，如來不終的是入胎識（本識）常住。

佛又說這位證得因緣觀的慧解脫比丘，在因緣觀成就以後是「齊是爲語，齊是爲應，齊是爲限，齊此爲演說，齊是爲智觀，齊是爲眾生」的；不論是爲人說法、回應別人的請問、廣度眾生而演說佛法、自己作智慧的觀行、或是爲了眾生的解脫道業，所說的一切法永遠都不可能超過這個入胎識，也就是永遠都不可以超過「名色由識生、因緣觀的所有因緣法都到本識而止」的意思。然後又說：「如是盡知已，無漏心解脫比丘**不知、不見，如是知見。**」**請注意這一段話**，佛說「如是盡知」以後，結果是「**不知、不見**」，證悟三乘菩提時其實都應該不知與不見的「如是知、如是見」。

這個聖教開示，是否與平實在諸書中所說的涅槃境界中無知無見、無聞無覺、絕對寂靜的說法相同？是否與平實在諸書中所說的「法離見聞覺知、絕對寂靜」的說法相同？這與〈八識規矩頌〉說第八識心體的自性是恆而不審是否完全一樣？是否眞正符合三法印中的涅槃寂靜？是否眞正符合中道實相印的諸法離言說相，諸法寂滅相？而且，佛已經明說是以**無漏心**而得解脫的，是確實斷了意識我，不再對意識自己有所執著的，不是以仍有自我執著的**有漏意識心**而得解脫的。認定離念靈知意識心常住不壞的凡夫，他們的離念靈知意識心永遠都是對自我有執著的有漏心，而且是每夜都會暫時斷滅的心，不可能是無漏心；所以**無漏心解脫**，講的正是滅盡名中六識心，只剩下無始劫以來本來就是自性清淨而不漏失法財的本識心體，祂才是眞正的涅槃本際。

阿羅漢比丘雖然還沒有證得這個第八識心，但是佛開示說滅盡五陰、十八界以後仍有**無漏心實際**獨存，有時說是**涅槃本際**、**生死苦之本際**。阿羅漢比

丘依止 佛的開示，以這個無漏心爲實際而得解脫；但這個涅槃的實際心，在無餘涅槃位時，祂自己卻是不知也不見一切法的，是離見聞覺知的，所以 佛說：「如是盡知已，無漏心解脫比丘**不知**、**不見**，**如是知見**。」意識成爲無漏心的解脫比丘，在斷了我見與我執以後，就這樣依止於所推知的斷盡六識與意根的無餘涅槃**不知也不見**的境界，如是**知解脫**，如是**見解脫**，所以才願意繼續修證四禪八定而入滅盡定，滅卻見聞覺知性而成爲俱解脫的聖者。證得阿含解脫道果證的比丘們，他們對於阿含解脫之道，就是**如此知**、**如此見**的，是已經知見**不知**與**不見**的眞理，這才是眞正的**已知**、**已見**阿含解脫道的聖者。這是錯認**離念靈知心不壞**的未斷我見凡夫大師們所不能揣測的，這即是聲聞菩提。

所以，在三乘菩提法中，不論是聲聞菩提、緣覺菩提、佛菩提的親證者，他們互相之間都不會產生法義衝突，而只有修證智慧高下廣狹的差別，因爲都是基於同一個實相心爲基礎而分證不同的菩提果；由此緣故，大乘法中的《金剛經》才會這樣說：「一切賢聖皆以無爲法而有差別。」無爲法的最主要差別就在於證與不證入胎識：聲聞聖人依止世俗法的蘊處界來現觀四聖諦，以四念處觀及八正道爲實行的方法，但不證入胎識；然而從 佛聽聞而知有入胎識常住不滅，所以了知滅盡了五陰十八界以後的無餘涅槃中不是斷滅，因此願意確實斷盡對於自我的執著，所以親證聲聞菩提的阿羅漢們都不會否定本識的實存。

緣覺菩提智是依十因緣觀，觀察到一切法都是從本識而來，因爲**名色由識生**（名色由本識出生），故不能超過名色所緣的本識而有任何一法出生，也不可能單憑眾**緣**就能**出生名色，而無能生名色的因**，**無因唯緣**是無法出生名與色的：**有因有緣世間集**。在此基礎上再重新推究：名色爲何會從入胎識中出生？因爲只有心才能出生名與色，虛空及四大都不是心，故沒有能力自行出生名與色；父母也沒有能力施加工作或心力來出生子女的名色，當然是要由子女的入胎識爲因，藉父母及四大爲緣而出生名色：入胎識才是名色出生的因，父母及四大只是助緣。又推究入胎識爲何會入胎而出生名色？觀行的結果，確認是因爲往世的識陰不斷熏習種種行，成就了觸食、意思食、識食，所以會在死後去入胎，才會有名色再從入胎識中出生；眾生不知道名色自身虛妄，不知道有常住的涅槃，不知道無餘涅槃不是斷滅空，就是無明，所以會不斷入胎而生死不斷；但是推究三界一切法的根本因，都是從入胎識中出生的。這就是緣覺的十因緣法的智慧觀，但是緣覺只能推知必定有這個入胎識、本識能生名色，卻無力實證；

雖然是推知本識的必然存在而不能實證，但緣覺是一定不會推翻本識的。

最究竟的無爲法智慧，則是菩薩所證。菩薩是無量世隨佛修學而親證這個入胎識的，是能親自現觀及運作這個入胎識的；若是否定本識的實存，一定不是眞悟般若的菩薩。由此緣故，菩薩證入實相中道智慧中，並能細觀入胎識中的一切種子，發起道種智，漸漸進修、滿足了一切種智而成就佛道，與二乘聖人所修的道有極大的差異性，是不共二乘聖人之道的，這就是《金剛經》講的「一切賢聖皆以無爲法而有差別」。所以三乘法義都依止於入胎識爲基礎而作不同的修證，基礎都是相同的，但是所證的智慧境界有深淺廣狹不同，所以三乘聖人之間，只有法義淺深廣狹的差別，只有所證菩提智慧上的差別，但是捨壽後若同樣進入無餘涅槃實際境界時，無餘涅槃則是完全無差別的。所以親證三乘菩提而發起的智慧雖有很大的廣狹淺深差別，卻一定不會互相矛盾衝突的。如果三個修學菩提的人，一人修佛乘、一人修緣覺乘、一人修聲聞乘，假使都已確實證果了，他們三人之間是絕對不會有衝突的，只會有智慧深淺的差別而已，但都不會有人否定本識的實存，只有凡夫才會否定本識的實存。

但是，假使其中有一人或二人是眞悟菩提的聖人，但其中有一人或二人是錯悟的，就會有法義辨正的事相出現；因爲錯悟者一定會主動的極力毀謗眞悟者所說的正法妙理，而眞悟者爲救護眾生免墮邪見，則又一定會回應而辨正法義，釐清法義的眞假。假使三人各證三乘菩提之一，即使菩薩說出二乘法不究竟的事實來，眞悟二乘菩提的二乘聖人阿羅漢與辟支佛，也都是不敢講話的，何況是公開的否定。這也就是說，二乘聖人都很清楚的知道：菩薩所證的佛菩提是勝法、妙法，非他們所知。所以，眞修二乘菩提的阿含解脫道中已經確實證果的人，絕不會對菩薩如實的說明三乘菩提優劣的說法加以批評。如今，就用佛在阿含解脫道中的這一段開示，借花獻「佛」，獻給諸位未來佛、未來阿羅漢、未來辟支佛：「如是盡知已，無漏心解脫比丘**不知不見，如是知見**。」

阿含解脫道中隱說有如來藏的開示，不是只有這一段經文，譬如另一部經說：【舍利弗白佛言：「我於過去、未來、現在諸佛心中所念，我不能知；佛總相法，我則能知。如來爲我說法，轉高轉妙；說黑白法、緣無緣法、照無照法，如來所說轉高轉妙，我聞法已，知一一法，於法究竟。……世尊說法又有上者，謂**識入胎**。入胎者，一謂亂入胎，亂住、亂出；二者不亂入，亂住、亂出；三者不亂入，不亂住而亂出；四者不亂入，不亂住，不亂出。彼不亂入、不亂住、

不亂出者，入胎之上。此法無上，智慧無餘，神通無餘；諸世間沙門婆羅門，無能與如來等者，況欲出其上？」】（《長阿含經》卷十二《自歡喜經》）

由以上經文中舍利弗尊者所說：聲聞人只能得到阿含解脫道的總相智，對於別相智是無法知道的，除非 世尊爲他們再加以更深入的解說。經文中又說**識的入胎**，這正是**隱語密意說第八識心**。因爲在阿含期的解脫道諸經中，佛都不說意根爲識，都只說意是六根中的根，一向都只以**意**字說之，從不以**識**字說爲意根；所以在阿含解脫道諸經中所說的識只有二類：一是本識入胎識，另一是識陰六識心。並且特地點出一個事實：識陰中的識都是**根、塵、觸，三和合生**的。而意根是出生識陰六識的六根之一，不屬於識陰所攝的識，所以在原始佛法的初轉法輪阿含期中向來都說是意，而不說是識。這段經文中說是**入胎識**，不是**入胎意**，更不是說入胎意識，而且中陰意識不能進入母胎中安住，入胎後就永滅不在了，所以當然是意與意識以外的**另一個識**，那當然就是第八識了；因爲初入胎的三個月中，都仍無意識生起，這時的名，只有意根一法。

在初入胎三或四個月內的住胎期中，由於五色根尚未出生、尚未具備身分的雛形，連一點點最基本的五色根功能都還沒有，所以在這期間仍然沒有五色根可以發起五根作用，就不可能有六塵或離五塵的定境法塵出生，在欠缺六塵、法塵的情況下，當然意識絕無可能出生，所以初入胎的三或四個月中，識陰六識都還不能出現（離念靈知心意識根本還不曾出生），那時就只有入胎識與意根住胎，當然此時是沒有離念靈知意識心的，這時的入胎識、住胎識，當然是指第八識心了。這是在經過開示以後就很容易理解的道理，有智慧的人一聽就都能信受了；只有沒智慧的愚痴人，或是執著面子的人，或是迷信名師而不信經文原意的人，才會聽了以後依然不肯信受，只能說是無可救藥的愚人了！所以，在阿含解脫道四阿含諸經中，其實早就**隱語密意說有本識如來藏**了，懂或不懂，都只在聞 佛講經的人有無智慧加以領納罷了！

在《雜阿含經》卷二第三十九經中說：【爾時世尊告諸比丘：「有五種種子，何等為五？謂根種子、莖種子、節種子、自落種子、實種子。此五**種子**不斷、不壞、不腐、不中風，新熟堅實；有地界而無水界，彼種子不生長增廣。若彼種新熟堅實，不斷、不壞、不中風；有水界而無地界，彼種子亦不生長增廣。若彼種子新熟堅實，不斷、不壞、不腐、不中風；有地、水界，彼種子生長增廣。**比丘！彼五種子者，譬取陰俱識。**」】

語譯如下：【這時世尊告訴諸比丘說：「有五類的種子，是哪五種呢？就是根種子、莖種子、節種子、自落種子、果實種子。這五類種子不斷、不壞、不腐、不中風，才剛成熟而且堅實不虛；這時如果有土地的功能而沒有水的功能，種子就不會生長和增廣成樹。如果那個種子才剛成熟而且堅實不虛，不斷、不壞、不中風；這時如果有水的功能而沒有土地的功能，那五類種子也是不會生長增廣成大樹的。如果那種子才剛成熟而且堅實不虛，不斷、不壞、不腐、不中風；這時如果有土地和水的功能幫助，那個種子就會生長增廣而成為大樹。比丘！那五類種子（五類功能）就好比**取陰俱識**（好比是攝取五陰而與五陰同在的識，具有出生五陰的功能）。】

這也很清楚的說明了五陰的功能都是由另一個識來的，那個識是出生五種陰的識；出生了五陰以後，攝取五陰而與五陰同時同處，所以稱為**取陰俱識**。若不是出生五陰的識，就不能攝取五陰而同在；只有出生五陰的識，才可能在五陰被出生以後有能力攝持五陰；所以只有出生五陰的識，才可能攝取五陰而與五陰同時同處，並且配合支援五陰來運作，這就是具有五類種子（具有五陰的功能）的**取陰俱識**。既然 佛在前面四阿含的經文中說五陰六識都是由另一個識出生的，不說是由意出生的，在這一段阿含部的經文中又說有一個攝取五陰而與五陰同在的識，說為「**取陰、俱**」**識**，當然是五陰之上另有一個識存在的。五陰中既然函蓋十八界，而十八界中的六識界及意根界都是心，就已經具足七個識了！再加上這個能出生五陰而且能攝取五陰七識，並與五陰七識同時同處的識，當然已經很分明的告訴佛弟子們：人類是共有八個識和合運作的，不是只有六個識或七個識。

假使有人不信上面所舉證的這些聖教，強行主張說：「取陰俱識就是意識細心。」那麼，請問：「意識細心是不是意識？」既是意識，仍然是五陰中的識陰所攝，不能外於識陰中的意識，那仍然是識陰所攝，仍然是取陰俱識所攝持的識，仍然不是取陰俱識自身，怎能說取陰俱識是意識的細心？又再請問：「三界中最微細的意識是什麼意識？」答案是：「非想非非想定中的意識。」超過這個境界，就沒有意識存在了！但是，這個最極細的意識心，仍然是意識心。既然極細意識仍然是意識，當然仍是取陰俱識所攝持的識，那怎能說極細意識就是取陰俱識？若有人主張說：「五陰是由五陰自己攝持自己的，不必另一個取陰俱識。」請問：「您的意思是不是在指責佛陀亂說法？」又請問：「胎兒是由出生他的母親攝持著，這個能出生胎兒而攝持胎兒的人就稱爲母親。那麼，胎兒能自己抱持自己離開地面嗎？」所以，攝取五陰而與五陰同住的識，被稱爲**取陰俱識**，當然是攝持五陰的另一個識，不可能是五陰自己來攝持自己，亦如同嬰兒不可能自己抱持自己一樣，所以能抱持嬰兒的一定是另一個人：母親。同理，出生五陰而抱持五陰的識，當然是另一個第八識：**取陰俱識**。若不是這個道理，又怎能說是**取**五陰而與五陰**同在一起**？這已很清楚的說明，五陰名色必定有一個所緣的識，這個識就稱爲第八識：**取陰俱識**。

這當然就是十因緣法所說的**名色緣識**的識。而這個識是離六塵見聞覺知的，一向對六塵萬法不知也不見；在大乘法的唯識經典中，被稱爲阿賴耶識、異熟識、無垢識、如來藏、心、所知依、無始時來界（無始時以來就存在著的功能）、第一能變識；在大乘般若經典中，被稱爲不念心、非心心、菩薩心、無住心、無心相心；禪宗說祂是本地風光、父母未生前的本來面目、佛法大意、莫邪劍、吹毛劍、眞心、眞如。所以大、中、小三乘的經典中都是同樣說有八識心王的，只是在原始佛法的初轉法輪四阿含聲聞菩提解脫道中，只需要**信受有第八識**，然後滅掉十八界五陰全部自我，剩下這個第八識心體獨存，就可以取證無餘涅槃而出離三界生死，不必修證第八識心體的所在，也不必體驗第八識心的自性。但若是想要通達般若，想要了知法界的實相，想要了知萬法從何處生起？想要了知萬法本來無自性，想要了知萬法攝歸第八識心體而可以被稱爲本來不生不滅，想要了知……乃至想要了知成佛之道的內涵等，就必須修證第八識心體。若只是想要出離分段生死，就不必修學第八識法，只須信 佛所說，知有第八識在滅盡五陰以後獨存而離見聞覺知，由此了知無餘涅槃中並非斷滅境界，就可以確實斷除我見及修斷我執，捨壽後即能取證無餘涅槃了！這就是大乘菩薩與二乘聲聞緣覺的修行法門最大不同之處。

但是聲聞解脫道中固然**不必修證第八識**，並不等於**可以否定第八識**；若二乘聖人否定了第八識，就必然無法斷我見及我執，因爲不該爲了求證斷滅境界而入佛教中修道證果的緣故，也一定會墮入常見而妄執意識心的變相常住不壞，或依常見而墮入斷見中，所以解脫道的修行者是絕對不可以否定本識的；若否定了本識，這個人一定是未斷我見的凡夫，因爲一切阿羅漢下至初果人，永遠都不會否定本識的。而第八識的心性，在阿含部經典中早已說是**不知**亦**不見**的，與意識心的**有知**也**能見**的體性，是大不相同的；卻是與大乘經典中說的

離見聞覺知，也與〈八識規矩頌〉說的**恆而不審**完全相同。

第八識的這種體性，不單是大乘經中如此說，在阿含部的另一經文中也是一樣的說法：**【**「……阿難！彼計我者作是言：『受非我，我非受；受法非我，但愛是我』者，當語彼言：『一切無受，云何有愛？汝是愛耶？』」對曰：「非也！」「是故阿難！彼計我者言『受非我、我非受、受法非我，愛是我』者，彼則爲非。阿難！齊是爲語，齊是爲應，齊是爲限，齊此爲演說，齊是爲智觀，齊是爲眾生。阿難！諸比丘於此法中如實正觀，於無漏心解脫，阿難！此比丘當名爲慧解脫。如是解脫心比丘，**有我亦知，無我亦知，有我無我亦知，非有我非無我亦知**，何以故？阿難！齊是爲語，齊是爲應，齊是爲限，齊此爲演說，齊是爲智觀，齊是爲眾生。如是**盡知已**，無漏心解脫比丘**不知不見，如是知見。」】**

《長阿含經》卷十《大緣方便經》

語譯如下：**【**「……阿難！那些誤認眞我、而且加以執著的外道們說：『受不是眞實我，眞實我不是受；苦樂捨受這個法不是眞實我，只有愛才是眞實我。』對於這種說法，應當告訴他們：『一切有情的受都不眞實，受既然是不眞實的，又如何會有眞實不壞的愛可以存在？難道眞實的你就是愛嗎？』」阿難代替外道回答說：「不是這樣的！」「由於這個緣故，阿難！那些**誤計真我**的外道們說『受不是眞我、眞我不是受、受這個法不是眞我，愛才是眞我』的說法，他們就是錯誤的。阿難！爲人說法時應以此說爲標準，應以此說來應對眾生，應以此說法作爲齊限，應比照這個道理爲眾生演說，應依照這個道理爲標準而作智慧上的觀行，應依照這個說法來利益眾生。阿難！諸比丘在這個法中假使有如實的正觀，在無漏心上面獲得解脫，阿難！這位比丘就應當叫作慧解脫的聖人。像這樣子證得無漏法的解脫心比丘，**真實有我也知道，蘊處界無我也知道，有我、無我也知道，非有我、非無我也知道**，何以故？阿難！所說諸法的根源就只能到這裡（到這個本識）爲止，應該以此正理來回應學法者，所應說的法義最多只能到這個眞我的法義爲止，不能外於這個眞我本識而爲人演說佛法，所有的佛法智慧觀行都應依止這個眞我，也都只能在這前提下來爲眾生接引。像這樣子全都**了知以後，無漏心**解脫的比丘所依止的涅槃境界是**不知、不見**的，他對涅槃就是**如此知、如此見**的。」

在這一段經文中，特別說到受苦、受樂、受不苦不樂的覺知心，都是虛妄的，不是眞實常住的不壞我。返觀今時普遍存在於海峽兩岸示現已經開悟的大師們，各人都說離念靈知心就是常住不壞心，就是眞如心；但是這些大師們不論是法師或居士，都應該私底下檢查看看：這個離念靈知心有沒有受？如果有受，是否一直都與苦受、樂受、不苦不樂受、喜受、憂受等五受相應？如果離念靈知心永遠離不開這五種受，始終不離苦苦、行苦、壞苦，又如何可說是眞實的**如**呢？譬如現在讀到平實所說離念靈知心虛妄的文字時，縱使不起瞋心，難道心中都沒有波動嗎？心中起了波動，還能說是眞實的**如如不動**嗎？當他們這時閱讀自己所倡議的離念靈知心常住的說法被據理否定時，難道沒有苦受、憂受嗎？可見離念靈知心是與受相應的，這正是**五陰我**的特性之一。

而且，離念靈知心時時都有**證自證分**，時時返觀或感覺自己的存在或不存在；只是能作如是了知的人太少了，都是因爲沒有動中的長時離語言文字的思惟觀功夫，所以不曾觀照到這個事實而已；假使後來有了看話頭的功夫，能夠時時微細返觀的話，就會知道平實所言不虛。離念靈知心又時時都知道自己是否有苦樂受，只在不苦不樂受時才會忘記自己仍然有捨受存在；所以離念靈知心生起了以後，總是不離捨受與苦樂受的。這顯然都是**有知**也**有見**的，與 佛所說的慧解脫者證得阿含聲聞菩提時的**不知**、**不見**，是完全相悖的；這樣誤證的解脫、涅槃，怎會是眞正的親證阿含解脫道呢？有智慧的人們，都可在靜坐時、或是一切四威儀中加以細觀，證實平實所言都無錯謬；接著就該面對眞我本識的義理加以思惟與推究，信有眞我本識的存在，再依止前面所說法義，針對五蘊、十八界、十二處加以現前觀察，確認全屬緣生緣滅的虛妄法，我見就都應該斷除而實證蘊處界無我了！由於已經信受佛語，知道滅盡自己以後的無餘涅槃中仍有本際識常住不滅，已不墮於斷滅的恐懼中，此時不斷三縛結而證初果，更待何時？而四阿含經中說的名色所緣的**取陰俱識**——涅槃中的本際本識——體性是不知亦不見的，滅除蘊處界我以後的無餘涅槃中當然是不知也不見的，證解脫果的人應當如是知法、如是見法。大乘比丘如果證得這個本識時，轉依以後當然也是不知、不見的；所以意識心因此而發起智慧以後，應當依第八識的不知不見而知一切法、見一切佛法。這就是被二乘聖人結集為四阿含聲聞經典（其實本來是大乘經典）中所說的正法。所以，被名色所緣的識，能攝取名色的識，**名色緣識**、**識緣名色**的**取陰俱識**，是對六塵都不知亦不見的，這就是無餘涅槃中的本際、實際。眾生被無明遮障，所以都不能到達這個本際。

由此可知，阿含解脫道諸經中，並不是單說無我的，也是密意隱說有眞我的，因此經文中才會說「解脫心比丘……**非有我**、**非無我**亦知」。所以說五陰、十八界、十二處都是緣起而無常，其性本空，並無實法常住不壞，都是無常而必滅壞的無常性，所以說是無我性，所以五陰中的每一法都沒有眞實常住性的自我存在。只有眞實常住不壞的法，才可以說是眞實的我。假使蘊處界都無我、都是緣起性空，入涅槃時又必須滅掉五陰、十二處、十八界法，又沒有第八識心常住不壞，則五陰等一切法都無一可以存在或保存，則阿含解脫道豈不成爲斷滅境界？印順雖然聽明伶俐，懂得發明「蘊處界滅盡以後的滅相永存不滅而名爲眞如」的說法，用來圓成一己的斷滅法本質，希望不墮斷滅法中；但是有智慧的人難道不會加以思惟嗎：「蘊處界滅盡以後的滅相，可以說是眞實常住法嗎？滅盡一切法以後的空無，能說不是斷滅嗎？滅相眞如是不是生滅性的意識在斷滅以前想像出來的想法？這個想法在入涅槃以後意識斷滅了，還可以存在嗎？這個滅相眞如是否只是存在於無常的意識心中的想法而已？在意識滅了以後還能存在嗎？」這樣子如理作意的詳細思惟以後，早就知道印順的**滅相眞如**說法只是語言文字上思惟得來的戲論罷了！也是違背 佛在阿含道中所說「只能依眞我來說佛法、來度眾生、來住持佛法」的聖教了！

所以，阿含解脫道並不是單說**蘊處界無我**的，也同時密意隱說有眞實常住我，這不是爲了補救蘊處界滅盡後的斷滅境界而施設出來的，因爲每一有情法界的實相中本來就一直有一個具有眞實自性，而且常住不壞的眞我本識存在，阿含解脫道也是本來就如此的。這個眞我名爲如來藏、眞如、如、我、常住、本際、實際、不念心、非心心、無心相心、佛、如來、本來面目、本地風光、佛法大意……等無量名。這個常住的眞實心沒有五蘊、十二處、十八界的我性，但因爲祂常住不壞，相對於蘊處界我的無常性、可滅性、無我性，就方便稱之爲我、眞如。也因爲這個常住心能出生蘊處界我，使得無我性的蘊處界可以生生世世不斷的滅而又生，所以方便說爲我；又因爲這個常住心體，自無始劫以來本就離念、離貪、離瞋、離痴，相對於蘊處界我的有念、有貪、有瞋、有痴，大異於蘊處界我永遠處處執著自我的無常無我體性，所以方便說爲眞我；因爲蘊處界處處執著自我的體性是無常的、是可滅的，而眞我如來藏的時時無念、無貪、無瞋、無痴、無執的體性，卻是不必滅除、也不可能滅除的，所以爲了區分祂與蘊處界我的無常無我體性，就稱爲眞我。

所以，阿含的解脫道所證的解脫果，是在意識與意根滅盡後仍有一個眞實不虛的**本識**存在的，這就是異熟識（阿賴耶識心體），亦名如來藏，阿含道的無餘涅槃因此不是斷滅。不但上面所舉的經文中如此說，亦有阿含部的其餘經典證明此說：【佛告阿難：「七『識住』、二『入處』，諸有沙門婆羅門言：『此處安隱，爲救、爲護、爲舍、爲燈、爲明、爲歸、爲不虛妄、爲不煩惱。』云何爲七？或有眾生若干種身，若干種想：天及人。此是**初**識住處，諸沙門婆羅門言：『此處安隱，爲救、爲護、爲舍、爲燈、爲明、爲歸、爲不虛妄、爲不煩惱。』阿難！若比丘知**初**識住，知集、知滅、知味、知過，知出要，如實知者，阿難！彼比丘言：『彼非我，我非彼。』如實知見。或有眾生若干種身而一想：梵、光音天是。或有眾生一身若干種想，光音天是。或有眾生一身一想，遍淨天是。或有眾生住空處，或有眾生住識處，或有眾生住不用處，是爲**七**『識住處』。或有沙門婆羅門言：『此處安隱，爲救、爲護、爲舍、爲燈、爲明、爲歸、爲不虛妄、爲不煩惱。』阿難！若比丘知**七**識住，知集、知滅、知味、知過，知出要，如實知者，阿難！彼比丘言：『彼非我，我非彼。』如實知見。是爲**七**識住。……」（以下的二入處，留待下文中引證註釋）】（長阿含部卷十《大緣方便經》）

語譯如下：【佛告訴阿難：「有七種『意識所住境界』及二種『入處』，有許多沙門、婆羅門說：『這個地方是安隱處，是苦難眾生得救處、是眾生得到保護處、是眾生的歸宿、是眾生的光明燈、是眾生的光明、是眾生最後歸依處、是不虛妄的境界、是無煩惱處。』他們所說究竟歸依處有哪七種呢？他們有時說的境界是：有的眾生住處安隱，那裡的眾生有幾種不同的色身，也有幾種不同境界的了知。這樣的境界其實就是欲界天及人類的境界，這其實只是意識的第一種住處而已；但是有許多的出家修行人與在家的修行人卻說：『這個地方安隱，爲救、爲護、爲舍、爲燈、爲明、爲歸、爲不虛妄、爲不煩惱。』阿難！如果比丘了知意識的第一種住處，知道意識第一種住處的集、知道意識第一種住處的滅、知道意識第一種住處的味、知道意識第一種住處的過失，知道意識第一種住處的出離方法，對於意識第一種住處的集、味、過、出要，都已如實知的話，阿難！那位比丘將會這樣說：『那個境界中的意識不是眞實我，眞實我不是那個境界中的意識心。』如實的了知、如實的觀見那個境界的眞相。

還有第二種意識的住處，就是那個境界中的眾生是有幾種不同的色身，但是卻都只有同一種了知，那就是梵天（初禪天）與光音天（二禪天）的眾生意識住處，因爲他們的色身有種種不同，可是卻都同一種了知：同有六塵中的四塵了知。還有第三種意識的住處，就是那個境界中的眾生都是同一類的色身，但是他們所了知的境界相卻是不同的，那就是光音天的眾生；因爲他們色身都一樣，可是卻能以種種微細不同的光明相來互相溝通訊息，所以就有種種想（想亦是知），這就是第三種的意識住處。還有第四種意識住處，就是說有的境界是所有眾生都是同樣的身形，也只有同一種的了知，那就是遍淨天的境界，也就是說，在三禪天的第三天中，色身都同等，所住的快樂覺受也都同樣是清淨受的了知，這就是意識的第四種住處。眾生意識的第五種住處就是空無邊處，眾生意識的第六種住處就是識無邊處，眾生意識的第七種住處就是無所有處，這就是眾生意識心的七種『識所住處』。假使有出家修行人、在家修行人說：『這個處所安隱，爲救、爲護、爲舍、爲燈、爲明、爲歸、爲不虛妄、爲不煩惱。』阿難！如果比丘了知這七種意識所住的境界，了知這七種意識住處的集、了知這七種意識住處的滅、了知這七種意識住處的味、了知這七種意識住處的過失，了知這七種意識住處的出離方法，已經如實了知的話，阿難！那位確實了知的比丘會這樣說：『那個境界中的意識不是眞實我，眞實我不是那個境界中的意識覺知心。』他就是如實知見佛法的人。這就是七種意識所住的境界處

所。……」】

在這一段阿含的經文中，既然說一念不生的七種了知境界中的覺知心意識，都不是眞實我，說眞實我不是這七種一念不生的了知境界中的覺知心，不就已經反證另有一個眞實常住的我存在了嗎？也就是說，眞實常住的我，並不是這七種一念不生境界中、所有離念時的種種不同了知的覺知心；這就已經反證確實另有一個常住不壞的心體，恆離這七種意識的住處境界。這也是反證實有眞我如來藏的阿含部經文證據。

長阿含這段經文之後接著又說：【「云何二『入處』？無想入，非想非無想入，是爲阿難：此二入處。或有沙門婆羅門言：『此處安隱，爲救、爲護、爲舍、爲燈、爲明、爲歸、爲不虛妄、爲不煩惱。』阿難！若比丘知二入處，知集、知滅、知味、知過，知出要，如實知見，彼比丘言：『彼非我，我非彼。』如實知見，是爲二入。」】（長阿含部卷十《大緣方便經》）

語譯如下：【「什麼是二種意識覺知心的『入處』（而不說爲『住處』）呢？那就是進入無想定中，進入非有想非無想定中，這就是，阿難！我所說的二種意識所入之處。假使有出家修行人與在家修行人說：『這個處所是安隱的，爲救、爲護、爲舍、爲燈、爲明、爲歸、爲不虛妄、爲不煩惱。』阿難！如果比丘了知這二種意識所入的處所，了知無想定及非非想定的集、了知無想定及非非想定的滅、了知無想定及非非想定的味、了知無想定及非非想定的過失，了知出離無想定及非非想定的法要，如實的了知與觀見了，那位比丘將會這麼說：『這個無想定、非想非非想定中的離念靈知心不是眞實我，眞實我不是那二種境界中的離念靈知心。』他就是如實的了知與觀見佛法了。這就是我所說的意識的二種所入境界。」】

關於無想定，並不是南懷謹老師書（編案：《如何修證佛法》）中所說的「心中沒有語言文字妄想的境界，就是無想定。」因爲在阿含解脫道中所說的想，是指了知，不是指語言文字的妄想。無想定是住在第四禪的等至位中，由於了知意識覺知心的生滅性而應該滅除，卻因爲恐懼落入斷滅空中，導致我見中的**色身是常住我**的邪見未斷，所以不樂意落入斷滅境界中，想要在保持色界天身不滅的情況下來滅除覺知心，誤以爲這樣就是 佛所說的無餘涅槃境界，所以就在第四禪的等至位中，以進入**涅槃想**的欲心所及思心所，滅掉了意識覺知心自己，以爲這樣就是進入無餘涅槃境界中，結果就成爲無想定的狀態。所以無想定是第四禪的實證者才能進入的定境，不是四禪前的修定者所能進入的，更不是沒有證得初禪的南懷瑾老師所能進入的；而第四禪中是不觸五塵，也是息脈俱斷的定境。但無想定其實不是意識永滅的境界相，因為既不是涅槃，也不證滅盡定；但也因為沒有意識離念靈知安住，所以 佛不說是意識的住處，而說是識**所入**：意識滅了而入無想定，沒有意識離念靈知繼續安住，所以不列在**識住處**的七種情況中，因為沒有意識安住於其中，所以不名為住處。

關於非想非非想定， 佛不將它列入七種意識的住處中，是因為在非想非非想定中，意識離念靈知已經不會生起返觀自我或檢查定境的念頭，祂的證自證分已經不再現起了，所以不知道自己正住在非想非非想定中，與前面所說七種意識住處中，意識清楚的了知自己住於何種境界中，是完全不同的境界；正由於意識並不自知當時的自己正住在非想非非想定中，所以不說是意識的住處，而說是意識離念靈知**所入**的境界，不是**所住**的境界。因為這二種原因，所以 佛特別把這二種意識所入境界，分離出來而另行建立二入**處**。 佛將這二種意識入處，與前面所說七識住，合說為外道、凡夫的**七識住**、二**入處**。既然二入處中 佛的開示也說到：「彼非**我**、**我**非彼。」顯然也是同樣反證另有眞實不壞的常住我，而祂的心性異於無常的蘊我、處我、界我的無我性，所以說是**我**。這也證明阿含解脫道中確實曾以隱語密意說常住我。既然這個常住我不是意根、也不是無常而無我的意識等識陰六識，當然是說第八識心了。

復有經云：【或有外道梵志作是說言：「沙門釋子有不住法。」應報彼言：「諸賢！莫作是說：『沙門釋子有不住法。』」所以者何？沙門釋子**其法常住**，不可動轉。譬如門閫常住不動，沙門釋子亦復如是，**其法常住**，無有移動。】（《長阿含經》卷十二《清淨經》）所以說，常住法才是阿含道的眞正宗旨。

語譯如下：【假使有外道出家修行人這樣說：「在佛教中出家的釋迦弟子們，他們有『一切法不能常住』的法。」應該這樣回報他們說：「諸位賢德！不要這樣子說：『在佛教中出家的釋迦弟子們，他們有一切法不能常住的法。』」為什麼呢？因為佛門中出家修行的釋迦弟子，他們的法是**常住的法**，是不可動轉的法。就好像木門的樞紐一樣的常住不動，佛門中出家修行的釋迦弟子也是像這樣，他們所證的法**是常住的**，不會有所移動的。】

由這一段經文中，更可以很清楚的顯示出來：佛門妙法，不論是阿含解脫道，或是大乘佛菩提道，都是**常住法**，都不是外道或印順所說的不住法。不住法是指蘊處界無常、不能久住，故說爲不住法；因爲都是會壞滅的法，是不住之法。但是緣起性空而不能久住的壞滅法、生滅法，只是說五蘊、十二處、十八界的自性，並不代表全部的佛法，也不代表阿含解脫道的全部法義；還得要懂得一個大前提：有一個本住法、常住法。要在這個大前提之下，來現觀蘊處界的苦、苦集、苦滅、苦滅道，這才是阿含解脫道的要義，才能說是眞的懂得阿含解脫道的義理。所以阿含的解脫道修證，滅了蘊處界以後成爲無餘涅槃時，並不是斷見外道所認知的斷滅境界，不是全無一法常住的斷滅境界，仍有無餘涅槃的實際、本際、眞我常住不滅的，所以是**常住法**而不是**不住法**。

古天竺的安慧、月稱，西藏的宗喀巴、克主杰，流亡海外的達賴、最近死亡的台灣印順（編案：平實導師寫到此處時，正逢印順老法師在悶絕位中數天之後死亡），都是因爲落入這種外道見中，誤以爲阿含解脫道及大乘佛菩提道都是不住法、都是緣起性空的緣生緣滅法、都是**滅後空無**之法，所以同於斷見外道一般，就說佛法只有**不住法**、**無常法的緣起性空法**。乃至有大法師誤以爲意識心常存而對一切法都無所住，就是證得涅槃；可是這個想法其實遠不如這段經文中所說的外道見，因爲這個外道還懂得佛門中取證無餘涅槃時，是要滅除蘊、處、界所有法的；但是印順卻主張識陰中的意識可以保留局部細心常住不滅，可以成爲三世因果的聯結者；達賴卻主張意識極細心可以常住不滅，成爲三世因果的聯結者。但印順後來必定又會想到：「**意識心是有生、有滅之法，佛已確實表明了；身爲佛弟子，又是出家的法師，不便公開違背聖教而堅持意識細心常住不滅。**」所以他提出這個主張時是很低調而不是常常強調的。但是 佛說過：「**諸所有意識，彼一切皆意、法爲緣生。**」所以意識的種種粗、細心都是藉緣而生的必滅之法，在意識心滅了以後，印順又不肯承認還有意根與如來藏確實存在，也不承認如來藏常住不滅而不可壞，只能另創新說：「**蘊處界滅了以後，滅相不滅，所以是真如。這個滅相就是常住法，所以滅了蘊處界而入無餘涅槃以後不是斷滅空。**」其實正是新立另一個不可知也不可證的想像本體論，來取代 佛所說的可知亦可證的本識本體論，仍然不脫本體論的原意，了無新意。

印順以爲這樣建立以後，就可以免掉**印順的佛法是斷滅法**的評論，但其實仍然是斷滅境界，仍然是虛妄法。因爲**滅相不滅**的觀念只是緣生法，不是常住法，違背四阿含 佛說佛教**比丘**所證的**法是常住法**的聖教；所以印順的觀念與說法，都是依憑於緣**生**的、**會**滅的蘊處界而建立的；如果沒有生滅性的蘊處界，就不會有蘊處界的滅相；當生滅性的蘊處界滅盡了以後，依附於蘊處界而建立的蘊處界滅相的觀念或滅相眞如當然也已不存在了，如何可說是常住法？既非常住法，則違背此段阿含部經文所說的**常住不壞法**；所以，印順若不肯回歸到阿含解脫道 佛所說的**涅槃本際**、**入胎識常住法**，不論他再怎麼聰明伶俐、能言善道、善於施設建立，最後都仍然無法脫離戲論，不免會被具有種智或般若中觀別相智的菩薩們破斥，最後必定是體無完膚而無一法可以倖免。

所以有智之人，當信阿含部的經典中開示的正理：阿含解脫道的緣起法是有**常住法**實存的，不是緣生、滅盡之法。緣起法是爲度眾生而方便施設安立的**假號法**，不是眞實佛法；只有緣起法中**密意隱說**的**常住的入胎識**才是**常住法**。此處再三呼籲一切修習阿含解脫道的佛門大師與學人：儘速回歸阿含解脫道所說的**常住法**本識——入胎識如來藏。別再自作聰明、另行施設建立新佛法了，別再將不可演變的涅槃眞相、佛法眞相加以胡亂演變了！別再自戀於以前所墮的**無常生滅**的**緣起性空**的**假號法**中，應該依止阿含正義的**依常住法**十因緣而施設的**緣起性空假號法**的十二因緣法，才是合乎阿含解脫道正義的二乘佛法。

（註：十二因緣與十因緣的關聯與實證，篇幅所限，將在下一節於第三輯中詳說。）

佛教正覺同修會〈修學佛道次第表〉

第一階段
* 以憶佛及拜佛方式修習動中定力。
* 學第一義佛法及禪法知見。
* 無相拜佛功夫成就。
* 具備一念相續功夫—動靜中皆能看話頭。
* 努力培植福德資糧，勤修三福淨業。

第二階段
* 參話頭，參公案。
* 開悟明心，一片悟境。
* 鍛鍊功夫求見佛性。
* 眼見佛性〈餘五根亦如是〉親見世界如幻，成就如幻觀。
* 學習禪門差別智。
* 深入第一義經典。
* 修除性障及隨分修學禪定。
* 修證十行位陽焰觀。

第三階段
* 學一切種智真實正理—楞伽經、解深密經、成唯識論…。
* 參究末後句。
* 解悟末後句。
* 透牢關—親自體驗所悟末後句境界，親見實相，無得無失。
* 救護一切衆生迴向正道。護持了義正法，修證十迴向位如夢觀。
* 發十無盡願，修習百法明門，親證猶如鏡像現觀。
* 修除五蓋，發起禪定。持一切善法戒。親證猶如光影現觀。
* 進修四禪八定、四無量心、五神通。進修大乘種智，求證猶如谷響現觀。

佛菩提二主要道次第概要表——二道並修，以外無別佛法

佛菩提道——大菩提道

遠波羅蜜多

資糧位

- 十信位修集信心——一劫乃至一萬劫
- 初住位修集布施功德（以財施爲主）。
- 二住位修集持戒功德。
- 三住位修集忍辱功德。
- 四住位修集精進功德。
- 五住位修集禪定功德。
- 六住位修集般若功德（熏習般若中觀及斷我見，加行位也）。

外門廣修六度萬行

見道位

- 七住位明心般若正觀現前，親證本來自性清淨涅槃。
- 八住位起於一切法現觀般若中道。漸除性障。
- 十住位眼見佛性，世界如幻觀成就。
- 一至十行位，於廣行六度萬行中，依般若中道慧，現觀陰處界猶如陽焰，至第十行滿心位，陽焰觀成就。
- 一至十迴向位熏習一切種智；修除性障，唯留最後一分思惑不斷。第十迴向滿心位成就菩薩道如夢觀。

內門廣修六度萬行

- 初地：第十迴向位滿心時，成就道種智一分（八識心王一一親證後，領受五法、三自性、七種第一義、七種性自性、二種無我法）復由勇發十無盡願，成通達位菩薩。復又永伏性障而不具斷，能證慧解脫而不取證，由大願故留惑潤生。此地主修法施波羅蜜多及百法明門。證「猶如鏡像」現觀，故滿初地心。
- 二地：初地功德滿足以後，再成就道種智一分而入二地；主修戒波羅蜜多及一切種智。滿心位成就「猶如光影」現觀，戒行自然清淨。

解脫道：二乘菩提

- → 斷三縛結，成初果解脫
- → 薄貪瞋癡，成二果解脫
- → 斷五下分結，成三果解脫
- 入地前的四加行令煩惱障現行悉斷，成四果解脫，留惑潤生。分段生死已斷，煩惱障習氣種子開始斷除，兼斷無始無明上煩惱。

近波羅蜜多

大波羅蜜多

圓滿波羅蜜多

修道位

三地：二地滿心再證道種智一分，故入三地。此地主修忍波羅蜜多及四禪八定、四無量心、五神通。能成就俱解脫果而不取證，留惑潤生。滿心位成就「猶如谷響」現觀及無漏妙定意生身。

四地：由三地再證道種智一分故入四地。主修精進波羅蜜多，於此土及他方世界廣度有緣，無有疲倦。進修一切種智，滿心位成就「如水中月」現觀。

五地：由四地再證道種智一分故入五地。主修禪定波羅蜜多及一切種智，斷除下乘涅槃貪。滿心位成就「變化所成」現觀。

六地：由五地再證道種智一分故入六地。此地主修般若波羅蜜多——依道種智現觀十二因緣一一有支及意生身化身，皆自心眞如變化所現，「非有似有」，成就細相觀，不由加行而自然證得滅盡定，成俱解脫大乘無學。

七地：由六地「非有似有」現觀，再證道種智一分故入七地。此地主修一切種智及方便波羅蜜多，由重觀十二有支一一支中之流轉門及還滅門一切細相，成就方便善巧，念念隨入滅盡定。滿心位證得「如犍闥婆城」現觀。

八地：由七地極細相觀成就故再證道種智一分而入八地。此地主修一切種智及願波羅蜜多。至滿心位純無相觀任運恆起，故於相土自在，滿心位復證「如實覺知諸法相意生身」故。

九地：由八地再證道種智一分故入九地。主修力波羅蜜多及一切種智，成就四無礙，滿心位證得「種類俱生無行作意生身」。

十地：由九地再證道種智一分故入此地。此地主修一切種智——智波羅蜜多。滿心位起大法智雲，及現起大法智雲所含藏種種功德，成受職菩薩。

等覺：由十地道種智成就故入此地。此地應修一切種智，圓滿等覺地無生法忍；於百劫中修集極廣大福德，以之圓滿三十二大人相及無量隨形好。

究竟位

妙覺：示現受生人間已斷盡煩惱障一切習氣種子，並斷盡所知障一切隨眠，永斷變易生死無明，成就大般涅槃，四智圓明。人間捨壽後，報身常住色究竟天利樂十方地上菩薩；以諸化身利樂有情，永無盡期，成就究竟佛道。

七地滿心斷除故意保留之最後一分思惑時，煩惱障所攝色、受、想三陰有漏習氣種子全部斷盡。

煩惱障所攝行、識二陰無漏習氣種子任運漸斷，所知障所攝上煩惱任運漸斷。

斷盡變易生死成就大般涅槃

圓滿成就究竟佛果

佛子蕭平實 謹製
（二〇〇九、〇二 修訂）
（二〇一二、〇二 增補）

佛教正覺同修會 共修現況 及 招生公告　2021/03/17

一、共修現況：（請在共修時間來電，以免無人接聽。）

台北正覺講堂 103 台北市承德路三段 277 號九樓 捷運淡水線圓山站旁
Tel..**總機** 02-25957295（晚上）（**分機：九樓**辦公室 10、11；知客櫃檯 12、13。 **十樓**知客櫃檯 15、16；書局櫃檯 14。 **五樓**辦公室 18；知客櫃檯 19。**二樓**辦公室 20；知客櫃檯 21。）
Fax..25954493

第一講堂 台北市承德路三段 277 號九樓

禪淨班：週一晚班、週三晚班、週四晚班、週五晚班、週六下午班、週六上午班（共修期間二年半，全程免費。皆須報名建立學籍後始可參加共修，欲報名者詳見本公告末頁。）

增上班：瑜伽師地論詳解：單週六晚班。雙週六晚班（重播班）。17.50～20.50。平實導師講解，2003 年 2 月開講至今，僅限已明心之會員參加。

禪門差別智：每月第一週日全天　平實導師主講（事冗暫停）。

解深密經詳解　本經從六度波羅密多談到八識心王，再詳論大乘見道所證眞如，然後論及悟後進修的相見道位所觀七眞如，以及入地後的十地所修，乃至成佛時的四智圓明一切種智境界，皆是可修可證之法，流傳至今依舊可證，顯示佛法眞是義學而非玄談，淺深次第皆所論及之第一義諦妙義。預定於 2021 年三月下旬起開講，由平實導師詳解。每逢週二晚上開講，第一至第六講堂都可同時聽聞，歡迎菩薩種性學人，攜眷共同參與此殊勝法會現場聞法，不限制聽講資格。本會學員憑上課證進入第一至第四講堂聽講，會外學人請以身分證件換證進入聽講（此爲大樓管理處安全管理規定之要求，敬請諒解）；第五及第六講堂（B1、B2）對外開放，不需出示任何證件，請由大樓側門直接進入。

第二講堂 台北市承德路三段 267 號十樓。

禪淨班：週一晚班。

進階班：週三晚班、週四晚班、週五晚班、週六早班、週六下午班。禪淨班結業後轉入共修。

解深密經詳解：平實導師講解。每週二 18.50~20.50 影像音聲即時傳輸

第三講堂 台北市承德路三段 277 號五樓。

禪淨班：週六下午班。

進階班：週一晚班、週三晚班、週四晚班、週五晚班。

解深密經詳解：平實導師講解。每週二 18.50~20.50 影像音聲即時傳輸

第四講堂 台北市承德路三段 267 號二樓。

進階班：週一晚班、週三晚班、週四晚班（禪淨班結業後轉入共修）。

解深密經詳解：平實導師講解。每週二 18.50~20.50 影像音聲即時傳輸

第五、第六講堂

念佛班 每週日晚上，第六講堂共修（B2），一切求生極樂世界的三寶弟子皆可參加，不限制共修資格。

進階班：週一晚班、週三晚班、週四晚班。

解深密經詳解：平實導師講解。每週二 18.50~20.50 影像音聲即時傳輸。第五、第六講堂爲**開放式講堂**，不需以身分證件換證即可進入聽講，台北市承德路三段 267 號地下一樓、地下二樓。每逢週二晚上講經時段開放給會外人士自由聽經，請由大樓側面梯階逕行進入聽講。**聽講者請尊重講者的著作權及肖像權，請勿錄音錄影，以免違法；若有錄音錄影被查獲者，將依法處理。**

正覺祖師堂 大溪區美華里信義路 650 巷坑底 5 之 6 號（台 3 號省道 34 公里處 妙法寺對面斜坡道進入）電話 03-3886110 傳眞 03-3881692 本堂供奉 克勤圓悟大師，專供會員每年四月、十月各三次精進禪三共修，兼作本會出家菩薩掛單常住之用。開放參訪日期請參見本會公告。教內共修團體或道場，得另申請其餘時間作團體參訪，務請事先與常住確定日期，以便安排常住菩薩接引導覽，亦免妨礙常住菩薩之日常作息及修行。

桃園正覺講堂（第一、第二講堂）：桃園市介壽路 286、288 號 10 樓（陽明運動公園對面）電話：03-3749363(請於共修時聯繫，或與台北聯繫)

禪淨班：週一晚班 (1)、週一晚班 (2)、週三晚班、週四晚班、週五晚班。

進階班：週四晚班、週五晚班、週六上午班。

增上班：雙週六晚班（增上重播班）。

解深密經詳解：平實導師講解。每週二晚上，以台北正覺講堂所錄 DVD 放映；歡迎會外學人共同聽講，不需出示身分證件。

新竹正覺講堂 新竹市東光路 55 號二樓之一 電話 03-5724297（晚上）

第一講堂：

禪淨班：週五晚班。

進階班：週三晚班、週四晚班、週六上午班。由禪淨班結業後轉入共修

增上班：單週六晚班。雙週六晚班（重播班）。

解深密經詳解：平實導師講解。每週二晚上，以台北正覺講堂所錄 DVD 放映。歡迎會外學人共同聽講，不需出示身分證件。

第二講堂：

禪淨班：週一晚班、週三晚班、週四晚班、週六上午班。

解深密經詳解：每週二晚上與第一講堂同步播放講經 DVD。

第三、第四講堂：裝修完畢，即將開放。

台中正覺講堂 04-23816090（晚上）

第一講堂 台中市南屯區五權西路二段 666 號 13 樓之四（國泰世華銀行樓上。鄰近縣市經第一高速公路前來者，由五權西路交流道可以快速到達，大樓旁有停車場，對面有素食館）。

禪淨班：週四晚班、週五晚班。

進階班：週一晚班、週三晚班、週六上午班。由禪淨班結業後轉入共修

增上班：單週六晚班。雙週六晚班（重播班）。

解深密經詳解：平實導師講解。每週二晚上，以台北正覺講堂所錄 DVD 放映。歡迎會外學人共同聽講，不需出示身分證件。

第二講堂 台中市南屯區五權西路二段 666 號 4 樓

禪淨班：週一晚班、週三晚班。

第三講堂台中市南屯區五權西路二段 666 號 4 樓

禪淨班：週一晚班。

第四講堂台中市南屯區五權西路二段 666 號 4 樓。

進階班：週一晚班、週四晚班、週六上午班，由禪淨班結業後轉入共修

解深密經詳解：每週二晚上與第一講堂同步播放講經 DVD。

嘉義正覺講堂 嘉義市友愛路 288 號八樓之一 電話：05-2318228

第一講堂：

禪淨班：週四晚班、週五晚班、週六上午班。

進階班：週一晚班、週三晚班（由禪淨班結業後轉入共修）。

增上班：單週六晚班。雙週六晚班（重播班）。

解深密經詳解：平實導師講解。每週二晚上，以台北正覺講堂所錄 DVD 放映。歡迎會外學人共同聽講，不需出示身分證件。

第二講堂 嘉義市友愛路 288 號八樓之二。

第三講堂 嘉義市友愛路 288 號四樓之七。

禪淨班：週一晚班、週三晚班。

台南正覺講堂

第一講堂 台南市西門路四段 15 號 4 樓。06-2820541（晚上）

禪淨班：週一晚班、週三晚班、週四晚班、週五晚班、週六下午班。

增上班：單週六晚班。雙週六晚班（重播班）。

第二講堂 台南市西門路四段 15 號 3 樓。

解深密經詳解：每週二晚上與第三講堂同步播放講經 DVD。

第三講堂 台南市西門路四段 15 號 3 樓。

進階班：週一晚班、週三晚班、週四晚班、週五晚班（由禪淨班結業後轉入共修）。

解深密經詳解：平實導師講解。每週二晚上，以台北正覺講堂所錄 DVD 放映。歡迎會外學人共同聽講，不需出示身分證件。。

高雄正覺講堂　高雄市新興區中正三路 45 號五樓 07-2234248（晚上）

第一講堂（五樓）：

禪淨班：週一晚班、週三晚班、週四晚班、週五晚班、週六上午班。

增上班：單週六晚班。雙週六晚班（重播班）。

解深密經詳解：平實導師講解。每週二晚上，以台北正覺講堂所錄 DVD 放映。歡迎會外學人共同聽講，不需出示身分證件。

第二講堂（四樓）：

進階班：週三晚班、週四晚班、週六上午班。由禪淨班結業後轉入共修

解深密經詳解：每週二晚上與第一講堂同步播放講經 DVD。

第三講堂（三樓）：

進階班：週四晚班（由禪淨班結業後轉入共修）。

香港正覺講堂

香港新界葵涌打磚坪街 93 號維京科技商業中心A 座 18 樓。

電話：(852) 23262231

英文地址：18/F, Tower A, Viking Technology & Business Centre, 93 Ta Chuen Ping Street, Kwai Chung, N.T., Hong Kong.

禪淨班：雙週六下午班、雙週日下午班、單週六下午班、單週日下午班

進階班：雙週五晚上班、雙週日早上班（由禪淨班結業後轉入共修）。

增上班：每月第一週週日，以台北增上班課程錄成 DVD 放映之。

增上重播班：每月第一週週六，以台北增上班課程錄成 DVD 放映之。

大法鼓經詳解：平實導師講解。每週六、日 19:00～21:00，以台北正覺講堂所錄 DVD 放映；歡迎會外學人共同聽講，不需出示身分證件。

美國洛杉磯正覺講堂　☆**已遷移新址**☆

825 S. Lemon Ave Diamond Bar, CA 91789 U.S.A.

Tel. (909) 595-5222（請於週六 9:00~18:00 之間聯繫）

Cell. (626) 454-0607

禪淨班：每逢週末 16：00~18：00 上課。

進階班：每逢週末上午 10：00~12：00 上課。

解深密經詳解：平實導師講解。每週六下午 13：30~15：30 以台北所錄 DVD 放映。歡迎各界人士共享第一義諦無上法益，不需報名。

二、招生公告　本會台北講堂及全省各講堂、香港講堂，每逢**四月、十月**下旬開新班，每週共修一次（每次二小時。開課日起三個月內仍可插班）；但美國洛杉磯共修處之禪淨班得隨時插班共修。各班共修期間皆爲二年半，全程免費，欲參加者請向本會函索報名表（各共修處皆於共修時間方有人執事，非共修時間請勿電詢或前來洽詢、請書），或直接從本會官方網站(http://www.enlighten.org.tw/newsflash/class)或成佛之道網站下載報名表。共修期滿時，若經報名禪三審核通過者，可參加四天三夜之禪三精進共修，有機會明心、取證如來藏，發起般若實相智慧，成爲實義菩薩，脫離凡夫菩薩位。

三、新春禮佛祈福 農曆**年假**期間停止共修：自農曆新年前七天起停止共修與弘法，正月 8 日起回復共修、弘法事務。新春期間正月初一～初七 9.00～17.00 開放台北講堂、正月初一~初三開放新竹、台中、嘉義、台南、高雄講堂，以及大溪禪三道場（正覺祖師堂），方便會員供佛、祈福及會外人士請書。美國洛杉磯共修處之休假時間，請逕詢該共修處。

密宗四大派修雙身法，是外道性力派的邪法；又以生滅的識陰作為常住法，是常見外道，是假的藏傳佛教。

西藏覺囊巴以他空見弘揚第八識如來藏勝法，才是真藏傳佛教

佛教正覺同修會　弘法行事表

2019/02/18

1、**禪淨班**　以無相念佛及拜佛方式修習動中定力，實證一心不亂功夫。傳授解脫道正理及第一義諦佛法，以及參禪知見。共修期間：二年六個月。每逢四月、十月開新班，詳見招生公告表。

2、**進階班**　禪淨班畢業後得轉入此班，進修更深入的佛法，期能證悟明心。各地講堂各有多班，繼續深入佛法、增長定力，悟後得轉入增上班修學道種智，期能證得無生法忍。

3、**增上班 瑜伽師地論**詳解　詳解論中所言凡夫地至佛地等 17 師之修證境界與理論，從凡夫地、聲聞地……宣演到諸地所證無生法忍、一切種智之眞實正理。由平實導師開講，每逢一、三、五週之週末晚上開示，僅限已明心之會員參加。2003 年二月開講至今，預定 2019 年講畢。

4、**不退轉法輪經**詳解　本經所說妙法極爲甚深難解，時至末法，已然無有知者；而其甚深絕妙之法，流傳至今依舊多人可證，顯示佛法眞是義學而非玄談，其中甚深極妙令人拍案稱絕之第一義諦妙義。已於 2019 年元月底開講，由平實導師詳解。不限制聽講資格。

5、**精進禪三**　主三和尚：平實導師。於四天三夜中，以克勤圓悟大師及大慧宗杲之禪風，施設機鋒與小參、公案密意之開示，幫助會員剋期取證，親證不生不滅之眞實心——人人本有之如來藏。每年四月、十月各舉辦三個梯次；平實導師主持。僅限本會會員參加禪淨班共修期滿，報名審核通過者，方可參加。並選擇會中定力、慧力、福德三條件皆已具足之已明心會員，給以指引，令得眼見自己無形無相之佛性遍佈山河大地，眞實而無障礙，得以肉眼現觀世界身心悉皆如幻，具足成就如幻觀，圓滿十住菩薩之證境。

6、**阿含經**詳解　選擇重要之阿含部經典，依無餘涅槃之實際而加以詳解，令大眾得以現觀諸法緣起性空，亦復不墮斷滅見中，顯示經中所隱說之涅槃實際—如來藏—確實已於四阿含中隱說；令大眾得以聞後觀行，確實斷除我見乃至我執，證得**見到**眞現觀，乃至**身證**……等眞現觀；已得大乘或二乘見道者，亦可由此聞熏及聞後之觀行，除斷我所之貪著，成就慧解脫果。由平實導師詳解。不限制聽講資格。

7、**解深密經**詳解　重講本經之目的，在於令諸已悟之人明解大乘法道之成佛次第，以及悟後進修一切種智之內涵，確實證知三種自性性，並得據此證解七眞如、十眞如等正理。每逢週二 18.50~20.50 開示，由平實導師詳解。將於《**不退轉法輪經**》講畢後開講。不限制聽講資格。

8、**成唯識論**詳解　詳解一切種智眞實正理，詳細剖析一切種智之微細深妙廣大正理；並加以舉例說明，使已悟之會員深入體驗所證如來藏之微密行相；及證驗見分相分與所生一切法，皆由如來藏—阿賴耶識—直接或展轉而生，因此證知一切法無我，證知無餘涅槃之本際。將於增上班《瑜伽師地論》講畢後，由平實導師重講。僅限已明心之會員參加。

9、**精選如來藏系經典**詳解　精選如來藏系經典一部，詳細解說，以此完全印證會員所悟如來藏之眞實，得入不退轉住。另行擇期詳細解說之，由平實導師講解。僅限已明心之會員參加。

10、**禪門差別智**　藉禪宗公案之微細淆訛難知難解之處，加以宣說及剖析，以增進明心、見性之功德，啓發差別智，建立擇法眼。每月第一週日全天，由平實導師開示，僅限破參明心後，復又眼見佛性者參加（事冗暫停）。

11、**枯木禪**　先講智者大師的《小止觀》，後說《釋禪波羅蜜》，詳解四禪八定之修證理論與實修方法，細述一般學人修定之邪見與岔路，及對禪定證境之誤會，消除枉用功夫、浪費生命之現象。已悟般若者，可以藉此而實修初禪，進入大乘通教及聲聞教的三果心解脫境界，配合應有的大福德及後得無分別智、十無盡願，即可進入初地心中。親教師：平實導師。未來緣熟時將於正覺寺開講。不限制聽講資格。

註：本會例行年假，自 2004 年起，改爲每年農曆新年前七天開始停息弘法事務及共修課程，農曆正月 8 日回復所有共修及弘法事務。新春期間（每日 9.00~17.00）開放台北講堂，方便會員禮佛祈福及會外人士請書。大溪區的正覺祖師堂，開放參訪時間，詳見〈正覺電子報〉或成佛之道網站。本表得因時節因緣需要而隨時修改之，不另作通知。

佛教正覺同修會　贈閱書籍 目錄　2018/10/20

1.**無相念佛**　平實導師著　回郵 36 元
2.**念佛三昧修學次第**　平實導師述著　回郵 52 元
3.**正法眼藏—護法集**　平實導師述著　回郵 76 元
4.**真假開悟簡易辨正法＆佛子之省思**　平實導師著　回郵 26 元
5.**生命實相之辨正**　平實導師著　回郵 31 元
6.**如何契入念佛法門**（附：印順法師否定極樂世界）平實導師著　回郵 26 元
7.**平實書箋**—答元覽居士書　平實導師著　回郵 52 元
8.**三乘唯識**—如來藏系經律彙編　平實導師編　回郵 80 元
（精裝本　長 27 cm　寬 21 cm　高 7.5 cm　重 2.8 公斤）
9.**三時繫念全集**—修正本　回郵掛號 52 元（長 26.5 cm×寬 19 cm）
10.**明心與初地**　平實導師述　回郵 31 元
11.**邪見與佛法**　平實導師述著　回郵 36 元
12.**甘露法雨**　平實導師述　回郵 36 元
13.**我與無我**　平實導師述　回郵 36 元
14.**學佛之心態**—修正錯誤之學佛心態始能與正法相應　孫正德老師著　回郵52元
附錄：平實導師著**《略說八、九識並存…等之過失》**
15.**大乘無我觀**—《悟前與悟後》別說　平實導師述著　回郵 36 元
16.**佛教之危機**—中國台灣地區現代佛教之真相（附錄：公案拈提六則）
平實導師著　回郵 52 元
17.**燈　影**—燈下黑（覆「求教後學」來函等）　平實導師著　回郵 76 元
18.**護法與毀法**—覆上平居士與徐恒志居士網站毀法二文
張正圜老師著　回郵 76 元
19.**淨土聖道**—兼評**選擇本願念佛**　正德老師著　**由正覺同修會購贈**　回郵 52 元
20.**辨唯識性相**—對「紫蓮心海《辯唯識性相》書中否定阿賴耶識」之回應
正覺同修會 台南共修處法義組 著　回郵 52 元
21.**假如來藏**—對法蓮法師《如來藏與阿賴耶識》書中否定阿賴耶識之回應
正覺同修會 台南共修處法義組 著　回郵 76 元
22.**入不二門**—公案拈提集錦 第一輯（於平實導師公案拈提諸書中選錄約二十則，
合輯爲一冊流通之）平實導師著　回郵 52 元
23.**真假邪說**—西藏密宗索達吉喇嘛《破除邪説論》真是邪説
釋正安法師著　上、下冊回郵各 52 元
24.**真假開悟**—真如、如來藏、阿賴耶識間之關係　平實導師述著　回郵 76 元
25.**真假禪和**—辨正釋傳聖之謗法謬説　孫正德老師著　回郵 76 元

26.**眼見佛性**—駁慧廣法師眼見佛性的含義文中謬說

游正光老師著　回郵 52 元

27.**普門自在**—公案拈提集錦 第二輯（於平實導師公案拈提諸書中選錄約二十則，合輯爲一冊流通之）平實導師著　回郵 52 元

28.**印順法師的悲哀**—以現代禪的質疑為線索　恒毓博士著　回郵 52 元

29.**識蘊真義**—現觀識蘊內涵、取證初果、親斷三縛結之具體行門。

—依《成唯識論》及《惟識述記》正義，略顯安慧《大乘廣五蘊論》之邪謬

平實導師著　回郵 76 元

30.**正覺電子報** 各期紙版本　免附回郵　每次最多函索三期或三本。

（已無存書之較早各期，不另增印贈閱）

31.**現代人應有的宗教觀**　蔡正禮老師 著　回郵 31 元

32.**遠惑趣道**—正覺電子報般若信箱問答錄　第一輯　回郵 52 元

33.**遠惑趣道**—正覺電子報般若信箱問答錄　第二輯　回郵 52 元

34.**確保您的權益**—器官捐贈應注意自我保護　游正光老師 著　回郵 31 元

35.**正覺教團電視弘法三乘菩提 DVD 光碟（一）**

由正覺教團多位親教師共同講述錄製 DVD 8 片，MP3 一片，共 9 片。有二大講題：一爲「三乘菩提之意涵」，二爲「學佛的正知見」。內容精闢，深入淺出，精彩絕倫，幫助大眾快速建立三乘法道的正知見，免被外道邪見所誤導。有志修學三乘佛法之學人不可不看。（製作工本費 100 元，回郵 52 元）

36.**正覺教團電視弘法 DVD 專輯（二）**

總有二大講題：一爲「三乘菩提之念佛法門」，一爲「學佛正知見（第二篇）」，由正覺教團多位親教師輪番講述，內容詳細闡述如何修學念佛法門、實證念佛三昧，以及學佛應具有的正確知見，可以幫助發願往生西方極樂淨土之學人，得以把握往生，更可令學人快速建立三乘法道的正知見，免於被外道邪見所誤導。有志修學三乘佛法之學人不可不看。（一套 17 片，工本費 160 元。回郵 76 元）

37.**喇嘛性世界**—揭開假藏傳佛教譚崔瑜伽的面紗　張善思 等人合著

由正覺同修會購贈　回郵 52 元

38.**假藏傳佛教的神話**—性、謊言、喇嘛教　張正玄教授編著

由正覺同修會購贈　回郵 52 元

39.**隨 緣**—理隨緣與事隨緣　平實導師述　回郵 52 元。

40.**學佛的覺醒**　正枝居士 著　回郵 52 元

41.**導師之真實義**　蔡正禮老師 著　回郵 31 元

42.**淺談達賴喇嘛之雙身法**—兼論解讀「密續」之達文西密碼

吳明芷居士 著　回郵 31 元

43.**魔界轉世**　張正玄居士 著　回郵 31 元

44.**一貫道與開悟**　蔡正禮老師 著　回郵 31 元

45.**博愛**—愛盡天下女人　正覺教育基金會 編印　回郵 36 元

46.**意識虛妄經教彙編**—實證解脫道的關鍵經文　正覺同修會編印　回郵36元
47.**邪箭囈語**—破斥藏密外道多識仁波切《破魔金剛箭雨論》之邪說
陸正元老師著　上、下冊回郵各52元
48.**真假沙門**—依 佛聖教闡釋佛教僧寶之定義
蔡正禮老師著　俟正覺電子報連載後結集出版
49.**真假禪宗**—藉評論釋性廣《印順導師對變質禪法之批判
及對禪宗之肯定》以顯示真假禪宗
附論一：凡夫知見 無助於佛法之信解行證
附論二：世間與出世間一切法皆從如來藏實際而生而顯
余正偉老師著　俟正覺電子報連載後結集出版　回郵未定

★ 上列贈書之郵資，係台灣本島地區郵資，大陸、港、澳地區及外國地區，請另計酌增（大陸、港、澳、國外地區之郵票不許通用）。尚未出版之書，請勿先寄來郵資，以免增加作業煩擾。

★ 本目錄若有變動，唯於後印之書籍及「成佛之道」網站上修正公佈之，不另行個別通知。

函索書籍請寄：佛教正覺同修會　103台北市承德路3段277號9樓
台灣地區函索書籍者請附寄郵票，無時間購買郵票者可以等值現金抵用，但不接受郵政劃撥、支票、匯票。大陸地區得以人民幣計算，國外地區請以美元計算（請勿寄來當地郵票，在台灣地區不能使用）。欲以掛號寄遞者，請另附掛號郵資。

親自索閱：正覺同修會各共修處。　★請於共修時間前往取書，餘時無人在道場，請勿前往索取；共修時間與地點，詳見書末正覺同修會共修現況表（以近期之共修現況表為準）。

註：正智出版社發售之局版書，請向各大書局購閱。若書局之書架上已經售出而無陳列者，請向書局櫃台指定洽購；若書局不便代購者，請於正覺同修會共修時間前往各共修處請購，正智出版社已派人於共修時間送書前往各共修處流通。 郵政劃撥購書及 大陸地區 購書，請詳別頁正智出版社發售書籍目錄最後頁之說明。

成佛之道 網站：http://www.a202.idv.tw　正覺同修會已出版之結緣書籍，多已登載於 成佛之道 網站，若住外國、或住處遙遠，不便取得正覺同修會贈閱書籍者，可以從本網站閱讀及下載。　書局版之《宗通與說通》亦已上網，台灣讀者可向書局洽購，售價300元。《狂密與眞密》第一輯~第四輯，亦於 2003.5.1.全部於本網站登載完畢；台灣地區讀者請向書局洽購，每輯約400頁，售價300元（網站下載紙張費用較貴，容易散失，難以保存，亦較不精美）。

＊＊假藏傳佛教修雙身法，非佛教＊＊

正智出版社 籌募弘法基金發售書籍目錄 2020/11/14

1.**宗門正眼**—公案拈提 第一輯 重拈 平實導師著 500 元
因重寫內容大幅度增加故，字體必須改小，並增為 576 頁 主文 546 頁。比初版更精彩、更有內容。初版《禪門摩尼寶聚》之讀者，可寄回本公司免費調換新版書。免附回郵，亦無截止期限。（2007 年起，每冊附贈本公司精製公案拈提〈超意境〉CD 一片。市售價格 280 元，多購多贈。）
2.**禪淨圓融** 平實導師著 200 元（第一版舊書可換新版書。）
3.**真實如來藏** 平實導師著 400 元
4.**禪—悟前與悟後** 平實導師著 上、下冊，每冊 250 元
5.**宗門法眼**—公案拈提 第二輯 平實導師著 500 元
（2007 年起，每冊附贈本公司精製公案拈提〈超意境〉CD 一片）
6.**楞伽經詳解** 平實導師著 全套共 10 輯 每輯 250 元
7.**宗門道眼**—公案拈提 第三輯 平實導師著 500 元
（2007 年起，每冊附贈本公司精製公案拈提〈超意境〉CD 一片）
8.**宗門血脈**—公案拈提 第四輯 平實導師著 500 元
（2007 年起，每冊附贈本公司精製公案拈提〈超意境〉CD 一片）
9.**宗通與說通**—成佛之道 平實導師著 主文 381 頁 全書 400 頁售價 300 元
10.**宗門正道**—公案拈提 第五輯 平實導師著 500 元
（2007 年起，每冊附贈本公司精製公案拈提〈超意境〉CD 一片）
11.**狂密與真密 一～四輯** 平實導師著 西藏密宗是人間最邪淫的宗教，本質不是佛教，只是披著佛教外衣的印度教性力派流毒的喇嘛教。此書中將西藏密宗密傳之男女雙身合修樂空雙運所有祕密與修法，毫無保留完全公開，並將全部喇嘛們所不知道的部分也一併公開。內容比大辣出版社喧騰一時的《西藏慾經》更詳細。並且函蓋藏密的所有祕密及其錯誤的中觀見、如來藏見……等，藏密的所有法義都在書中詳述、分析、辨正。每輯主文三百餘頁 每輯全書約 400 頁 售價每輯 300 元
12.**宗門正義**—公案拈提 第六輯 平實導師著 500 元
（2007 年起，每冊附贈本公司精製公案拈提〈超意境〉CD 一片）
13.**心經密意**—心經與解脫道、佛菩提道、祖師公案之關係與密意 平實導師述 300 元
14.**宗門密意**—公案拈提 第七輯 平實導師著 500 元
（2007 年起，每冊附贈本公司精製公案拈提〈超意境〉CD 一片）
15.**淨土聖道**—兼評「選擇本願念佛」 正德老師著 200 元
16.**起信論講記** 平實導師述著 共六輯 每輯三百餘頁 售價各 250 元
17.**優婆塞戒經講記** 平實導師述著 共八輯 每輯三百餘頁 售價各 250 元
18.**真假活佛**—略論附佛外道盧勝彥之邪說（對前岳靈犀網站主張「盧勝彥是證悟者」之修正） 正犀居士（岳靈犀）著 流通價 140 元
19.**阿含正義**—唯識學探源 平實導師著 共七輯 每輯 300 元

20.**超意境** CD 以平實導師公案拈提書中超越意境之頌詞，加上曲風優美的旋律，錄成令人嚮往的超意境歌曲，其中包括正覺發願文及平實導師親自譜成的黃梅調歌曲一首。詞曲雋永，殊堪翫味，可供學禪者吟詠，有助於見道。內附設計精美的彩色小冊，解說每一首詞的背景本事。每片 280 元。【每購買公案拈提書籍一冊，即贈送一片。】

21.**菩薩底憂鬱** CD 將菩薩情懷及禪宗公案寫成新詞，並製作成超越意境的優美歌曲。 1.主題曲〈菩薩底憂鬱〉，描述地後菩薩能離三界生死而迴向繼續生在人間，但因尚未斷盡習氣種子而有極深沈之憂鬱，非三賢位菩薩及二乘聖者所知，此憂鬱在七地滿心位方才斷盡；本曲之詞中所說義理極深，昔來所未曾見；此曲係以優美的情歌風格寫詞及作曲，聞者得以激發嚮往諸地菩薩境界之大心，詞、曲都非常優美，難得一見；其中勝妙義理之解說，已印在附贈之彩色小冊中。 2.以各輯公案拈提中直示禪門入處之頌文，作成各種不同曲風之超意境歌曲，值得玩味、參究；聆聽公案拈提之優美歌曲時，請同時閱讀內附之印刷精美說明小冊，可以領會超越三界的證悟境界；未悟者可以因此引發求悟之意向及疑情，眞發菩提心而邁向求悟之途，乃至因此眞實悟入般若，成眞菩薩。 3.正覺總持咒新曲，總持佛法大意；總持咒之義理，已加以解說並印在隨附之小冊中。本 CD 共有十首歌曲，長達 63 分鐘。每盒各附贈二張購書優惠券。每片 280 元。

22.**禪意無限** CD 平實導師以公案拈提書中偈頌寫成不同風格曲子，與他人所寫不同風格曲子共同錄製出版，幫助參禪人進入禪門超越意識之境界。盒中附贈彩色印製的精美解說小冊，以供聆聽時閱讀，令參禪人得以發起參禪之疑情，即有機會證悟本來面目而發起實相智慧，實證大乘菩提般若，能如實證知般若經中的眞實意。本 CD 共有十首歌曲，長達 69 分鐘，每盒各附贈二張購書優惠券。每片 280 元。

23.**我的菩提路**第一輯　釋悟圓、釋善藏等人合著　售價 300 元

24.**我的菩提路**第二輯　郭正益等人合著　售價 300 元（停售，俟改版後另行發售）

25.**我的菩提路**第三輯　王美伶等人合著　售價 300 元

26.**我的菩提路**第四輯　陳晏平等人合著　售價 300 元

27.**我的菩提路**第五輯　林慈慧等人合著　售價 300 元

28.**我的菩提路**第六輯　劉惠莉等人合著　售價 300 元

29.**我的菩提路**第七輯　余正偉等人合著　售價 300 元　預定 2021/6/30 出版

30.**鈍鳥與靈龜**—考證後代凡夫對大慧宗杲禪師的無根誹謗。

平實導師著　共 458 頁　售價 350 元

31.**維摩詰經講記**　平實導師述　共六輯　每輯三百餘頁　售價各 250 元

32.**真假外道**—破劉東亮、杜大威、釋證嚴常見外道見　正光老師著　200 元

33.**勝鬘經講記**—兼論印順《勝鬘經講記》對於《勝鬘經》之誤解。
平實導師述　共六輯　每輯三百餘頁　售價250元
34.**楞嚴經講記**　平實導師述　共**15**輯，每輯三百餘頁　售價300元
35.**明心與眼見佛性**—駁慧廣〈蕭氏「眼見佛性」與「明心」之非〉文中謬說
正光老師著　共448頁　售價300元
36.**見性與看話頭**　黃正倖老師　著，本書是禪宗參禪的方法論。
內文375頁，全書416頁，售價300元。
37.**達賴真面目**—玩盡天下女人　白正偉老師　等著　中英對照彩色精裝大本　800元
38.**喇嘛性世界**—揭開假藏傳佛教譚崔瑜伽的面紗　張善思　等人著　200元
39.**假藏傳佛教的神話**—性、謊言、喇嘛教　正玄教授編著　200元
40.**金剛經宗通**　平實導師述　共九輯　每輯售價250元。
41.**空行母**—性別、身分定位，以及藏傳佛教。
珍妮·坎貝爾著　呂艾倫　中譯　售價250元
42.**末代達賴**—性交教主的悲歌　張善思、呂艾倫、辛燕編著　售價250元
43.**霧峰無霧**—給哥哥的信　辨正釋印順對佛法的無量誤解
游宗明　老師著　售價250元
44.**霧峰無霧**—第二輯—救護佛子向正道　細說釋印順對佛法的各類誤解
游宗明　老師著　售價250元
45.**第七意識與第八意識？**—穿越時空「超意識」
平實導師述　每冊300元
46.**黯淡的達賴**—失去光彩的諾貝爾和平獎
正覺教育基金會編著　每冊250元
47.**童女迦葉考**—論呂凱文〈佛教輪迴思想的論述分析〉之謬。
平實導師　著　定價180元
48.**人間佛教**—實證者必定不悖三乘菩提
平實導師　述，定價400元
49.**實相經宗通**　平實導師述　共八輯　每輯250元
50.**真心告訴您(一)**—達賴喇嘛在幹什麼？
正覺教育基金會編著　售價250元
51.**中觀金鑑**—詳述應成派中觀的起源與其破法本質
孫正德老師著　分為上、中、下三冊，每冊250元
52.**藏傳佛教要義**—《狂密與真密》之簡體字版　平實導師　著　上、下冊
僅在大陸流通　每冊300元
53.**法華經講義**　平實導師述　共二十五輯　每輯300元
已於2015/05/31起開始出版，每二個月出版一輯
54.**西藏「活佛轉世」制度**—附佛、造神、世俗法
許正豐、張正玄老師合著　定價150元
55.**廣論三部曲**　郭正益老師著　定價150元

56.**真心告訴您(二)**—達賴喇嘛是佛教僧侶嗎？
—補祝達賴喇嘛八十大壽
正覺教育基金會編著　售價 300 元
57.**次法**—實證佛法前應有的條件
張善思居士著　分爲上、下二冊，每冊 250 元
58.**涅槃**—解說四種涅槃之實證及內涵　平實導師著 上、下冊 各 350 元
59.**山法**—西藏關於他空與佛藏之根本論
篤補巴·喜饒堅贊著　傑弗里·霍普金斯英譯
張火慶教授、張志成、呂艾倫等中譯　精裝大本 1200 元
60.**佛藏經講義**　平實導師述　2019 年 7 月 31 日開始出版　共 21 輯
每二個月出版一輯，每輯 300 元。
61.**假鋒虛焰金剛乘**—揭示顯密正理，兼破索達吉師徒《般若鋒兮金剛焰》
釋正安法師著 簡體字版 即將出版 售價未定
62.**廣論之平議**—宗喀巴《菩提道次第廣論》之平議　正雄居士著
約二或三輯　俟正覺電子報連載後結集出版　書價未定
63.**大法鼓經講義**　平實導師講述 《佛藏經講義》出版後發行，每輯 300 元
64.**不退轉法輪經講義** 平實導師講述 《大法鼓經講義》出版後發行
65.**八識規矩頌**詳解　○○居士 註解　出版日期另訂　書價未定。
66.**中觀正義**—註解平實導師《中論正義頌》。
○○法師（居士）著　出版日期未定　書價未定
67.**中論正義**—釋龍樹菩薩《中論》頌正理。
孫正德老師著　出版日期未定　書價未定
68.**中國佛教史**—依中國佛教正法史實而論。 ○○老師 著　書價未定。
69.**印度佛教史**—法義與考證。依法義史實評論印順《印度佛教思想史、佛教史地考論》之謬說　正偉老師著　出版日期未定　書價未定
70.**阿含經講記**—將選錄四阿含中數部重要經典全經講解之，講後整理出版。
平實導師述　約二輯　每輯 300 元　出版日期未定
71.**寶積經講記** 平實導師述　每輯三百餘頁 優惠價 300 元 出版日期未定
72.**解深密經講義**　平實導師述 約四輯　將於重講後整理出版
73.**成唯識論略解**　平實導師著　五～六輯　每輯 300 元　出版日期未定
74.**修習止觀坐禪法要講記**　平實導師述　每輯三百餘頁
將於正覺寺建成後重講、以講記逐輯出版　出版日期未定
75.**無門關**—《無門關》公案拈提　平實導師著　出版日期未定
76.**中觀再論**—兼述印順《中觀今論》謬誤之平議。 正光老師著 出版日期未定
77.**輪迴與超度**—佛教超度法會之真義。
○○法師（居士）著　出版日期未定　書價未定
78.**《釋摩訶衍論》平議**—對偽稱龍樹所造《釋摩訶衍論》之平議
○○法師（居士）著　出版日期未定　書價未定

79.**正覺發願文**註解—以真實大願為因 得證菩提
正德老師著　出版日期未定　書價未定
80.**正覺總持咒**—佛法之總持　正圜老師著　出版日期未定　書價未定
81.**三自性**—依四食、五蘊、十二因緣、十八界法，說三性三無性。
作者未定　出版日期未定
82.**道品**—從三自性說大小乘三十七道品　作者未定　出版日期未定
83.**大乘緣起觀**—依四聖諦七真如現觀十二緣起 作者未定　出版日期未定
84.**三德**—論解脫德、法身德、般若德。　作者未定　出版日期未定
85.**真假如來藏**—對印順《如來藏之研究》謬說之平議　作者未定 出版日期未定
86.**大乘道次第**　作者未定　出版日期未定　書價未定
87.**四緣**—依如來藏故有四緣。　作者未定　出版日期未定
88.**空之探究**—印順《空之探究》謬誤之平議　作者未定 出版日期未定
89.**十法義**—論阿含經中十法之正義　作者未定　出版日期未定
90.**外道見**—論述外道六十二見　作者未定　出版日期未定

正智出版社有限公司 書籍介紹

禪淨圓融：言淨土諸祖所未曾言，示諸宗祖師所未曾示；禪淨圓融，另闢成佛捷徑，兼顧自力他力，闡釋淨土門之速行易行道，亦同時揭櫫聖教門之速行易行道；令廣大淨土行者得免緩行難證之苦，亦令聖道門行者得以藉著淨土速行道而加快成佛之時劫。乃前無古人之超勝見地，非一般弘揚禪淨法門典籍也，先讀爲快。平實導師著 200元。

宗門正眼—公案拈提第一輯：繼承克勤圜悟大師碧巖錄宗旨之禪門鉅作。先則舉示當代大法師之邪說，消弭當代禪門大師鄉愿之心態，摧破當今禪門「世俗禪」之妄談；次則旁通教法，表顯宗門正理；繼以道之次第，消弭古今狂禪；後藉言語及文字機鋒，直示宗門入處。悲智雙運，禪味十足，數百年來難得一睹之禪門鉅著也。平實導師著 500元（原初版書《禪門摩尼寶聚》，改版後補充爲五百餘頁新書，總計多達二十四萬字，內容更精彩，並改名爲《宗門正眼》，讀者原購初版《禪門摩尼寶聚》皆可寄回本公司免費換新，免附回郵，亦無截止期限）（2007年起，凡購買公案拈提第一輯至第七輯，每購一輯皆贈送本公司精製公案拈提〈超意境〉CD一片，市售價格280元，多購多贈）。

禪—悟前與悟後：本書能建立學人悟道之信心與正確知見，圓滿具足而有次第地詳述禪悟之功夫與禪悟之內容，指陳參禪中細微淆訛之處，能使學人明自眞心、見自本性。若未能悟入，亦能以正確知見辨別古今中外一切大師究係眞悟？或屬錯悟？便有能力揀擇，捨名師而選明師，後時必有悟道之緣。一旦悟道，遲者七次人天往返，便出三界，速者一生取辦。學人欲求開悟者，不可不讀。平實導師著。上、下冊共500元，單冊250元。

眞實如來藏：如來藏眞實存在，乃宇宙萬有之本體，並非印順法師、達賴喇嘛等人所說之「唯有名相、無此心體」。如來藏是涅槃之本際，是一切有智之人竭盡心智、不斷探索而不能得之生命實相；是古今中外許多大師自以爲悟而當面錯過之生命實相。如來藏即是阿賴耶識，乃是一切有情本自具足、不生不滅之眞實心。當代中外大師於此書出版之前所未能言者，作者於本書中盡情流露、詳細闡釋。眞悟者讀之，必能增益悟境、智慧增上；錯悟者讀之，必能檢討自己之錯誤，免犯大妄語業；未悟者讀之，能知參禪之理路，亦能以之檢查一切名師是否眞悟。此書是一切哲學家、宗教家、學佛者及欲昇華心智之人必讀之鉅著。 平實導師著 售價400元。

宗門法眼—**公案拈提**第二輯：列舉實例，闡釋土城廣欽老和尚之悟處；並直示這位不識字的老和尚妙智橫生之根由，繼而剖析禪宗歷代大德之開悟公案，解析當代密宗高僧卡盧仁波切之錯悟證據，並例舉當代顯宗高僧、大居士之錯悟證據（凡健在者，爲免影響其名聞利養，皆隱其名）。藉辨正當代名師之邪見，向廣大佛子指陳禪悟之正道，彰顯宗門法眼。悲勇兼出，強捋虎鬚；慈智雙運，巧探驪龍；摩尼寶珠在手，直示宗門入處，禪味十足；若非大悟徹底，不能爲之。禪門精奇人物，允宜人手一冊，供作參究及悟後印證之圭臬。本書於2008年4月改版，增寫爲大約500頁篇幅，以利學人研讀參究時更易悟入宗門正法，以前所購初版首刷及初版二刷舊書，皆可免費換取新書。平實導師著 500元（2007年起，凡購買公案拈提第一輯至第七輯，每購一輯皆贈送本公司精製公案拈提〈超意境〉CD一片，市售價格280元，多購多贈）。

宗門道眼—**公案拈提**第三輯：繼宗門法眼之後，再以金剛之作略、慈悲之胸懷、犀利之筆觸，舉示寒山、拾得、布袋三大士之悟處，消弭當代錯悟者對於寒山大士……等之誤會及誹謗。亦舉出民初以來與虛雲和尚齊名之蜀郡鹽亭袁煥仙夫子——南懷瑾老師之師，其「悟處」何在？並蒐羅許多眞悟祖師之證悟公案，顯示禪宗歷代祖師之睿智，指陳部分祖師、奧修及當代顯密大師之謬悟，作爲殷鑑，幫助禪子建立及修正參禪之方向及知見。假使讀者閱此書已，一時尚未能悟，亦可一面加功用行，一面以此宗門道眼辨別眞假善知識，避開錯誤之印證及歧路，可免大妄語業之長劫慘痛果報。欲修禪宗之禪者，務請細讀。平實導師著 售價500元（2007年起，凡購買公案拈提第一輯至第七輯，每購一輯皆贈送本公司精製公案拈提〈超意境〉CD一片，市售價格280元，多購多贈）。

楞伽經詳解：本經是禪宗見道者印證所悟眞僞之根本經典，亦是禪宗見道者悟後起修之依據經典；故達摩祖師於印證二祖慧可大師之後，將此經典連同佛缽祖衣一併交付二祖，令其依此經典佛示金言、進入修道位，修學一切種智。由此可知此經對於眞悟之人修學佛道，是非常重要之一部經典。此經能破外道邪說，亦破佛門中錯悟名師之謬說，亦破禪宗部分祖師之狂禪：不讀經典、一向主張「一悟即成究竟佛」之謬執。並開示愚夫所行禪、觀察義禪、攀緣如禪、如來禪等差別，令行者對於三乘禪法差異有所分辨；亦糾正禪宗祖師古來對於如來禪之誤解，嗣後可免以訛傳訛之弊。此經亦是法相唯識宗之根本經典，禪者悟後欲修一切種智而入初地者，必須詳讀。平實導師著，全套共十輯，已全部出版完畢，每輯主文約320頁，每冊約352頁，定價250元。

宗門血脈—公案拈提第四輯：末法怪象—許多修行人自以爲悟，每將無念靈知認作眞實；崇尚二乘法諸師及其徒眾，則將**外於如來藏之緣起性空**—無因論之無常空、斷滅空、一切法空—錯認爲 佛所說之般若空性。這兩種現象已於當今海峽兩岸及美加地區顯密大師之中普遍存在；人人自以爲悟，心高氣壯，便敢寫書解釋祖師證悟之公案，大多出於意識思惟所得，言不及義，錯誤百出，因此誤導廣大佛子同陷大妄語之地獄業中而不能自知。彼等書中所說之悟處，其實處處違背第一義經典之聖言量。彼等諸人不論是否身披袈裟，都非佛法宗門血脈，或雖有禪宗法脈之傳承，亦只徒具形式；猶如螟蛉，非眞血脈，未悟得根本眞實故。禪子欲知 佛、祖之眞血脈者，請讀此書，便知分曉。平實導師著，主文452頁，全書464頁，定價500元（2007年起，凡購買公案拈提第一輯至第七輯，每購一輯皆贈送本公司精製公案拈提〈超意境〉CD一片，市售價格280元，多購多贈）。

宗通與說通：古今中外，錯誤之人如麻似粟，每以常見外道所說之靈知心，認作眞心；或妄想虛空之勝性能量爲眞如，或錯認物質四大元素藉冥性（靈知心本體）能成就吾人色身及知覺，或認初禪至四禪中之了知心爲不生不滅之涅槃心。此等皆非通宗者之見地。復有錯悟之人一向主張「宗門與教門不相干」，此即尚未通達宗門之人也。其實宗門與教門互通不二，宗門所證者乃是眞如與佛性，教門所說者乃說宗門證悟之眞如佛性，故教門與宗門不二。本書作者以宗教二門互通之見地，細說「宗通與說通」，從初見道至悟後起修之道、細說分明；並將諸宗諸派在整體佛教中之地位與次第，加以明確之教判，學人讀之即可了知佛法之梗概也。欲擇明師學法之前，允宜先讀。平實導師著，主文共381頁，全書392頁，只售成本價300元。

宗門正道—公案拈提第五輯：修學大乘佛法有二果須證—解脫果及大菩提果。二乘人不證大菩提果，唯證解脫果；此果之智慧，名爲聲聞菩提、緣覺菩提。大乘佛子所證二果之菩提果爲佛菩提，故名大菩提果，其慧名爲一切種智—函蓋二乘解脫果。然此大乘二果修證，須經由禪宗之宗門證悟方能相應。而宗門證悟極難，自古已然；其所以難者，咎在古今佛教界普遍存在三種邪見：1.以修定認作佛法，2.以無因論之緣起性空—否定涅槃本際如來藏以後之一切法空作爲佛法，3.以常見外道邪見（離語言妄念之靈知性）作爲佛法。如是邪見，或因自身正見未立所致，或因邪師之邪教導所致，或因無始劫來虛妄熏習所致。若不破除此三種邪見，永劫不悟宗門眞義、不入大乘正道，唯能外門廣修菩薩行。平實導師於此書中，有極爲詳細之說明，有志佛子欲摧邪見、入於內門修菩薩行者，當閱此書。主文共496頁，全書512頁。售價500元（2007年起，凡購買公案拈提第一輯至第七輯，每購一輯皆贈送本公司精製公案拈提〈超意境〉CD一片，市售價格280元，多購多贈）。

狂密與眞密：密教之修學，皆由有相之觀行法門而入，其最終目標仍不離顯教經典所說第一義諦之修證；若離顯教第一義經典、或違背顯教第一義經典，即非佛教。西藏密教之觀行法，如灌頂、觀想、遷識法、寶瓶氣、大聖歡喜雙身修法、喜金剛、無上瑜伽、大樂光明、樂空雙運等，皆是印度教兩性生生不息思想之轉化，自始至終皆以如何能運用交合淫樂之法達到全身受樂爲其中心思想，純屬欲界五欲的貪愛，不能令人超出欲界輪迴，更不能令人斷除我見；何況大乘之明心與見性，更無論矣！故密宗之法絕非佛法也。而其明光大手印、大圓滿法教，又皆同以常見外道所說離語言妄念之無念靈知心錯認爲佛地之眞如，不能直指不生不滅之眞如。西藏密宗所有法王與徒眾，都尚未開頂門眼，不能辨別眞僞，以依人不依法、依密續不依經典故，不肯將其上師喇嘛所說對照第一義經典，純依密續之藏密祖師所說爲準，因此而誇大其證德與證量，動輒謂彼祖師上師爲究竟佛、爲地上菩薩；如今台海兩岸亦有自謂其師證量高於 釋迦文佛者，然觀其師所述，猶未見道，仍在觀行即佛階段，尚未到禪宗相似即佛、分證即佛階位，竟敢標榜爲究竟佛及地上法王，誑惑初機學人。凡此怪象皆是狂密，不同於眞密之修行者。近年狂密盛行，密宗行者被誤導者極眾，動輒自謂已證佛地眞如，自視爲究竟佛，陷於大妄語業中而不知自省，反謗顯宗眞修實證者之證量粗淺；或如義雲高與釋性圓…等人，於報紙上公然誹謗眞實證道者爲「騙子、無道人、人妖、癩蛤蟆…」等，造下誹謗大乘勝義僧之大惡業；或以外道法中有爲有作之甘露、魔術……等法，誑騙初機學人，狂言彼外道法爲眞佛法。如是怪象，在西藏密宗及附藏密之外道中，不一而足，舉之不盡，學人宜應愼思明辨，以免上當後又犯毀破菩薩戒之重罪。密宗學人若欲遠離邪知邪見者，請閱此書，即能了知密宗之邪謬，從此遠離邪見與邪修，轉入眞正之佛道。平實導師著 共四輯 每輯約400頁（主文約340頁）每輯售價300元。

宗門正義—**公案拈提**第六輯：佛教有六大危機，乃是藏密化、世俗化、膚淺化、學術化、宗門密意失傳、悟後進修諸地之次第混淆；其中尤以宗門密意之失傳，爲當代佛教最大之危機。由宗門密意失傳故，易令 世尊本懷普被錯解，易令 世尊正法被轉易爲外道法，以及加以淺化、世俗化，是故宗門密意之廣泛弘傳與具緣佛弟子，極爲重要。然而欲令宗門密意之廣泛弘傳予具緣之佛弟子者，必須同時配合錯誤知見之解析、普令佛弟子知之，然後輔以公案解析之直示入處，方能令具緣之佛弟子悟入。而此二者，皆須以公案拈提之方式爲之，方易成其功、竟其業，是故平實導師續作宗門正義一書，以利學人。 全書500餘頁，售價500元（2007年起，凡購買公案拈提第一輯至第七輯，每購一輯皆贈送本公司精製公案拈提〈超意境〉CD一片，市售價格280元，多購多贈）。

心經密意—心經與解脫道、佛菩提道、祖師公案之關係與密意。 二乘菩提所證之解脫道，實依第八識心之斷除煩惱障現行而立解脫之名；大乘菩提所證之佛菩提道，實依親證第八識如來藏之涅槃性、清淨自性、及其中道性而立般若之名；禪宗祖師公案所證之眞心，即是此第八識如來藏；是故三乘佛法所修所證之三乘菩提，皆依此如來藏心而立名也。此第八識心，即是《心經》所說之心也。證得此如來藏已，即能漸入大乘佛菩提道，亦可因證知此心而了知二乘無學所不能知之無餘涅槃本際，是故《心經》之密意，與三乘佛菩提之關係極爲密切、不可分割，三乘佛法皆依此心而立名故。今者平實導師以其所證解脫道之無生智及佛菩提之般若種智，將《心經》與解脫道、佛菩提道、祖師公案之關係與密意，以演講之方式，用淺顯之語句和盤托出，發前人所未言，呈三乘菩提之眞義，令人藉此《心經密意》一舉而窺三乘菩提之堂奧，迴異諸方言不及義之說；欲求眞實佛智者、不可不讀！主文317頁，連同跋文及序文…等共384頁，售價300元。

宗門密意—**公案拈提**第七輯：佛教之世俗化，將導致學人以信仰作爲學佛，則將以感應及世間法之庇祐，作爲學佛之主要目標，不能了知學佛之主要目標爲親證三乘菩提。大乘菩提則以般若實相智慧爲主要修習目標，以二乘菩提解脫道爲附帶修習之標的；是故學習大乘法者，應以禪宗之證悟爲要務，能親入大乘菩提之實相般若智慧中故，般若實相智慧非二乘聖人所能知故。此書則以台灣世俗化佛教之三大法師，說法似是而非之實例，配合眞悟祖師之公案解析，提示證悟般若之關節，令學人易得悟入。平實導師著，全書五百餘頁，售價500元（2007年起，凡購買公案拈提第一輯至第七輯，每購一輯皆贈送本公司精製公案拈提〈超意境〉CD一片，市售價格280元，多購多贈）。

淨土聖道—兼評日本本願念佛：佛法甚深極廣，般若玄微，非諸二乘聖僧所能知之，一切凡夫更無論矣！所謂一切證量皆歸淨土是也！是故大乘法中「聖道之淨土、淨土之聖道」，其義甚深，難可了知；乃至眞悟之人，初心亦難知也。今有正德老師眞實證悟後，復能深探淨土與聖道之緊密關係，憐憫眾生之誤會淨土實義，亦欲利益廣大淨土行人同入聖道，同獲淨土中之聖道門要義，乃振奮心神、書以成文，今得刊行天下。主文279頁，連同序文等共301頁，總有十一萬六千餘字，正德老師著，成本價200元。

起信論講記：詳解大乘起信論**心生滅門**與**心眞如門**之眞實意旨，消除以往大師與學人對起信論所說**心生滅門**之誤解，由是而得了知眞心如來藏之非常非斷中道正理；亦因此一講解，令此論以往隱晦而被誤解之眞實義，得以如實顯示，令大乘佛菩提道之正理得以顯揚光大；初機學者亦可藉此正論所顯示之法義，對大乘法理生起正信，從此得以眞發菩提心，眞入大乘法中修學，世世常修菩薩正行。平實導師演述，共六輯，都已出版，每輯三百餘頁，售價各250元。

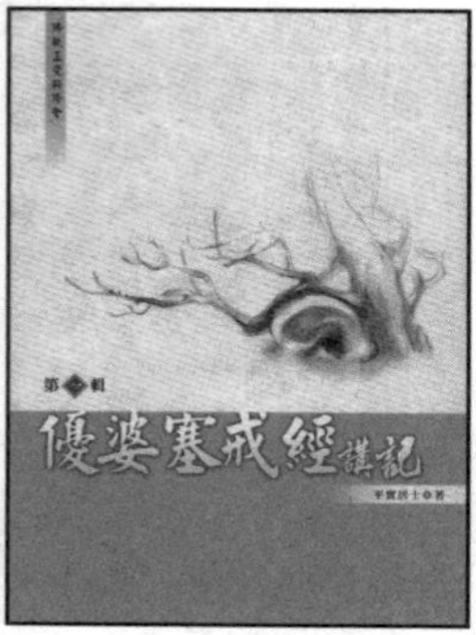

優婆塞戒經講記：本經詳述在家菩薩修學大乘佛法，應如何受持菩薩戒？對人間善行應如何看待？對三寶應如何護持？應如何正確地修集此世後世證法之福德？應如何修集後世「行菩薩道之資糧」？並詳述第一義諦之正義：五蘊非我非異我、自作自受、異作異受、不作不受……等深妙法義，乃是修學大乘佛法、行菩薩行之在家菩薩所應當了知者。出家菩薩今世或未來世登地已，捨報之後多數將如華嚴經中諸大菩薩，以在家菩薩身而修行菩薩行，故亦應以此經所述正理而修之，配合《楞伽經、解深密經、楞嚴經、華嚴經》等道次第正理，方得漸次成就佛道；故此經是一切大乘行者皆應證知之正法。平實導師講述，每輯三百餘頁，售價各250元；共八輯，已全部出版。

真假活佛—略論附佛外道盧勝彥之邪說：人人身中都有眞活佛，永生不滅而有大神用，但眾生都不了知，所以常被身外的西藏密宗假活佛籠罩欺瞞。本來就眞實存在的眞活佛，才是眞正的密宗無上密！諾那活佛因此而說禪宗是大密宗，但藏密的所有活佛都不知道、也不曾實證自身中的眞活佛。本書詳實宣示眞活佛的道理，舉證盧勝彥的「佛法」不是眞佛法，也顯示盧勝彥是假活佛，直接的闡釋第一義佛法見道的眞實正理。眞佛宗的所有上師與學人們，都應該詳細閱讀，包括盧勝彥個人在內。正犀居士著，優惠價140元。

阿含正義—唯識學探源：廣說四大部《阿含經》諸經中隱說之眞正義理，一一舉示佛陀本懷，令阿含時期初轉法輪根本經典之眞義，如實顯現於佛子眼前。並提示末法大師對於阿含眞義誤解之實例，一一比對之，證實唯識增上慧學確於原始佛法之阿含諸經中已隱覆密意而略說之，證實 世尊確於原始佛法中已曾密意而說第八識如來藏之總相；亦證實 世尊在四阿含中已說此藏識是名色十八界之因、之本—證明如來藏是能生萬法之根本心。佛子可據此修正以往受諸大師（譬如西藏密宗應成派中觀師：印順、昭慧、性廣、大願、達賴、宗喀巴、寂天、月稱、……等人）誤導之邪見，建立正見，轉入正道乃至親證初果而無困難；書中並詳說三果所證的**心解脫**，以及四果**慧解脫**的親證，都是如實可行的具體知見與行門。全書共七輯，已出版完畢。平實導師著，每輯三百餘頁，售價300元。

超意境CD：以平實導師公案拈提書中超越意境之頌詞，加上曲風優美的旋律，錄成令人嚮往的超意境歌曲，其中包括正覺發願文及平實導師親自譜成的黃梅調歌曲一首。詞曲雋永，殊堪翫味，可供學禪者吟詠，有助於見道。內附設計精美的彩色小冊，解說每一首詞的背景本事。每片280元。【每購買公案拈提書籍一冊，即贈送一片。】

鈍鳥與靈龜：鈍鳥及靈龜二物，被宗門證悟者說為二種人：前者是精修禪定而無智慧者，也是以定為禪的愚癡禪人；後者是或有禪定、或無禪定的宗門證悟者，凡已證悟者皆是靈龜。但後者被人虛造事實，用以嘲笑大慧宗杲禪師，說他雖是靈龜，卻不免被天童禪師預記「患背」痛苦而亡：「鈍鳥離巢易，靈龜脫殼難。」藉以貶低大慧宗杲的證量；同時又將天童禪師實證如來藏的證量，曲解為意識境界的離念靈知。自從大慧禪師入滅以後，錯悟凡夫對他的不實毀謗就一直存在著，不曾止息，並且捏造的假事實也隨著年月的增加而越來越多，終至編成「鈍鳥與靈龜」的假公案、假故事。本書是考證大慧與天童之間的不朽情誼，顯現這件假公案的虛妄不實；更見大慧宗杲面對惡勢力時的正直不阿，亦顯示大慧對天童禪師的至情深義，將使後人對大慧宗杲的誣謗至此而止，不再有人誤犯毀謗賢聖的惡業。書中亦舉出大慧與天童二師的證悟內容，證明宗門的所悟確以第八識如來藏為標的，詳讀之後必可改正以前被錯悟大師誤導的參禪知見，日後必定有助於實證禪宗的開悟境界，得階大乘真見道位中，即是實證般若之賢聖。全書459頁，售價350元。

菩薩底憂鬱CD將菩薩情懷及禪宗公案寫成新詞，並製作成超越意境的優美歌曲。1.主題曲〈菩薩底憂鬱〉，描述地後菩薩能離三界生死而迴向繼續生在人間，但因尚未斷盡習氣種子而有極深沈之憂鬱，非三賢位菩薩及二乘聖者所知，此憂鬱在七地滿心位方才斷盡；本曲之詞中所說義理極深，昔來所未曾見；此曲係以優美的情歌風格寫詞及作曲，聞者得以激發嚮往諸地菩薩境界之大心，詞、曲都非常優美，難得一見；其中勝妙義理之解說，已印在附贈之彩色小冊中。2.以各輯公案拈提中直示禪門入處之頌文，作成各種不同曲風之超意境歌曲，值得玩味、參究；聆聽公案拈提之優美歌曲時，請同時閱讀內附之印刷精美說明小冊，可以領會超越三界的證悟境界；未悟者可以因此引發求悟之意向及疑情，真發菩提心而邁向求悟之途，乃至因此真實悟入般若，成真菩薩。3.正覺總持咒新曲，總持佛法大意；總持咒之義理，已加以解說並印在隨附之小冊中。本CD共有十首歌曲，長達63分鐘，附贈二張購書優惠券。每片280元。

我的菩提路第一輯：凡夫及二乘聖人不能實證的佛菩提證悟，末法時代的今天仍然有人能得實證，由正覺同修會釋悟圓、釋善藏法師等二十餘位實證如來藏者所寫的見道報告，已爲當代學人見證宗門正法之絲縷不絕，證明大乘義學的法脈仍然存在，爲末法時代求悟般若之學人照耀出光明的坦途。由二十餘位大乘見道者所繕，敘述各種不同的學法、見道因緣與過程，參禪求悟者必讀。全書三百餘頁，售價300元。

我的菩提路第二輯：由郭正益老師等人合著，書中詳述彼等諸人歷經各處道場學法，一一修學而加以檢擇之不同過程以後，因閱讀正覺同修會、正智出版社書籍而發起抉擇分，轉入正覺同修會中修學；乃至學法及見道之過程，都一一詳述之。其中張志成等人係由前現代禪轉進正覺同修會，張志成原爲現代禪副宗長，以前未閱本會書籍時，曾被人藉其名義著文評論 平實導師（詳見《宗通與說通》辨正及《眼見佛性》書末附錄…等）；後因偶然接觸正覺同修會書籍，深覺以前聽人評論平實導師之語不實，於是投入極多時間閱讀本會書籍、深入思辨，詳細探索中觀與唯識之關聯與異同，認爲正覺之法義方是正法，深覺相應；亦解開多年來對佛法的迷雲，確定應依八識論正理修學方是正法。乃不顧面子，毅然前往正覺同修會面見平實導師懺悔，並正式學法求悟。今已與其同修王美伶（亦爲前現代禪傳法老師），同樣證悟如來藏而證得法界實相，生起實相般若眞智。此書中尚有七年來本會第一位眼見佛性者之見性報告一篇，一同供養大乘佛弟子。全書四百頁，售價300元。

我的菩提路第三輯：由王美伶老師等人合著。自從正覺同修會成立以來，每年夏初、冬初都舉辦精進禪三共修，藉以助益會中同修們得以證悟明心發起般若實相智慧；凡已實證而被平實導師印證者，皆書具見道報告用以證明佛法之眞實可證而非玄學，證明佛法並非純屬思想、理論而無實質，是故每年都能有人證明正覺同修會的「實證佛教」主張並非虛語。特別是眼見佛性一法，自古以來中國禪宗祖師實證者極寡，較之明心開悟的證境更難令人信受；至2017年初，正覺同修會中的證悟明心者已近五百人，然而其中眼見佛性者至今唯十餘人爾，可謂難能可貴，是故明心後欲冀眼見佛性者實屬不易。黃正倖老師是懸絕七年無人見性後的第一人，她於2009年的見性報告刊於本書的第二輯中，爲大眾證明佛性確實可以眼見；其後七年之中求見性者都屬解悟佛性而無人眼見，幸而又經七年後的2016冬初，以及2017夏初的禪三，復有三人眼見佛性，希冀鼓舞四眾佛子求見佛性之大心，今則具載一則於書末，顯示求見佛性之事實經歷，供養現代佛教界欲得見性之四眾弟子。全書四百頁，售價300元，已於2017年6月30日發行。

我的菩提路第四輯：由陳晏平等人著。中國禪宗祖師往往有所謂「見性」之言，所言多屬看見如來藏具有能令人發起成佛之自性，並非《大般涅槃經》中如來所說之眼見佛性。眼見佛性者，於親見佛性之時，即能於山河大地眼見自己佛性，亦能於他人身上眼見自己佛性及對方之佛性，如是境界無法爲尚未實證者解釋；勉強說之，縱使眞實明心證悟之人聞之，亦只能以自身明心之境界想像之，但不論如何想像多屬非量，能有正確之比量者亦是稀有，故說眼見佛性極爲困難。眼見佛性之人若所見極分明時，在所見佛性之境界下所眼見之山河大地、自己五蘊身心皆是虛幻，自有異於明心者之解脫功德受用，此後永不思證二乘涅槃，必定邁向成佛之道而進入第十住位中，已超第一阿僧祇劫三分有一，可謂之爲超劫精進也。今又有明心之後眼見佛性之人出於人間，將其明心及後來見性之報告，連同其餘證悟明心者之精彩報告一同收錄於此書中，供養眞求佛法實證之四眾佛子。全書380頁，售價300元，已於2018年6月30日發行。

我的菩提路第五輯：林慈慧老師等人著，本輯中所舉學人從相似正法中來到正覺同修會的過程，各人都有不同，發生的因緣亦是各有差別，然而都會指向同一個目標——證實生命實相的源底，確證自己生從何來、死往何去的事實，所以最後都證明佛法眞實而可親證，絕非玄學；本書將彼等諸人的始修及末後證悟之實例，羅列出來以供學人參考。本期亦有一位會裡的老師，是從1995年即開始追隨 平實導師修學，1997年明心後持續進修不斷，直到2017年眼見佛性之實例，足可證明《大般涅槃經》中世尊開示眼見佛性之法正眞無訛，第十住位的實證在末法時代的今天仍有可能，如今一併具載於書中以供學人參考，並供養現代佛教界欲得見性之四眾弟子。全書四百頁，售價300元，已於2019年12月31日發行。

我的菩提路第六輯：劉惠莉老師等人著，本輯中舉示劉老師明心多年以後的眼見佛性實錄，供末法時代學人了知明心之異於見性本質，足可證明《大般涅槃經》中世尊開示眼見佛性之法正眞無訛。亦列舉多篇學人從各道場來到正覺學法之不同過程，以及如何發覺邪見之異於正法的所在，最後終能在正覺禪三中悟入的實況，以證明佛教正法仍在末法時代的人間繼續弘揚的事實，鼓舞一切眞實學法的菩薩大眾思之：我等諸人亦可有因緣證悟，絕非空想白思。約四百頁，售價300元，已於2020年6月30日發行。

勝鬘經講記：如來藏爲三乘菩提之所依，若離如來藏心體及其含藏之一切種子，即無三界有情及一切世間法，亦無二乘菩提緣起性空之出世間法；本經詳說無始無明、一念無明皆依如來藏而有之正理，藉著詳解煩惱障與所知障間之關係，令學人深入了知二乘菩提與佛菩提相異之妙理；聞後即可了知佛菩提之特勝處及三乘修道之方向與原理，邁向攝受正法而速成佛道的境界中。平實導師講述，共六輯，每輯三百餘頁，售價各250元。

禪意無限CD平實導師以公案拈提書中偈頌寫成不同風格曲子，與他人所寫不同風格曲子共同錄製出版，幫助參禪人進入禪門超越意識之境界。盒中附贈彩色印製的精美解說小冊，以供聆聽時閱讀，令參禪人得以發起參禪之疑情，即有機會證悟本來面目，實證大乘菩提般若。本CD共有十首歌曲，長達69分鐘，每盒各附贈二張購書優惠券。每片280元。

明心與眼見佛性：本書細述明心與眼見佛性之異同，同時顯示了中國禪宗破初參明心與重關眼見佛性二關之間的關聯；書中又藉法義辨正而旁述其他許多勝妙法義，讀後必能遠離佛門長久以來積非成是的錯誤知見，令讀者在佛法的實證上有極大助益。也藉慧廣法師的謬論來教導佛門學人回歸正知正見，遠離古今禪門錯悟者所墮的意識境界，非唯有助於斷我見，也對未來的開悟明心實證第八識如來藏有所助益，是故學禪者都應細讀之。游正光老師著　共448頁　售價300元

見性與看話頭：黃正倖老師的《見性與看話頭》於《正覺電子報》連載完畢，今結集出版。書中詳說禪宗看話頭的詳細方法，並細說看話頭與眼見佛性的關係，以及眼見佛性者求見佛性前必須具備的條件。本書是禪宗實修者追求明心開悟時參禪的方法書，也是求見佛性者作功夫時必讀的方法書，內容兼顧眼見佛性的理論與實修之方法，是依實修之體驗配合理論而詳述，條理分明而且極爲詳實、周全、深入。本書內文375頁，全書416頁，售價300元。

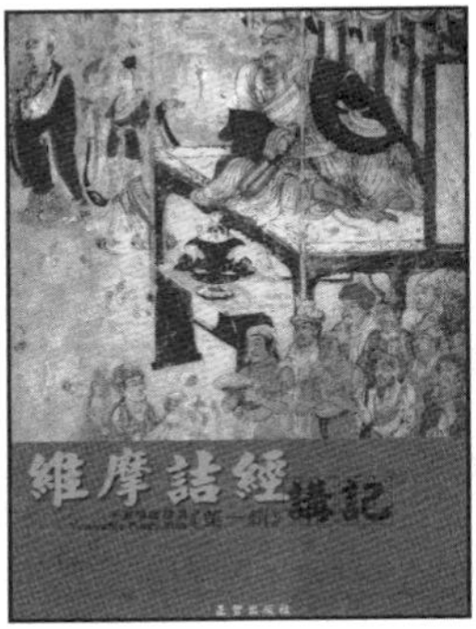

維摩詰經講記：本經係 世尊在世時，由等覺菩薩維摩詰居士藉疾病而演說之大乘菩提無上妙義，所說函蓋甚廣，然極簡略，是故今時諸方大師與學人讀之悉皆錯解，何況能知其中隱含之深妙正義，是故普遍無法爲人解說；若強爲人說，則成依文解義而有諸多過失。今由平實導師公開宣講之後，詳實解釋其中密意，令維摩詰菩薩所說大乘不可思議解脫之深妙正法得以正確宣流於人間，利益當代學人及與諸方大師。書中詳實演述大乘佛法深妙不共二乘之智慧境界，顯示諸法之中絕待之實相境界，建立大乘菩薩妙道於永遠不敗不壞之地，以此成就護法偉功，欲冀永利娑婆人天。已經宣講圓滿整理成書流通，以利諸方大師及諸學人。全書共六輯，每輯三百餘頁，售價各250元。

金剛經宗通：三界唯心，萬法唯識，是成佛之修證內容，是諸地菩薩之所修；般若則是成佛之道（實證三界唯心、萬法唯識）的入門，若未證悟實相般若，即無成佛之可能，必將永在外門廣行菩薩六度，永在凡夫位中。然而實相般若的發起，全賴實證萬法的實相；若欲證知萬法的眞相，則必須探究萬法之所從來，則須實證自心如來—金剛心如來藏，然後現觀這個金剛心的金剛性、眞實性、如如性、清淨性、涅槃性、能生萬法的自性性、本住性，名爲證眞如；進而現觀三界六道唯是此金剛心所成，人間萬法須藉八識心王和合運作方能現起。如是實證《華嚴經》的「三界唯心、萬法唯識」以後，由此等現觀而發起實相般若智慧，繼續進修第十住位的如幻觀、第十行位的陽焰觀、第十迴向位的如夢觀，再生起增上意樂而勇發十無盡願，方能滿足三賢位的實證，轉入初地；自知成佛之道而無偏倚，從此按部就班、次第進修乃至成佛。第八識自心如來是般若智慧之所依，般若智慧的修證則要從實證金剛心自心如來開始；《金剛經》則是解說自心如來之經典，是一切三賢位菩薩所應進修之實相般若經典。這一套書，是將平實導師宣講的《金剛經宗通》內容，整理成文字而流通之；書中所說義理，迥異古今諸家依文解義之說，指出大乘見道方向與理路，有益於禪宗學人求開悟見道，及轉入內門廣修六度萬行。已於2013年9月出版完畢，總共9輯，每輯約三百餘頁，售價各250元。

真假外道：本書具體舉證佛門中的常見外道知見實例，並加以教證及理證上的辨正，幫助讀者輕鬆而快速的了知常見外道的錯誤知見，進而遠離佛門內外的常見外道知見，因此即能改正修學方向而快速實證佛法。游正光老師著。成本價200元。

空行母—性別、身分定位，以及藏傳佛教　本書作者爲蘇格蘭哲學家，因爲嚮往佛教深妙的哲學內涵，於是進入當年盛行於歐美的假藏傳佛教密宗，擔任卡盧仁波切的翻譯工作多年以後，被邀請成爲卡盧的空行母（又名佛母、明妃），開始了她在密宗裡的實修過程；後來發覺在密宗雙身法中的修行，其實無法使自己成佛，也發覺密宗對女性岐視而處處貶抑，並剝奪女性在雙身法中擔任一半角色時應有的身分定位。當她發覺自己只是雙身法中被喇嘛利用的工具，沒有獲得絲毫應有的尊重與基本定位時，發現了密宗的父權社會控制女性的本質；於是作者傷心地離開了卡盧仁波切與密宗，但是卻被恐嚇不許講出她在密宗裡的經歷，也不許她說出自己對密宗的教義與教制下對女性剝削的本質，否則將被咒殺死亡。後來她去加拿大定居，十餘年後方才擺脫這個恐嚇陰影，下定決心將親身經歷的實情及觀察到的事實寫下來並且出版，公諸於世。出版之後，她被流亡的達賴集團人士大力攻訐，誣指她爲精神狀態失常、說謊……等。但有智之士並未被達賴集團的政治操作及各國政府政治運作吹捧達賴的表相所欺，使她的書銷售無阻而又再版。正智出版社鑑於作者此書是親身經歷的事實，所說具有針對「藏傳佛教」而作學術研究的價值，也有使人認清假藏傳佛教剝削佛母、明妃的男性本位實質，因此洽請作者同意中譯而出版於華人地區。珍妮·坎貝爾女士著，呂艾倫中譯，每冊250元。

假藏傳佛教的神話—性、謊言、喇嘛教　本書編著者是由一首名爲「阿姊鼓」的歌曲爲緣起，展開了序幕，揭開假藏傳佛教—喇嘛教—的神秘面紗。其重點是蒐集、摘錄網路上質疑「喇嘛教」的帖子，以揭穿「假藏傳佛教的神話」爲主題，串聯成書，並附加彩色插圖以及說明，讓讀者們瞭解西藏密宗及相關人事如何被操作爲「神話」的過程，以及神話背後的眞相。作者：張正玄教授。售價200元。

霧峰無霧—給哥哥的信　本書作者藉兄弟之間信件往來論義，略述佛法大義；並以多篇短文辨義，舉出釋印順對佛法的無量誤解證據，並一一給予簡單而清晰的辨正，令人一讀即知。久讀、多讀之後即能認清楚釋印順的六識論見解，與眞實佛法之牴觸是多麼嚴重；於是在久讀、多讀之後，於不知不覺之間提升了對佛法的極深入理解，正知正見就在不知不覺間建立起來了。當二乘佛法的正知見建立起來之後，對於三乘菩提的見道條件便將隨之具足，於是聲聞解脫道的見道也就水到渠成；接著大乘見道的因緣也將次第成熟，未來自然也會有親見大乘菩提之道的因緣，悟入大乘實相般若也將自然成功，自能通達般若系列諸經而成實義菩薩。作者居住於南投縣霧峰鄉，自喻見道之後不復再見霧峰之霧，故鄉原野美景一一明見，於是立此書名爲《霧峰無霧》；讀者若欲撥霧見月，可以此書爲緣。游宗明　老師著　已於2015年出版　售價250元。

霧峰無霧—第二輯—救護佛子向正道　本書作者藉釋印順著作中之各種錯謬法義提出辨正，以詳實的文義一一提出理論上及實證上之解析，列舉釋印順對佛法的無量誤解證據，藉此教導佛門大師與學人釐清佛法義理，遠離岐途轉入正道，然後知所進修，久之便能見道明心而入大乘勝義僧數。被釋印順誤導的大師與學人極多，很難救轉，是故作者大發悲心深入解說其錯謬之所在，佐以各種義理辨正而令讀者在不知不覺之間轉歸正道。如是久讀之後欲得斷身見、證初果，即不爲難事；乃至久之亦得大乘見道而得證眞如，脫離空有二邊而住中道，實相般若智慧生起，於佛法不再茫然，漸漸亦知悟後進修之道。屆此之時，對於大乘般若等深妙法之迷雲暗霧亦將一掃而空，生命及宇宙萬物之故鄉原野美景一一明見，是故本書仍名《霧峰無霧》，爲第二輯；讀者若欲撥雲見日、離霧見月，可以此書爲緣。游宗明　老師著　已於2019年出版　售價250元。

達賴真面目—玩盡天下女人：假使您不想戴綠帽子，請記得詳細閱讀此書；假使您不想讓好朋友戴綠帽子，請您將此書介紹給您的好朋友。假使您想保護家中的女性，也想要保護好朋友的女眷，請記得將此書送給家中的女性和好友的女眷都來閱讀。本書爲印刷精美的大本彩色中英對照精裝本，爲您揭開達賴喇嘛的眞面目，內容精彩不容錯過，爲利益社會大眾，特別以優惠價格嘉惠所有讀者。編著者：白志偉等。大開版雪銅紙彩色精裝本。售價800元。

喇嘛性世界—揭開假藏傳佛教譚崔瑜伽的面紗：這個世界中的喇嘛，號稱來自世外桃源的香格里拉，穿著或紅或黃的喇嘛長袍，散布於我們的身邊傳教灌頂，吸引了無數的人嚮往學習；這些喇嘛虔誠地爲大眾祈福，手中拿著寶杵（金剛）與寶鈴（蓮花），口中唸著咒語：「唵．嘛呢．叭咪．吽……」，咒語的意思是說：「我至誠歸命金剛杵上的寶珠伸向蓮花寶穴之中」！「喇嘛性世界」是什麼樣的「世界」呢？本書將爲您呈現喇嘛世界的面貌。當您發現眞相以後，您將會唸：「噢！喇嘛．性．世界，譚崔性交嘛！」作者：張善思、呂艾倫。售價200元。

末代達賴—性交教主的悲歌：簡介從藏傳僞佛教（喇嘛教）的修行核心—性力派男女雙修，探討達賴喇嘛及藏傳僞佛教的修行內涵。書中引用外國知名學者著作、世界各地新聞報導，包含：歷代達賴喇嘛的祕史、達賴六世修雙身法的事蹟，以及《時輪續》中的性交灌頂儀式……等；達賴喇嘛書中開示的雙修法、達賴喇嘛的黑暗政治手段；達賴喇嘛所領導的寺院爆發喇嘛性侵兒童；新聞報導《西藏生死書》作者索甲仁波切性侵女信徒、澳洲喇嘛秋達公開道歉、美國最大假藏傳佛教組織領導人邱陽創巴仁波切的性氾濫，等等事件背後眞相的揭露。作者：張善思、呂艾倫、辛燕。售價250元。

黯淡的達賴—失去光彩的諾貝爾和平獎：本書舉出很多證據與論述，詳述達賴喇嘛不爲世人所知的一面，顯示達賴喇嘛並不是眞正的和平使者，而是假借諾貝爾和平獎的光環來欺騙世人；透過本書的說明與舉證，讀者可以更清楚的瞭解，達賴喇嘛是結合暴力、黑暗、淫欲於喇嘛教裡的集團首領，其政治行爲與宗教主張，早已讓諾貝爾和平獎的光環染污了。本書由財團法人正覺教育基金會寫作、編輯，由正覺出版社印行，每冊250元。

楞嚴經講記：楞嚴經係密教部之重要經典，亦是顯教中普受重視之經典；經中宣說明心與見性之內涵極爲詳細，將一切法都會歸如來藏及佛性—妙眞如性；亦闡釋佛菩提道修學過程中之種種魔境，以及外道誤會涅槃之狀況，旁及三界世間之起源。然因言句深澀難解，法義亦復深妙寬廣，學人讀之普難通達，是故讀者大多誤會，不能如實理解佛所說之明心與見性內涵，亦因是故多有悟錯之人引爲開悟之證言，成就大妄語罪。今由平實導師詳細講解之後，整理成文，以易讀易懂之語體文刊行天下，以利學人。全書十五輯，全部出版完畢。每輯三百餘頁，售價每輯300元。

第七意識與第八意識？—穿越時空「超意識」：「三界唯心，萬法唯識」是佛教中應該實證的聖教，也是《華嚴經》中明載而可以實證的法界實相。唯心者，三界一切境界、一切諸法唯是一心所成就，即是每一個有情的第八識如來藏，不是意識心。唯識者，即是人類各各都具足的八識心王——眼識、耳鼻舌身意識、意根、阿賴耶識，第八阿賴耶識又名如來藏，人類五陰相應的萬法，莫不由八識心王共同運作而成就，故說萬法唯識。依聖教量及現量、比量，都可以證明意識是二法因緣生，是由第八識藉意根與法塵二法爲因緣而出生，又是夜夜斷滅不存之生滅心，即無可能反過來出生第七識意根、第八識如來藏，當知不可能從生滅性的意識心中，細分出恆審思量的第七識意根，更無可能細分出恆而不審的第八識如來藏。本書是將演講內容整理成文字，細說如是內容，並已在《正覺電子報》連載完畢，今彙集成書以廣流通，欲幫助佛門有緣人斷除意識我見，跳脫於識陰之外而取證聲聞初果；嗣後修學禪宗時即得不墮外道神我之中，得以求證第八識金剛心而發起般若實智。平實導師 述，每冊300元。

人間佛教—實證者必定不悖三乘菩提　「大乘非佛說」的講法似乎流傳已久，卻只是日本人企圖擺脫中國正統佛教的影響，而在明治維新時期才開始提出來的說法；台灣佛教、大陸佛教的淺學無智之人，由於未曾實證佛法而迷信日本人錯誤的學術考證，錯認爲這些別有用心的日本佛學考證的講法爲天竺佛教的眞實歷史；甚至還有更激進的反對佛教者提出「**釋迦牟尼佛並非眞實存在，只是後人捏造的假歷史人物**」，竟然也有少數佛教徒願意跟著「學術」的假光環而信受不疑，亦導致部分台灣佛教界人士，造作了反對中國大乘佛教而推崇南洋小乘佛教的行爲，使台灣佛教的信仰者難以檢擇，亦導致一般大陸人士開始轉入基督教的盲目迷信中。在這些佛教及外教人士之中，也就有一分人根據此邪說而大聲主張「大乘非佛說」的謬論，這些人以「人間佛教」的名義來抵制中國正統佛教，公然宣稱中國的大乘佛教是由聲聞部派佛教的凡夫僧所創造出來的。這樣的說法流傳於台灣及大陸佛教界凡夫僧之中已久，卻非眞正的佛教歷史中曾經發生過的事，只是繼承六識論的聲聞法中凡夫僧以及別有居心的日本佛教界，依自己的意識境界立場，純憑臆想而編造出來的妄想說法，卻已經影響許多無智之凡夫僧俗信受不移。本書則是從佛教的經藏法義實質及實證的現量內涵本質立論，證明大乘佛法本是佛說，是從《阿含正義》尚未說過的不同面向來討論「人間佛教」的議題，證明「大乘眞佛說」。閱讀本書可以斷除六識論邪見，迴入三乘菩提正道發起實證的因緣；也能斷除禪宗學人學禪時普遍存在之錯誤知見，對於建立參禪時的正知見有很深的著墨。平實導師 述，內文488頁，全書528頁，定價400元。

童女迦葉考—論呂凱文〈佛教輪迴思想的論述分析〉之謬　童女迦葉是佛世率領五百大比丘遊行於人間的歷史事實，是以童貞行而依止菩薩戒弘化於人間的大菩薩，不依別解脫戒（聲聞戒）來弘化於人間。這是大乘佛教與聲聞佛教同時存在於佛世的歷史明證，證明大乘佛教不是從聲聞法中分裂出來的部派佛教的產物，卻是聲聞佛教分裂出來的部派佛教聲聞凡夫僧所不樂見的史實；於是古今聲聞法中的凡夫都欲加以扭曲而作詭說，更是末法時代高聲大呼「大乘非佛說」的六識論聲聞凡夫極力想要扭曲的佛教史實之一，於是想方設法扭曲迦葉菩薩爲聲聞僧，以及扭曲迦葉童女爲比丘僧等荒謬不實之論著便陸續出現，古時聲聞僧寫作的《分別功德論》是最具體之事例，現代之代表作則是呂凱文先生的〈佛教輪迴思想的論述分析〉論文。鑑於如是假藉學術考證以籠罩大眾之不實謬論，未來仍將繼續造作及流竄於佛教界，繼續扼殺大乘佛教學人法身慧命，必須舉證辨正之，遂成此書。平實導師 著，每冊180元。

中觀金鑑——詳述應成派中觀的起源與其破法本質　學佛人往往迷於中觀學派之不同學說，被應成派與自續派所迷惑；修學般若中觀二十年後自以爲實證般若中觀了，卻仍不曾入門，甫聞實證般若中觀者之所說，則茫無所知，迷惑不解；隨後信心盡失，不知如何實證佛法；凡此，皆因惑於這二派中觀學說所致。自續派中觀所說同於常見，以意識境界立爲第八識如來藏之境界，應成派所說則同於斷見，但又同立意識爲常住法，故亦具足斷常二見。今者孫正德老師有鑑於此，乃將起源於密宗的應成派中觀學說，追本溯源，詳考其來源之外，亦一一舉證其立論內容，詳加辨正，令密宗雙身法祖師以識陰境界而造之應成派中觀學說本質，詳細呈現於學人眼前，令其維護雙身法之目的無所遁形。若欲遠離密宗此二大派中觀謬說，欲於三乘菩提有所進道者，允宜具足閱讀並細加思惟，反覆讀之以後將可捨棄邪道返歸正道，則於般若之實證即有可能，證後自能現觀如來藏之中道境界而成就中觀。本書分上、中、下三冊，每冊250元，已全部出版完畢。

實相經宗通：學佛之目的在於實證一切法界背後之實相，禪宗稱之爲本來面目或本地風光，佛菩提道中稱之爲實相法界；此實相法界即是金剛藏，又名佛法之祕密藏，即是能生有情五陰、十八界及宇宙萬有（山河大地、諸天、三惡道世間）的第八識如來藏，又名阿賴耶識心，即是禪宗祖師所說的眞如心，此心即是三界萬有背後的實相。證得此第八識心時，自能瞭解般若諸經中隱說的種種密意，即得發起實相般若——實相智慧。每見學佛人修學佛法二十年後仍對實相般若茫然無知，亦不知如何入門，茫無所趣；更因不知三乘菩提的互異互同，是故越是久學者對佛法越覺茫然，都肇因於尚未瞭解佛法的全貌，亦未瞭解佛法的修證內容即是第八識心所致。本書對於修學佛法者所應實證的實相境界提出明確解析，並提示趣入佛菩提道的入手處，有心親證實相般若的佛法實修者，宜詳讀之，於佛菩提道之實證即有下手處。平實導師述著，共八輯，已於2016年出版完畢，每輯成本價250元。

真心告訴您（一）—達賴喇嘛在幹什麼？這是一本報導篇章的選集，更是「破邪顯正」的暮鼓晨鐘。「破邪」是戳破假象，說明達賴喇嘛及其所率領的密宗四大派法王、喇嘛們，弘傳的佛法是仿冒的佛法；他們是假藏傳佛教，是坦特羅(譚崔性交)外道法和藏地崇奉鬼神的苯教混合成的「喇嘛教」，推廣的是以所謂「無上瑜伽」的男女雙身法冒充佛法的假佛教，詐財騙色誤導眾生，常常造成信徒家庭破碎、家中兒少失怙的嚴重後果。「顯正」是揭櫫眞相，指出眞正的藏傳佛教只有一個，就是覺囊巴，傳的是 釋迦牟尼佛演繹的第八識如來藏妙法，稱爲他空見大中觀。正覺教育基金會即以此古今輝映的如藏正法正知見，在眞心新聞網中逐次報導出來，將箇中原委「眞心告訴您」，如今結集成書，與想要知道密宗眞相的您分享。售價250元。

真心告訴您（二）—達賴喇嘛是佛教僧侶嗎？補祝達賴喇嘛八十大壽：這是一本針對當今達賴喇嘛所領導的喇嘛教，冒用佛教名相、於師徒間或師兄姊間，實修男女邪淫，而從佛法三乘菩提的現量與聖教量，揭發其謊言與邪術，證明達賴及其喇嘛教是仿冒佛教的外道，是「假藏傳佛教」。藏密四大派教義雖有「八識論」與「六識論」的表面差異，然其實修之內容，皆共許「無上瑜伽」四部灌頂爲究竟「成佛」之法門，也就是共以男女雙修之邪淫法爲「即身成佛」之密要，雖美其名曰「欲貪爲道」之「金剛乘」，並誇稱其成就超越於（應身佛）釋迦牟尼佛所傳之顯教般若乘之上；然詳考其理論，則或以意識離念時之粗細心爲第八識如來藏，或以中脈裡的明點爲第八識如來藏，或如宗喀巴與達賴堅決主張第六意識爲常恆不變之眞心者，分別墮於外道之常見與斷見中；全然違背 佛說能生五蘊之如來藏的實質。售價300元。

西藏「活佛轉世」制度—附佛、造神、世俗法：歷來關於喇嘛教活佛轉世的研究，多針對歷史及文化兩部分，於其所以成立的理論基礎，較少系統化的探討。尤其是此制度是否依據「佛法」而施設？是否合乎佛法眞實義？現有的文獻大多含糊其詞，或人云亦云，不曾有明確的闡釋與如實的見解。因此本文先從活佛轉世的由來，探索此制度的起源、背景與功能，並進而從活佛的尋訪與認證之過程，發掘活佛轉世的特徵，以確認「活佛轉世」在佛法中應具足何種果德。定價150元。

法華經講義：此書為平實導師始從2009/7/21演述至2014/1/14之講經錄音整理所成。世尊一代時教，總分五時三教，即是華嚴時、聲聞緣覺教、般若教、種智唯識教、法華時；依此五時三教區分為藏、通、別、圓四教。本經是最後一時的圓教經典，圓滿收攝一切法教於本經中，是故最後的圓教聖訓中，特地指出無有三乘菩提，其實唯有一佛乘；皆因眾生愚迷故，方便區分為三乘菩提以助眾生證道。世尊於此經中特地說明如來示現於人間的唯一大事因緣，便是為有緣眾生「開、示、悟、入」諸佛的所知所見——第八識如來藏妙真如心，並於諸品中隱說「妙法蓮花」如來藏心的密意。然因此經所說甚深難解，真義隱晦，古來難得有人能窺堂奧；平實導師以知如是密意故，特為末法佛門四眾演述《妙法蓮華經》中各品蘊含之密意，使古來未曾被古德註解出來的「此經」密意，如實顯示於當代學人眼前。乃至〈藥王菩薩本事品〉、〈妙音菩薩品〉、〈觀世音菩薩普門品〉、〈普賢菩薩勸發品〉中的微細密意，亦皆一併詳述之，可謂開前人所未曾言之密意，示前人所未見之妙法。最後乃至以〈法華大義〉而總其成，全經妙旨貫通始終，而依佛旨圓攝於一心如來藏妙心，厥為曠古未有之大說也。平實導師述　，共有25輯，已於2019/05/31出版完畢。每輯300元。

涅槃——解說四種涅槃之實證及內涵：真正學佛之人，首要即是見道，由見道故方有涅槃之實證，證涅槃者方能出生死，但涅槃有四種：二乘聖者的有餘涅槃、無餘涅槃，以及大乘聖者的本來自性清淨涅槃、佛地的無住處涅槃。大乘聖者實證本來自性清淨涅槃，入地前再取證二乘涅槃，然後起惑潤生捨離二乘涅槃，繼續進修而在七地心前斷盡三界愛之習氣種子，依七地無生法忍之具足而證得念念入滅盡定；八地後進斷異熟生死，直至妙覺地下生人間成佛，具足四種涅槃，方是真正成佛。此理古來少人言，以致誤會涅槃正理者比比皆是，今於此書中廣說四種涅槃、如何實證之理、實證前應有之條件，實屬本世紀佛教界極重要之著作，令人對涅槃有正確無訛之認識，然後可以依之實行而得實證。本書共有上下二冊，每冊各四百餘頁，對涅槃詳加解說，每冊各350元。

佛藏經講義：本經說明爲何佛菩提難以實證之原因，都因往昔無數阿僧祇劫前的邪見，引生此世求證時之業障而難以實證。即以諸法實相詳細解說，繼之以念佛品、念法品、念僧品，說明諸佛與法之實質；然後以淨戒品之說明，期待佛弟子四眾堅持清淨戒而轉化心性，並以往古品的實例說明，教導四眾務必滅除邪見轉入正見中，然後以了戒品的說明和囑累品的付囑，期望末法時代的佛門四眾弟子皆能清淨知見而得以實證。平實導師於此經中有極深入的解說，總共21輯，每輯300元，於2019/07/31開始每二個月發行一輯。

我的菩提路第七輯：余正偉老師等人著，本輯中舉示余老師明心二十餘年以後的眼見佛性實錄，供末法時代學人了知明心異於見性之本質，並且舉示其見性後與平實導師互相討論眼見佛性之諸多疑訛處；除了證明《大般涅槃經》中世尊開示眼見佛性之法正眞無訛以外，亦得一解明心後尚未見性者之所未知處，甚爲精彩。此外亦列舉多篇學人從各不同宗教進入正覺學法之不同過程，以及發覺諸方道場邪見之內容與過程，最終得於正覺精進禪三中悟入的實況，足供末法精進學人借鑑，以彼鑑己而生信心，得以投入了義正法中修學及實證。凡此，皆足以證明不唯明心所證之第七住位般若智慧及解脫功德仍可實證，乃至第十住位的實證與當場發起如幻觀之實證，於末法時代的今天皆仍有可能。本書約四百頁，售價300元，將於2021年6月30日發行。

大法鼓經講義：本經解說佛法的總成：法、非法。由開解法、非法二義，說明了義佛法與世間戲論法的差異，指出佛法實證之標的即是法第八識如來藏；並顯示實證後的智慧，如實擊大法鼓、演深妙法，演說如來祕密教法，非二乘定性及諸凡夫所能得聞，唯有具足菩薩性者方能得聞。正聞之後即得依於世尊大願而拔除邪見，入於正法而得實證；深解不了義經之方便說，亦能實解了義經所說之眞實義，得以證法如來藏，而得發起根本無分別智，乃至進修而發起後得無分別智；並堅持布施及受持清淨戒而轉化心性，得以現觀眞我如來藏之各種層面。此爲第一義諦聖教，於末法最後餘四十年時，一切世間樂見離車童子將繼續護持此經所說正法。平實導師於此經中有極深入的解說，總共約六輯，每輯300元，於《佛藏經講義》出版完畢後開始發行，每二個月發行一輯。

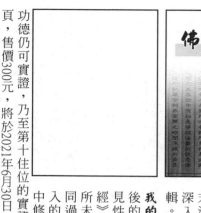

解深密經講義：本經係 世尊晚年第三轉法輪，宣說地上菩薩所應熏修之唯識正義經典，經中所說義理乃是大乘一切種智增上慧學，以阿陀那識—如來藏—阿賴耶識為主體。禪宗之證悟者，若欲修證初地無生法忍乃至八地無生法忍者，必須修學《楞伽經、解深密經》所說之八識心王一切種智；此二經所說正法，方是真正成佛之道；印順法師否定第八識如來藏之後所說萬法緣起性空之法，是以誤會後之二乘解脫道取代大乘真正成佛之道，尚且不符二乘解脫道正理，亦已墮於斷滅見中，不可謂為成佛之道也。平實導師曾於本會郭故理事長往生時，於喪宅中從首七開始宣講，於每一七各宣講三小時，至第十七而快速略講圓滿，作為郭老之往生佛事功德，迴向郭老早證八地、速返娑婆住持正法。茲為今時後世學人故，將擇期重講《解深密經》，以淺顯之語句講畢後，將會整理成文，用供證悟者進道；亦令諸方未悟者，據此經中佛語正義，修正邪見，依之速能入道。平實導師述著，全書輯數未定，每輯三百餘頁，將於未來重講完畢後逐輯出版。

修習止觀坐禪法要講記：修學四禪八定之人，往往錯會禪定之修學知見，欲以無止盡之坐禪而證禪定境界，卻不知修除性障之行門才是修證四禪八定不可或缺之要素，故智者大師云「性障初禪」；性障不除，初禪永不現前，云何修證二禪等？又：行者學定，若唯知數息，而不解六妙門之方便善巧者，欲求一心入定，未到地定極難可得，智者大師名之為「事障未來」：障礙未到地定之修證。又禪定之修證，不可違背二乘菩提及第一義法，否則縱使具足四禪八定，亦不能實證涅槃而出三界。此諸知見，智者大師於《修習止觀坐禪法要》中皆有闡釋。作者平實導師以其第一義之見地及禪定之實證證量，曾加以詳細解析。將俟正覺寺竣工啓用後重講，不限制聽講者資格；講後將以語體文整理出版。欲修習世間定及增上定之學者，宜細讀之。平實導師述著。

阿含經講記—小乘解脫道之修證：數百年來，南傳佛法所說證果之不實，所說解脫道之虛妄，所弘解脫道法義之世俗化，皆已少人知之；從南洋傳入台灣與大陸之後，所說法義虛謬之事，亦復少人知之；今時台灣全島印順系統之法師居士，多不知南傳佛法數百年來所說解脫道之義理已然偏斜、已然世俗化、已非眞正之二乘解脫正道，猶極力推崇與弘揚。彼等南傳佛法近代所謂之證果者皆非眞實證果者，譬如阿迦曼、葛印卡、帕奧禪師、一行禪師……等人，悉皆未斷我見故。近年更有台灣南部大願法師，高抬南傳佛法之二乘修證行門爲「捷徑究竟解脫之道」者，然而南傳佛法縱使眞修實證，得成阿羅漢，至高唯是二乘菩提解脫之道，絕非究竟解脫，無餘涅槃中之實際尚未得證故，法界之實相尚未了知故，習氣種子待除故，一切種智未實證故，焉得謂爲「究竟解脫」？即使南傳佛法近代眞有實證之阿羅漢，尚且不及三賢位中之七住明心菩薩本來自性清淨涅槃智慧境界，則不能知此賢位菩薩所證之無餘涅槃實際，仍非大乘佛法中之見道者，何況普未實證聲聞果乃至未斷我見之人？謬充證果已屬逾越，更何況是誤會二乘菩提之後，以未斷我見之凡夫知見所說之二乘菩提解脫偏斜法道，焉可高抬爲「究竟解脫」？而且自稱「捷徑之道」？又妄言解脫之道即是成佛之道，完全否定般若實智、否定三乘菩提所依之如來藏心體，此理大大不通也！平實導師爲令修學二乘菩提欲證解脫果者，普得迴入二乘菩提正見、正道中，是故選錄四阿含諸經中，對於二乘解脫道法義有具足圓滿說明之經典，預定未來十年內將會加以詳細講解，令學佛人得以了知二乘解脫道之修證理路與行門，庶免被人誤導之後，未證言證，梵行未立，干犯道禁自稱阿羅漢或成佛，成大妄語，欲升反墮。本書首重斷除我見，以助行者斷除我見而實證初果爲著眼之目標，若能根據此書內容，配合平實導師所著《識蘊眞義》《阿含正義》內涵而作實地觀行，實證初果非爲難事，行者可以藉此三書自行確認聲聞初果爲實際可得現觀成就之事。此書中除依二乘經典所說加以宣示外，亦依斷除我見等之證量，及大乘法中道種智之證量，對於意識心之體性加以細述，令諸二乘學人必定得斷我見、常見，免除三縛結之繫縛。次則宣示斷除我執之理，欲令升進而得薄貪瞋痴，乃至斷五下分結…等。平實導師將擇期講述，然後整理成書。共二冊，每冊三百餘頁。每輯300元。

總經銷： 聯合發行股份有限公司

231 新北市新店區寶橋路 235 巷 6 弄 6 號 4F

Tel.02－2917-8022（代表號） Fax.02－2915-6275（代表號）

零售：1.**全台連鎖經銷書局：**

三民書局、誠品書局、何嘉仁書店

敦煌書店、紀伊國屋、金石堂書局、建宏書局

諾貝爾圖書城、墊腳石圖書文化廣場

2.**台北市：**佛化人生 **大安區**羅斯福路 3 段 325 號 6 樓之 4　台電大樓對面

3.**新北市：**春大地書店 **蘆洲區**中正路 117 號

4.**桃園市：**御書堂 **龍潭區**中正路 123 號

5.**新竹市：**大學書局 **東區**建功路 10 號

6.**台中市：**瑞成書局 **東區**雙十路 1 段 4 之 33 號

佛教詠春書局 **南屯區**永春東路 884 號

文春書店 **霧峰區**中正路 1087 號

7.**彰化市：**心泉佛教文化中心 南瑤路 286 號

8.**高雄市：**政大書城 **前鎮區**中華五路 789 號 2 樓（高雄夢時代店）

明儀書局 **三民區**明福街 2 號

青年書局 **苓雅區**青年一路 141 號

9.**台東市：**東普佛教文物流通處 博愛路 282 號

10.**其餘鄉鎮市經銷書局：**請電詢總經銷**聯合**公司。

11.**大陸地區請洽：**

香港：樂文書店

旺角店 :香港九龍旺角西洋菜街 62 號 3 樓

電話 : (852) 2390 3723　email: luckwinbooks@gmail.com

銅鑼灣店 :香港銅鑼灣駱克道 506 號 2 樓

電話 : (852) 2881 1150　email: luckwinbs@gmail.com

廈門：廈門外圖臺灣書店有限公司

地址:廈門市思明區湖濱南路809 號 廈門外圖書城3 樓 郵編:361004

電話：0592-5061658（臺灣地區請撥打 86-592-5061658）

E-mail：JKB118@188.COM

12.**美國：世界日報圖書部：**紐約圖書部　電話 7187468889#6262

洛杉磯圖書部　電話 3232616972#202

13.**國內外地區網路購書：**

正智出版社 書香園地　http://books.enlighten.org.tw/

（書籍簡介、經銷書局可直接聯結下列網路書局購書）

三民 網路書局　http://www.sanmin.com.tw

誠品 網路書局　http://www.eslitebooks.com

博客來 網路書局　　http://www.books.com.tw
金石堂 網路書局　　http://www.kingstone.com.tw
聯合 網路書局　http:// www.nh.com.tw

附註： 1.請儘量向各經銷書局購買：郵政劃撥需要八天才能寄到（本公司在您劃撥後第四天才能接到劃撥單，次日寄出後第二天您才能收到書籍，此六天中可能會遇到週休二日，是故共需八天才能收到書籍）若想要早日收到書籍者，請劃撥完畢後，將劃撥收據貼在紙上，旁邊寫上您的姓名、住址、郵區、電話、買書詳細內容，直接傳眞到本公司 02-28344822，並來電 02-28316727、28327495 確認是否已收到您的傳眞，即可提前收到書籍。 2.因台灣每月皆有五十餘種宗教類書籍上架，書局書架空間有限，故唯有新書方有機會上架，通常每次只能有一本新書上架；本公司出版新書，大多上架不久便已售出，若書局未再叫貨補充者，書架上即無新書陳列，則請直接向書局櫃台訂購。 3.若書局不便代購時，可於晚上共修時間向正覺同修會各共修處請購（共修時間及地點，詳閱**共修現況表**。每年例行年假期間請勿前往請書，年假期間請見共修現況表）。 4.郵購：郵政劃撥帳號 19068241。 5.正覺同修會會員購書都以八折計價（戶籍台北市者爲一般會員，外縣市爲護持會員）都可獲得優待，欲一次購買全部書籍者，可以考慮入會，節省書費。入會費一千元（第一年初加入時才需要繳），年費二千元。**6.尚未出版之書籍，請勿預先郵寄書款與本公司，謝謝您！** 7.若欲一次購齊本公司書籍，或同時取得正覺同修會贈閱之全部書籍者，請於正覺同修會共修時間，親到各共修處請購及索取；**台北市讀者**請洽：103 台北市承德路三段 267 號 10 樓（捷運淡水線 圓山站旁）請書時間：週一至週五爲 18.00~21.00，第一、三、五週週六爲 10.00~21.00，雙週之週六爲 10.00~18.00 請購處專線電話：25957295-分機 14（於請書時間方有人接聽）。

敬告大陸讀者：

大陸讀者購書、索書捷徑（尚未在大陸出版的書籍，以下二個途徑都可以購得，電子書另包括結緣書籍）：

1.**廈門外國圖書公司**：廈門市思明區湖濱南路 809 號 廈門外圖書城 3F
郵編：361004 電話：0592-5061658 網址：http://www.xibc.com.cn/

2.**電子書**：正智出版社有限公司及正覺同修會在台灣印行的各種局版書、結緣書，已有『**正覺電子書**』陸續上線中，提供讀者於手機、平板電腦上購書、下載、閱讀正智出版社、正覺同修會及正覺教育基金會所出版之電子書，詳細訊息敬請參閱『正覺電子書』專頁：
http://books.enlighten.org.tw/ebook

關於平實導師的書訊，請上網查閱：

成佛之道 http://www.a202.idv.tw

正智出版社 書香園地 http://books.enlighten.org.tw/

★ 正智出版社有限公司售書之稅後盈餘，全部捐助財團法人正覺寺籌備處、佛教正覺同修會、正覺教育基金會，供作弘法及購建道場之用；懇請諸方大德支持，功德無量。

★ 聲　明 ★

本社於 2015/01/01 開始調整本目錄中部分書籍之售價，以因應各項成本的持續增加。

＊ 喇嘛教修外道雙身法、墮識陰境界，非佛教 ＊

＊ 弘揚如來藏他空見的覺囊派才是真正藏傳佛教 ＊

換書及道歉公告

《法華經講義》第十三輯，因謄稿、印製等相關人員作業疏失，導致該書中的經文及內文用字將「**親近**」誤植成「清淨」。茲為顧及讀者權益，自 2017/8/30 開始免費調換新書；敬請所有讀者將以前所購第十三輯初版首刷及二刷本，攜回或寄回本社免費換新，或請自行更正其中的錯誤之處；郵寄者之回郵由本社負擔，不需寄來郵票。同時對因此而造成讀者閱讀、以及換書的困擾及不便，在此向所有讀者致上最誠懇的歉意，祈請讀者大眾見諒！錯誤更正說明如下：

一、第 256 頁第 10 行~第 14 行：【就是先要具備「**法親近處**」、「**眾生親近處**」；法**親近**處就是在實相之法有所實證，如果在實相法上有所實證，他在二乘菩提中自然也能有所實證，以這個作為第一個**親近**處——第一個基礎。然後還要有第二個基礎，就是瞭解應該如何善待眾生；對於眾生不要有排斥或者是貪取之心，平等觀待而攝受、親近一切有情。以這兩個**親近**處作為基礎，來實行其他三個安樂行法。】。

二、第 268 頁第 13 行：【具足了那兩個「**親近處**」，使你能夠在末法時代，如實而圓滿的演述《法華經》時，那麼你作這個夢，它就是如理作意的，完全符合邏輯去完成這個過程，就表示你那個晚上，在那短短的一場夢中，已經度了不少眾生了。】

正智出版社有限公司 敬啓

售後服務—換書啓事（免附回郵）　2017/12/05

《楞伽經詳解》第三輯初版免費調換新書啓事：茲因 平實導師弘法早期尚未回復往世全部證量，有些法義接受他人的說法，寫書當時並未察覺而有二處（同一種法義）跟著誤說，如今發現已將之修正。茲爲顧及讀者權益，已開始免費調換新書；敬請所有讀者將以前所購第三輯（不論第幾刷），攜回或寄回本公司免費換新；郵寄者之回郵由本公司負擔，不需寄來郵票。因此而造成讀者閱讀、以及換書的不便，在此向所有讀者致上萬分的歉意，祈請讀者大眾見諒！

《楞嚴經講記》第 14 輯初版首刷本免費調換新書啓事：本講記第 14 輯出版前因 平實導師諸事繁忙，未將之重新閱讀而只改正校對時發現的錯別字，故未能發覺十年前所說法義有部分錯誤，於第 15 輯付印前重閱時才發覺第 14 輯中有部分錯誤尚未改正。今已重新審閱修改並已重印完成，煩請所有讀者將以前所購第 14 輯初版首刷本，寄回本公司免費換新（初版二刷本無錯誤），本公司將於寄回新書時同時附上您寄書來換新時的郵資，並在此向所有讀者致上最誠懇的歉意。

《心經密意》初版書免費調換二版新書啓事：本書係演講錄音整理成書，講時因時間所限，省略部分段落未講。後於再版時補寫增加 13 頁，維持原價流通之。茲爲顧及初版讀者權益，自 2003/9/30 開始免費調換新書，原有初版一刷、二刷書籍，皆可寄來本公司換書。

《宗門法眼》已經增寫改版爲 464 頁新書，2008 年 6 月中旬出版。讀者原有初版之第一刷、第二刷書本，都可以寄回本公司免費調換改版新書。改版後之公案及錯悟事例維持不變，但將內容加以增說，較改版前更具有廣度與深度，將更能助益讀者參究實相。

換書者**免附回郵**，亦無截止期限；舊書請寄：111 台北郵政 73-151 號信箱 或 103 台北市承德路三段 267 號 10 樓 正智出版社有限公司。舊書若有塗鴨、殘缺、破損者，仍可換取新書；但缺頁之舊書至少應仍有五分之三頁數，方可換書。所有讀者不必顧念本公司是否有盈餘之問題，都請踴躍寄來換書；本公司成立之目的不是營利，只要能眞實利益學人，即已達到成立及運作之目的。若以郵寄方式換書者，免附回郵；並於寄回新書時，由本公司附上您寄來書籍時耗用的郵資。造成您不便之處，再次致上萬分的歉意。

正智出版社有限公司 啓

國家圖書館出版品預行編目資料

阿含正義-唯識學探源 第二輯／平實導師著 —初版—
臺北市：正智，2006— 〔民95— 〕
冊； 公分
ISBN:978-986-81358-6-4 （第1輯：平裝）
ISBN:978-986-81358-8-8 （第2輯：平裝）
ISBN:978-986-81358-9-5 （第3輯：平裝）
ISBN:978-986-82992-1-4 （第4輯：平裝）
ISBN:978-986-82992-4-5 （第5輯：平裝）
ISBN:978-986-82992-5-2 （第6輯：平裝）
ISBN:978-986-82992-7-6 （第7輯：平裝）
1.阿含部
221.8 95015882

阿含正義

唯識學探源 ——第二輯

作　者：平實導師
校　對：蘇振慶 章乃鈞 蔡禮政 李嘉因
出版者：正智出版社有限公司
電話：〇二 28327495 28316727（白天）
傳眞：〇二 28344822
111台北郵政73-151號信箱
郵政劃撥帳號：一九〇六八二四一
正覺講堂：總機〇二 25957295（夜間）
總經銷：聯合發行股份有限公司
231新北市新店區寶橋路235巷6弄6號4樓
電話：〇二 29178022（代表號）
傳眞：〇二 29156275
初版首刷：公元二〇〇六年十月底 二千冊
初版八刷：公元二〇二一年三月 二千冊
定　價：三〇〇元